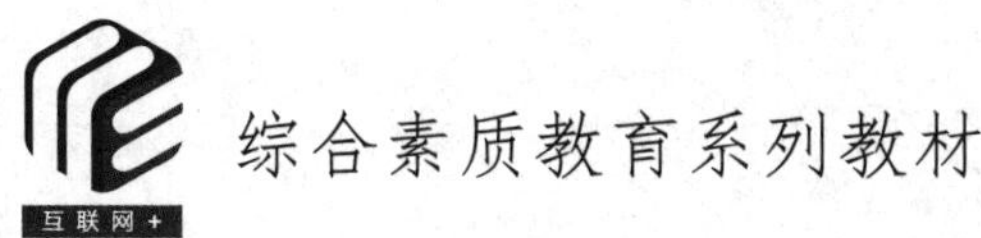


综合素质教育系列教材

# 新时代大学生心理健康教育

主　编　李长秋　周　轶

副主编　孙忆辛　杨伟娜　常　权

张　倩　岳　嵩

科学出版社

北　京

## 内 容 简 介

本书以培养高职高专学生的积极心理品质、服务社会为目标，根据当前大学生在心理成长历程中面临的种种困难和问题选取并组织材料，构建8个学习项目，包括走进心理健康、适应能力、自我意识、人际交往、情绪管理、恋爱心理、挫折与压力、生命教育等方面，旨在提高大学生的心理素质，促进大学生的全面发展和健康成长。

本书可作为高职院校大学生心理健康教育通识课程教材，也可作为对心理健康知识感兴趣的社会人士的参考书。


**图书在版编目(CIP)数据**

新时代大学生心理健康教育/李长秋，周铁主编. —北京：科学出版社，2024.1

ISBN 978-7-03-077297-8

Ⅰ. ①新… Ⅱ. ①李… ②周… Ⅲ. ①大学生-心理健康-健康教育 Ⅳ. ①G444

中国国家版本馆 CIP 数据核字（2023）第 251651 号

责任编辑：张振华 / 责任校对：马英菊
责任印制：吕春珉 / 封面设计：东方人华平面设计部

科学出版社出版
北京东黄城根北街 16 号
邮政编码：100717
http://www.sciencep.com

三河市骏杰印刷有限公司印刷
科学出版社发行 各地新华书店经销
*
2024 年 1 月第 一 版 开本：787×1092 1/16
2025 年 1 月第二次印刷 印张：14 1/4
字数：310 000

**定价：55.00 元**

（如有印装质量问题，我社负责调换）
销售部电话 010-62136230 编辑部电话 010-62135120-2005

# 前　言

党的二十大描绘了“健康中国”新蓝图，凝聚着政府、社会和人民群众的共同理想。人人健康，人人幸福，是时代的呼唤，更是老百姓的热盼。当代中国青年生逢其时，施展才干的舞台无比广阔，实现梦想的前景无比光明，被国家寄予了实现自我价值和服务社会的厚望。要顺利完成这段历程的任务，就需要大学生更加全面和深刻地理解心理健康，为自己以后的幸福生活打下坚实的基础。

大学生心理健康教育是一项系统工程，其中开设心理健康教育课程，普及心理健康知识，培养大学生心理素质是非常重要的途径之一。因此，大学生心理素质培训在维护学生的心理健康的同时，应着力培养学生积极的心理调节能力。在人的各种素养能力中，心理调节能力是最核心的能力之一，这就要求在大学生心理健康教育中必须跳出传统的教育模式，从知识本位转到素养能力本位上来。

为了贯彻“以专业为导向，以能力为核心”的现代高等教育理念，积极营造“学生愿学、爱学、乐学、会学”的良好氛围，努力提高学生的心理健康水平和心理调控能力，编者基于实训实操的视角编写了本书，力图为大学生心理健康教育提供支持。本书的主要编写特色体现在以下方面。

1）形式新颖，体例丰富。编者采用项目-任务驱动式组织内容，构建 8 个学习项目，每个项目包含“项目导言”“延伸阅读”“项目小结”“课后练习”模块，每个任务下设置有“任务目标”“案例导入”“相关知识”“任务实施”“任务评价”模块，部分任务中根据正文内容穿插有“知识窗”等栏目，体例清晰完整、内容丰富，实用性强。

2）以任务为主线，以活动为中心。本书以学生完成某一个具体的学习任务并形成相应的心理调控能力为目标，用任务完成目标替代知识掌握目标，围绕任务设计学习活动情境，引导学生主动探索、思考和体验，从而激发学生主动学习心理健康相关知识的兴趣，提高心理调控能力的内部驱动力。

3）以实践训练为主，以理论知识学习为辅。在本书中，心理健康理论知识不再是抽象无形的东西，而是对实际能力训练的辅助和支持；心理素质的实践训练也不是单纯的技能训练和理论知识的验证及延续，而是将生活实际中的种种情境融入学习活动中。学生在某种具体的生活情境中，边学习理论知识边进行心理调控技能的训练，使理论和实践真正达到一体化。

本书由校企“双元”联合开发，郑州旅游职业学院李长秋、周轶担任主编，孙忆辛、杨伟娜、常权、张倩、岳嵩担任副主编。具体的编写分工如下：李长秋编写项目一，周轶编写项目二和项目三，孙忆辛编写项目四和附录，杨伟娜编写项目五，张倩编写项目六，常权编写项目七，岳嵩编写项目八。李长秋、周轶拟订写作大纲并统稿。吕紫嫣负责文字的录入和校对。中国科学院心理研究所提供了技术指导和案例支持，在此表示感谢。

编者在编写本书的过程中参考并借鉴了一些文献和网络资料，在此向相关作者表示诚挚的谢意。

由于编者水平有限，加之时间仓促，书中疏漏之处在所难免，敬请广大读者批评指正。

编　者

2023 年 6 月

# 目　　录

# 项目一 走进心理健康

## 项目导言

当今世界科学技术飞速发展，国际竞争日趋激烈，要实现中华民族的伟大复兴，我们就必须努力培养同社会发展要求相适应的高素质的劳动者和专门人才。良好的心理素质是人的全面素质中的重要组成部分。学校心理健康教育是素质教育的重要内容和任务。高等学校培养的大学生不仅要有良好的思想道德素质、文化素质和身体素质，而且要有良好的心理素质。大力加强大学生心理健康教育工作是时代发展的需要，是社会全面发展对培养高素质创新人才的必然要求。心理健康教育对于提高大学生适应社会生活的能力，培养大学生良好的心理品质，促进整体素质提高和全面协调发展，提高高等学校德育工作的针对性、实效性和主动性，都具有重要作用。

## 任务一 认识心理健康

### 任务目标

微课：心理健康概述

**【知识目标】**

1. 了解心理健康的定义。
2. 熟知大学生心理健康的标准。
3. 掌握大学生认知发展的特点。

**【能力目标】**

1. 能够运用大学生心理健康的标准来分析自身的心理健康状况。
2. 能够结合大学生认知发展的特点来分析自身的认知心理特征。

**【素质目标】**

1. 形成身体健康、心理健全、社会适应的健康心理特征；在实现心理健康的基本标准的基础上不断发展自我，确立积极向上的情感和价值追求，并树立心理危机求助意识。

2. 以尊重开放的态度面对人际交往，理解人与人之间的差异，包容接纳自己与交往对象的缺点与不足。

## 案例导入

大学是第一次真正意义上的“自主学习”，是对此前所有学习和经验的整合，是对未来生活的准备，是成功的基础，是未来生活的“实际操练”。有些大学新生会有这样的感受：“当我刚刚步入大学的时候，面对食堂不可口的饭菜，吃饭成了一种无奈；而对‘教无定法’的教学方式，我不知道应该怎样‘主动觅取’；面对性格各异的舍友，我感到陌生而又孤独。我躺在床上辗转反侧，一连好几天失眠；我非常想念父母，如果他们在我身边，我可以向他们求助。可现在，我该怎么办？”大一新生的心理状态是非常复杂的，在适应的过程中，会有不同程度的心理困惑和问题。

问题：

作为大学生，你有过案例中所描述的那些焦虑或困惑吗？你会以怎样的心态面对进入大学后遇到的困难或挑战？

## 相关知识

### 一、心理健康的概念

心理健康是现代健康观的重要组成部分，但对于究竟什么是心理健康，国内外学术界尚无统一的界定。1946 年，第三届国际心理卫生大会上指出，心理健康是指在身体、智力及情感上与他人的心理健康不相矛盾的范围内，将个人心境发展成最佳状态。该会议还进一步具体指出了心理健康的标志：身体、智力、情绪十分调和；适应环境，人际关系中彼此谦让；有幸福感；在工作和职业中，能充分发挥自己的能力，过有效率的生活。2001 年，世界卫生组织将心理健康定义为：心理健康是一种健康或幸福的状态，在这种情况下，个体得以自我实现，能够正常地应对生活压力，工作富有成效和成果，以及有能力对所在社会做出贡献。

国外不少学者对心理健康提出诸多论述，鉴于心理健康现象的复杂性及研究者研究的侧重点不同，对心理健康的界定说法各异，但也达成一定的共识，即心理健康涉及知、情、意、行等心理活动的各方面。据此，我们可以将心理健康界定为一种良好而持续的心理适应和发展状态，具体表现为智力正常、人格健全、人际关系和谐，能积极适应生活、学习、交往和环境，能主动寻求、探索自我发展途径，能有效地发挥个人的身心潜力和积极的社会作用。心理健康主要包括两层含义：一是相对而言，其心理功能是正常的，无心理疾病；二是能积极调解自己的心理状态、顺应环境，有效发展和完善个人生活。

### 二、大学生心理健康的标准

根据大学生所具备的年龄特征、心理特征和社会特征，大学生心理健康的基本标准可概括为以下几个方面。

### 1. 智力正常

微课：辨析心理健康与不健康

智力正常是大学生学习、生活与工作的基本心理条件，也是适应周围环境变化的心理保证，并且能使学生对学习产生浓厚的兴趣和强烈的求知欲望。智力包括注意力、想象力、观察力、记忆力、思维力、创造力、实践能力等。

### 2. 情绪稳定

情绪健康的标志是情绪稳定和心情愉快，主要表现为：愉快情绪多于负面情绪，乐观开朗、富有朝气，对生活充满希望；情绪较稳定，善于控制与调节自己的情绪，既能克制又能合理宣泄自己的情绪；情绪反应适度。

### 3. 意志健全

意志是推动人们采取各种行动克服困难以达到预定目标的心理过程。意志健全者在行动的自觉性、果断性、顽强性和自制力等方面表现出较高的水平。心理健康的大学生拥有良好的意志品质，具体表现为：在各种活动中都有自觉的目的性，能适时地做出决定并运用切实有准备的方式解决所遇到的问题；有较强的挫折承受力和自制力，能在行动中控制情绪，而不是盲目行动、畏惧困难。

### 4. 自我评价正确

正确的自我评价是大学生心理健康的重要条件。在进行自我观察、自我认定、自我判断和自我评价时，能做到自知，恰如其分地认识自己，摆正自己的位置；面对挫折与困境，能够自我悦纳、接受自己，自尊、自强、自制、自爱，正视现实，积极进取。

### 5. 人格统一

人格是比较稳定的心理特征的总和。人格统一包括人格结构各元素统一，具有正确的自我意识，具有自我统一性；以积极进取的人生观作为人格的核心，并以此为中心把自己的需要、目标和行动统一起来。

### 6. 人际关系和谐

心理健康的学生乐于与他人交往，能用尊重、信任、友爱、宽容、理解的态度与人相处，能分享、接受和给予爱和友谊，与集体保持协调关系，能与他人同心协力、合作共事。

### 7. 行为反应适度

人在不同的年龄阶段，都有相应的心理行为表现。大学生应该精力充沛、反应迅速、有探索欲望，过于天真或过于成熟都不符合大学生的行为特征，是心理不健康的表现。

### 8. 社会适应能力良好

良好的社会适应能力是指一个人对社会环境的刺激能做出恰当、正常的反应的能力。心理健康的大学生具有较强的社会适应能力，能较快地适应自己所处的各种环境；能面对现实、接受现实，对自己的力量有充分的信心；能妥善处理生活、学习和工作中的各种挑战和困难。

在判断大学生是否符合心理健康的标准时，应注意以下几点。

1）心理不健康与有不健康的心理不能等同。心理不健康是指一种持续的不良心理状态，而偶然出现的一些不健康的心理和行为，不能认同为心理不健康或心理疾病。

2）心理健康与心理不健康、心理正常与心理异常之间没有绝对界限。在心理健康与心理不健康、心理正常和心理异常之间有一个广阔的过渡带。

3）心理健康的状态是一个动态的变化过程，不是固定不变的。随着时间的推移、环境的变化及人们自身的成长，每个人的心理健康状态都会不断地发生变化。

心理健康分为最低层次、中间层次、最高层次 3 个层次。①最低层次指没有心理疾病，即个体的心理活动表现没有达到临床心理学对有关心理疾病的诊断标准，没有表现出明显的疾病症状。②中间层次指心理功能健全，社会适应良好，能够有效地学习、生活、交往。③最高层次（理想状态）指自我实现，即能够发挥自身潜能、促进自我价值实现、追求自身全面发展。大学生应努力追求心理健康的更高层次，不断发展自我和完善自我。

上述大学生心理健康的标准只是一种相对的衡量尺度，它只反映了大学生在适应社会生活方面应具有的最基本的心理条件，而不是心理健康的最高境界。

## 三、大学生认知发展的特点

### 1. 大学生观察力的发展

所谓观察，是一种有目的、有计划的主动的知觉。它与思维活动有着密切的联系，故被称为“思维的触角”“思维的知觉”。所谓观察力，是指一种特殊的、发展水平较高的知觉能力，是一种穿透事物的表象，能迅速而敏锐地注意到事物属性与特征的能力。

大学生观察力的发展呈现以下几个特点。

1）从观察的广度上看，大学生已不再局限于眼前的常见事物，视野开始延伸到自然和社会的各个领域。

2）从观察的深度上看，大学生已经不再满足于事物的本来面目，而是将思维的触角深入到各种事物的本质和各事物间的内在联系，较完善地反映事物的整体。

3）从观察的品质上看，大学生已从中学时期观察和认识事物的缓慢性、盲目性、断续性、轻率性上升到更富有敏锐性、目的性、系统性和严谨性。

### 2. 大学生记忆力的发展

记忆力是指人脑储存和重现过去知识、经验的能力。记忆力是人类最基本的心理能力之一，人的一切活动，从简单的认识、行动到复杂的学习和工作等，都只有在记忆的基础上才能进行。大学时期，由于人的年龄增长、生理机能的完善，其记忆能力发展水平进入一个全盛的时期。

大学生记忆力的发展呈现以下几个特点。

1）记忆的容量增大。大学时期是记忆储存的最佳时期。大学时期与少年时期相比，具有“大脑及各神经系统发达健全”的生理优势。这种生理优势自然也会给大脑信息储存量的增加提供了物质基础。与成年人相比，青年大学生生活阅历简单且家庭负担、生活负担、工作负担、思想负担都比较少，心理压力小，这又为他们有效地储存信息提供了良好的客观条件。

2）意义记忆的能力增强。意义记忆即所谓的理解记忆，它是与机械记忆相对而言的。这种记忆的最大特点就是识记能力依赖记忆者的知识积累，即知识越多越容易识记。少年时期常以机械识记为主，机械记忆力得到了发展。到了大学时期，随着认识、观察和理解能力的提高，知识面的开阔和生活经验的丰富，便逐步掌握了意义记忆这种更高级的记忆方法，从而使记忆的效果得到提高，使记忆过程更有主动性。

3）抽象记忆的水平开始提高。少年时期的抽象记忆能力是比较差的，他们一般能记住一些童话、神话、寓言等，这主要是靠形象记忆的能力，而大学生的抽象记忆能力在不断提高，能在记忆的过程中有效地记住诸如概念、定义、公式、定理、定律等较抽象的对象，使记忆的领域更加广阔，记忆容量大大增强。

### 3. 大学生思维的发展

思维能力是一个人在事业上有所成就的最重要、最基本的心理品质。思维作为认识的一种形式，具有概括性和间接性两个特征。

大学生思维的发展呈现以下几个特点。

1）在思维品质上，思维的敏捷性日益增强。大学生具有了一定的分析问题、理解和分辨事物的能力，思维的灵敏度有了很大提高。大学生刚刚涉足社会与人生，对社会上的一切都感到新鲜、好奇，强烈的求知欲促使他们去分析、判断自然和社会现象，去思索、探讨理想和人生之路，这也为他们思维敏捷性的发展提供了有利条件。

2）在思维性质上，理论思维成分占主导。理论思维是从一般的理论原则出发，进行分析、综合、判断、推理而得出结论的过程。大学的学习，要求学生能掌握更多的抽象概念、一般理论和原则，并经常运用这些知识和理论去理解现实生活中的各种现象和事物，去解决发生在身边的各种矛盾和问题，这些活动逐步锻炼和增强了大学生理论思维的能力。

3）在思维方式上，逆向思维比较突出。由于知识面增加，理论水平不断提高，独立意识也有了很大增强，大学生的逆向思维方式表现突出。这种逆向思维主要表现在自我批判性到他人的批判性，这对他们以后独立工作或研究问题具有重大意义。

知识窗

### 健康的定义

1948 年，世界卫生组织给出了关于健康的定义：健康不仅仅是没有疾病或虚弱现象，而且是一种生理上、心理上和社会适应上的良好状态。这一定义标志着人类对健康的理解已从生理的、个体的理解发展到心理的、社会的理解。

在上述认识的基础上，世界卫生组织具体规定了健康的 10 条标准：①有充沛的精力，能从容不迫地应付日常生活和工作的压力而不感到过分紧张；②态度积极，乐于承担责任，不论事情大小都不挑剔；③善于休息，睡眠良好；④能适应外界环境的各种变化，应变能力强；⑤能够抵抗一般性的感冒和传染病；⑥体重得当，身材匀称，站立时头、肩、臂的位置协调；⑦反应敏锐，眼睛明亮，眼睑无炎症；⑧牙齿清洁、无空洞、无病菌、无出血现象，齿龈颜色正常；⑨头发有光泽，无头屑；⑩肌肉和皮肤富于弹性，走路轻松自然。

1998 年，世界卫生组织对健康问题做出了进一步解释：健康应包括身体健康、心理健康、良好的社会适应能力和道德健康。有关学者提出了具有现代意义的健康观：健康应是能对抗紧张，经得住压抑和挫折，积极安排自己的各种生活及活动，智慧、情感和躯体能融为一体，物质生活和精神生活充满生机，且富有文明的意义。

进入 21 世纪，随着生活和工作节奏的不断加快，人们对健康的含义有了更进一步的思考。相关科学研究发现，现代社会中 60%的人处于一种亚健康状态——第三状态。现代人更多的共同感受是：我们没有疾病，但似乎又不健康。焦虑感、罪恶感、烦倦感、无聊感、无助感、无用感等，正是现代人陷于第三状态的信号。

## 任务实施

### 一、明确任务目标，落实训练任务

1）认识与领会健康和心理健康的概念，以及大学生心理健康的标准。

2）对照自身心理状况，培养健康积极的心态。

### 二、开展“大学生心理健康观念调查”活动，形成调查报告

**【活动项目】**大学生心理健康观念调查。

**【活动目的】**了解与关注有关健康和心理健康的概念，同时通过调查初步把握在校大学生对健康与心理健康的认知状况。

**【活动方法】**

1）将全班学生分成若干组，每组 8～10 人。

2）每个小组自编一份大学生心理健康观念及需求调查问卷，分别在全校不同专业的学生中进行抽样调查，并分析调查结果，写出调查报告，了解并分析当前大学生的心理健康观念和需求。

## 三、探讨对心理健康的认识，感悟心理成长

1）谈谈你过去对健康及心理健康的认识，再谈谈你现在的感受，探讨心理健康对大学生成长的重要意义。

2）讨论以下问题：什么是健康？什么是心理健康？心理健康的标准是什么？大学生中常见的心理问题和心理疾病有哪些？怎样维护自身的心理健康？

## 任务评价

项目一任务一评价表

<table>
<tr><th colspan="5">自我评价</th></tr>
<tr><th rowspan="2">主要内容</th><th colspan="4">自我评价等级（在符合的情况下面打“√”）</th></tr>
<tr><th>全部能够做到</th><th>大部分（80%）能够做到</th><th>基本（60%）能够做到</th><th>没有做到</th></tr>
<tr><td>了解心理健康的定义</td><td></td><td></td><td></td><td></td></tr>
<tr><td>熟知大学生心理健康的标准</td><td></td><td></td><td></td><td></td></tr>
<tr><td>掌握大学生认知发展的特点</td><td></td><td></td><td></td><td></td></tr>
<tr><td>能够运用大学生心理健康的标准来分析自身的心理健康状况</td><td></td><td></td><td></td><td></td></tr>
<tr><td>能够结合大学生认知发展的特点来分析自身的认知心理特征</td><td></td><td></td><td></td><td></td></tr>
<tr><td rowspan="4">自我总结</td><td>我的优势</td><td colspan="3"></td></tr>
<tr><td>我的劣势</td><td colspan="3"></td></tr>
<tr><td>我的努力目标</td><td colspan="3"></td></tr>
<tr><td>我的具体措施</td><td colspan="3"></td></tr>
<tr><th colspan="5">教师评价</th></tr>
<tr><th rowspan="2">主要内容</th><th colspan="4">教师评价等级（在符合的情况下面打“√”）</th></tr>
<tr><th>全部能够做到</th><th>大部分（80%）能够做到</th><th>基本（60%）能够做到</th><th>没有做到</th></tr>
<tr><td>了解心理健康的定义</td><td></td><td></td><td></td><td></td></tr>
<tr><td>熟知大学生心理健康的标准</td><td></td><td></td><td></td><td></td></tr>
<tr><td>掌握大学生认知发展的特点</td><td></td><td></td><td></td><td></td></tr>
<tr><td>能够运用大学生心理健康的标准来分析自身的心理健康状况</td><td></td><td></td><td></td><td></td></tr>
<tr><td>能够结合大学生认知发展的特点来分析自身的认知心理特征</td><td></td><td></td><td></td><td></td></tr>
<tr><td>评语</td><td colspan="4">教师签名：</td></tr>
<tr><td>建议</td><td colspan="4"></td></tr>
</table>

## 任务二 分析大学生心理健康状况及成因

### 任务目标

微课：大学生的心理健康

【知识目标】

1. 了解当代大学生心理健康状况。
2. 掌握影响大学生心理健康的因素。

【能力目标】

1. 能够分析当代大学生心理健康状况。
2. 能够分析与探究影响大学生心理健康的因素。

【素质目标】

1. 直面自身心理健康问题，不断完善自我。
2. 培养健康的心理状态，以正向积极的态度面对生活中的种种困难与挑战。

### 案例导入

晓东是一名大三学生，他被初步诊断为抑郁症，医生建议他暂时休学住院治疗。

据了解，晓东大一时成绩还名列前茅，积极参加各项文体活动，担任过班长。但从大二开始，他主动辞去班长一职，旷课次数越来越多，期末考试有两门不及格、一门缺考。进入大三后，他更是长久躲在宿舍里，极少出门。

晓东的班主任曹老师介绍，晓东家境贫寒，他从小就刻苦学习，一直保持着佼佼者的位置。到了大学后，他越来越感到自己的“无能”，因为常有学生不听他的劝告，有的还对他冷嘲热讽。曹老师说，进入大三以后，就业话题常在同学间提起，大家会谈到谁的父母有什么门路。这让晓东内心极为苦闷却又无处诉说，挫败感日积月累，使得他患上了抑郁症。

问题：

案例中的晓东存在什么心理问题？这种心理问题的成因是什么？又该如何解决呢？

### 相关知识

### 一、当代大学生心理健康状况

大学是一个特殊的人生阶段，是一个人从幼稚走向成熟，从象牙塔走向社会的转折时期，因此大学生必须承受诸多的压力与考验。大学生面临着许多机遇与挑战，需要完善自己的人格，需要储备专业知识与技能，需要对自己的职业生涯做出规划。学习、恋爱、就业等现实问题摆在大学生的面前，他们普遍感到“压力山大”。有些大学生的心理素质不好、心理承受能力较差，面对这些现实问题，往往会产生负面情绪。如果不能及时释放，就会影响心理健康。因此，开展大学生心理健康教育，维护大学生的心理健康，是现实而紧迫的任务。在全面推行素质教育的今天，对大学生目前存在的主要心理健康问题及其成因进行客观深入的分析并提出相应的教育对策，具有非常重要的现实意义。

### 大学生社会性发展的特点

1. 感受时代精神的敏锐性

具有感受时代精神的敏锐性是大学生社会意识的主要特点，是指大学生比成年和其他青年群体对时代精神的感受更敏锐。大学生头脑中固有的东西少，思想活跃，学习能力强，向往未来，追求真理，容易接受新信息、新事物。因此，他们比一般成年人更能体察到时代的变化，能够较早、较快地同时代精神产生共鸣。

当前我国大学生的思想主流呈现出积极、健康、向上的良好态势。学生爱国热情很高，竞争意识、维权意识、创新和创业意识明显增强，成才愿望非常强烈；整体心态平和，能够比较客观、理智地观察与分析问题。

2. 参与社会生活的主动积极性

大学生不拘泥于少年时期那种仅对自己或自己周围生活中具体事物的关心，而是以极大的热情和兴趣观察、思考和判断社会生活中的种种现象与问题，以极大的热情主动地参与社会生活实践。大学生绝不是被动、消极地接受社会和学校的教育与影响，更不是社会生活的旁观者，他们会以不同方式参与实际的社会生活，尤其是社会政治生活，因而对社会的发展变化产生一定的影响。

3. 群体成员的互动性

互动性是指大学生群体与群体、成员与成员之间互相影响、互相促动，形成一种比较统一的群体行为。大学生群体从组织结构上可分为正式结构与非正式结构两大类。正式结构是有规范的、稳定的组织结构，如学生会的各级组织、教学活动的各种组织和党团各级组织等。非正式结构是缺乏明确规范的、松散的、不稳定的组织结构，主要是以某些情感因素为纽带结合起来的，如以兴趣、爱好为纽带结成的社团组织，以友情为纽带结成的朋友和同学关系等。

4. 心理活动的矛盾性

大学生正处在人生的黄金时期，绽放出风华正茂的光彩，他们的心理发展迅速，心理发展中有许多积极的特点；同时，又由于他们正处在走向成熟而又未真正完全成熟的发展阶段，也有其心理发展的不平衡性和各种各样的心理矛盾。因此，大学生心理特点明显地表现在两个方面：一是积极面与消极面同时存在；二是自我意识中存在着许多显著的矛盾，这突出表现为极度自尊与自卑并存。由于身心的迅速发展，大学生的自我认识得以强化，对别人如何评价自己比较敏感，自尊心和自信心明显增强，希望以成人的姿态参与社会活动，希望得到别人的尊重和信赖，希望所有人以平等的态度对待他们等。

## 二、影响大学生心理健康的因素

引发大学生心理健康问题的因素是多方面的，既有外界的客观因素，也有自身的主观因素。归纳起来，主要包括以下几个方面。

### （一）客观因素

#### 1. 家庭教育因素

家庭对子女成长的影响很大，有的家长对孩子溺爱，对子女过分呵护、娇惯，对其行为放任，却忽视了对孩子素质的培养，很可能使他们产生承受能力脆弱、依赖性强、以自我为中心的问题；有的家长对子女要求过于严格，对孩子的学习成绩格外关注，将自己的意志强加给子女，使孩子的心理失衡，成长中的恐惧造成性格唯唯诺诺或容易焦躁，甚至出现拒绝学习、报复社会的心态；还有一些大学生来自单亲家庭或重组家庭，特殊的家庭结构会使他们产生自卑心理，出现烦躁、抑郁、苦恼等消极情绪。

#### 2. 社会环境因素

随着全球一体化的快速发展，中国的传统文化受到西方文化的强烈冲击，拜金主义、实用主义也在冲击着人们的传统价值观念，社会发生了许多明显的变化，社会竞争日趋激烈。很多人盲目地追求西方文化，以自我为中心，崇尚金钱，这对人们的心理产生了很大的影响，大学生也会有迷茫、疑虑，往往表现出适应不良。

#### 3. 高等教育因素

有些人认为上了大学就是“鲤鱼跳龙门”，意味着好工作、高收入。近年来，随着我国高等教育由“精英教育”向“大众化教育”的急速推进，大学生越来越多。高等教育过快发展造成大学生的“贬值”，大学生就业压力增大，不少大学生面临着“毕业即失业”的困境，这无疑给大学生带来了很大的心理压力。尽管国家在大力发展职业教育，但是有人认为“普通高等教育是高层次教育，高等职业技术教育是低层次教育”，种种对高职教育的错误认识，使得很多学生不愿意进高职院校学习。

#### 4. 学校因素

长期以来，高校工作重心主要放在教学工作及学生的管理工作上，普遍忽视了学生的心理健康教育，导致心理健康教育基础薄弱，学生的心理健康意识不强。近年来，尽管各高校对心理健康教育有了重视，经费投入不断增加，但学校所能提供的开展心理健康教育的场所、场地仍不足，从事心理咨询和心理健康教育的专业人员仍很缺乏。另外，由于高校不断扩招，在校学生大量增加，心理健康教育和咨询服务无法满足学生需求。

### （二）主观因素

#### 1. 生理心理不协调因素

大学生在生理上已经成熟，但在心理上还未完全成熟，个人的心理认知和调适能力与心理健康密切相关。例如，大学生应对问题的方式，大学生对自我的认知，大学生对社会问题的归因方式，以及大学生的人际关系等，都是影响大学生心理健康的个体因素。以自我认知为例，当进入大学以后，随着生活、学习环境的变化，大学生对自我的认识也在发生着变化。有的大学生认为自己原来很优秀，担任过班干部，一直受到老师、同学的关注，到了大学以后发现比自己优秀的人很多，自己变得极为普通，难以接受现实，情绪极度低落，心理负担过重，就开始怀疑自己，从而产生失落与自卑的情绪。因此，大学生要对自己有明确的认识和正确的了解，客观地评价自我，只有全面而客观地评价自己，才能使自己有效地健康发展。一个人自我认识、自我评价的水平越高，越能促进自身的健康发展。

此外，大学生在生活上、学习上遇到困难时，能否正确地、客观地归因，能否积极应对，能否愿意主动寻求帮助等，都是影响他们心理健康的重要因素。

#### 2. 遗传因素

遗传学研究发现，不仅人们与生俱来的生理特点，如人体器官的构造、形态、感官和神经系统的特征等与遗传有关，而且每个人的心理活动，以及表现出来的智力、才能和个性特征，在一定程度上会受到遗传素质的影响和制约。如果父母或祖辈的遗传基因有缺陷，尤其家族史上有精神疾病患者，就可能影响后代的身心健康。人在构造、神经系统、大脑皮质等方面与动物是有本质区别的。人的大脑不仅能够形成第一信号系统的条件反射，而且能形成第二信号系统的条件反射。人类依靠自身所特有的遗传素质，在环境和教育的影响下，可以学习高深的知识，进行各种独创活动，培养丰富的思想情感，在身心方面得到高水平的发展。

然而，遗传只具备了人发展的可能性，而不是现实性。这种可能性只有在不断的社会实践中主动地接受环境和教育的影响，才能最终转化为现实性。

遗传素质是先天的，而知识、才能、信念、人生观、价值观等是后天的。也就是说，人的发展要在一定遗传素质的条件下，经过后天的环境影响和教育培养才能变成现实。例如，人们在职业上的不同，不是由于遗传素质的差异，而主要是社会生活条件和教育的影响，以及个人的主观努力程度等方面的因素综合作用的结果。所以说，遗传素质虽然能为人的发展提供可能性，但它最终不能成为人的发展的决定因素，不能决定人的发展方向和水平。

#### 3. 脑损伤因素

根据临床观察和专家的研究分析，脑损伤，如脑肿瘤、脑萎缩、脑炎、脑血管疾病、脑外伤等，会直接导致各种心理异常表现，出现意识障碍、智力障碍、严重遗忘症、人格异常等。例如，大脑皮层中央前回底部的 S 区是运动性语言中枢，用于说话。如果此处受到损伤，患者就会出现说话不清楚或虽然能听懂别人的话，但不会说话的问题，即运动性失语。脑损伤还会产生情感障碍，如有人表现出过度的悲伤或快乐，有人会产生幻觉和妄想。

#### 4. 躯体疾病因素

各种躯体疾病，尤其是慢性疾病，由于时间较长，很多患者会变得烦躁不安、焦虑、敏感多疑，情绪稳定性降低，行为控制力减弱，兴趣缺乏，人际关系紧张，严重时很可能导致心理障碍。

#### 5. 神经系统的先天素质不健全因素

专家认为，神经系统的先天素质不健全，如大脑皮层和皮层下神经组织之间的相互协调作用有某种障碍、大脑皮层神经活动的兴奋和抑制过程的协调作用有某种障碍等，会导致病态人格等心理异常，神经系统不健全的人容易受到不良因素的影响而引起不健康的心理行为。

#### 6. 个体的生理变化因素

个体的生长发育是其心理发展的物质基础。大学生的生理结构发生着巨大的变化，如人体素质、内分泌腺的活动、躯体改变等都影响着大学生的心理。身高、体重和胸围不仅是一种生理指标，而且从某种意义上说，它们还具有某种社会价值，能够影响他人对自己的适当情感和希望。为了追求总体效果和表达个性，有些大学生特别看重自己的容貌体态及穿着打扮，由此进一步注意到自己的风度、品格、气质、修养、知识结构和谈吐方式等。这是为了满足自我意识的需要，也是为了满足人际关系的需要。然而，大学生中有的因意识到自己的体态、容貌的优点而得意，有的甚至过高评价自己；有的又因意识到自己的体态、容貌的缺陷而烦恼和自卑，甚至形成孤独封闭的个性。这些都会影响大学生心理健康发展。

## 任务实施

### 一、明确任务目标，落实训练任务

1）通过活动，领会大学生中常见的心理问题及其症状。

2）学会分享，培养健康积极的心态。

### 二、开展“歌曲分享”活动，记录心理感受

**【活动项目】**歌曲分享。

**【活动目的】**认知自我的不良情绪，并掌握正确的排解方法。

**【活动方法】**

1）将全班学生分成若干小组，每组 8～10 人。

2）每位学生选一首最能代表自己心情的歌曲与小组其他学生分享。

## 三、探讨不良心情排解方式，感悟心理成长

每位学生选好歌曲后讨论与分享：

1）我为什么选这首歌？心情不好时自己通常是如何排解的？

2）其他学生是否有类似不良的心情？如果有，是如何排解的？效果如何？教师请能有效处理不良心情的学生示范其处理方式。

3）谈谈对大学生常见的心理问题及心理疾病的看法，以及遇到类似情况时的处理方式。

4）各种排解负面情绪的方式是否适合自己？会不会有不良的后遗症？如果有，该如何避免？

## 任务评价

项目一任务二评价表

<table>
<tr><th colspan="6">自我评价</th></tr>
<tr><th colspan="2" rowspan="2">主要内容</th><th colspan="4">自我评价等级（在符合的情况下面打“√”）</th></tr>
<tr><th>全部能够做到</th><th>大部分（80%）<br>能够做到</th><th>基本（60%）<br>能够做到</th><th>没有做到</th></tr>
<tr><td colspan="2">了解当代大学生心理健康状况</td><td></td><td></td><td></td><td></td></tr>
<tr><td colspan="2">掌握影响大学生心理健康的因素</td><td></td><td></td><td></td><td></td></tr>
<tr><td colspan="2">能够分析当代大学生心理健康状况</td><td></td><td></td><td></td><td></td></tr>
<tr><td colspan="2">能够分析与探究影响大学生心理健康的因素</td><td></td><td></td><td></td><td></td></tr>
<tr><td rowspan="4">自我总结</td><td>我的优势</td><td colspan="4"></td></tr>
<tr><td>我的劣势</td><td colspan="4"></td></tr>
<tr><td>我的努力目标</td><td colspan="4"></td></tr>
<tr><td>我的具体措施</td><td colspan="4"></td></tr>
<tr><th colspan="6">教师评价</th></tr>
<tr><th colspan="2" rowspan="2">主要内容</th><th colspan="4">教师评价等级（在符合的情况下面打“√”）</th></tr>
<tr><th>全部能够做到</th><th>大部分（80%）<br>能够做到</th><th>基本（60%）<br>能够做到</th><th>没有做到</th></tr>
<tr><td colspan="2">了解当代大学生心理健康状况</td><td></td><td></td><td></td><td></td></tr>
<tr><td colspan="2">掌握影响大学生心理健康的因素</td><td></td><td></td><td></td><td></td></tr>
<tr><td colspan="2">能够分析当代大学生心理健康状况</td><td></td><td></td><td></td><td></td></tr>
<tr><td colspan="2">能够分析与探究影响大学生心理健康的因素</td><td></td><td></td><td></td><td></td></tr>
<tr><td>评语</td><td colspan="5">教师签名：</td></tr>
<tr><td>建议</td><td colspan="5"></td></tr>
</table>

# 任务三 探寻大学生的心理障碍应对措施

## 任务目标

【知识目标】

1. 了解大学生中常见的心理障碍。
2. 掌握心理障碍的应对措施。

【能力目标】

1. 能够运用所学知识判断大学生中常见的心理障碍。
2. 能够正确应对心理障碍。

【素质目标】

1. 确立积极向上的情感和价值追求。
2. 敢于直面自己的心理障碍，勇于寻求解决方法，不断发展与完善自我。

## 案例导入

小刘得知同一寝室的唐某患肝炎住院治疗的消息后，就感到紧张不安，担心自己会被传染。每天看到唐某的用品，他就感到厌恶、害怕。为此小刘开始专注于洗手，但洗完手他仍不放心，怀疑自己的手没洗干净，又用肥皂洗，试图彻底洗干净。外出后，小刘仍不放心，认为自己摸了许多脏东西，不洗不行，因而他洗手的次数越来越多。后来，他发展到乘公交车有座不坐、不愿与人握手的地步。

问题：

案例中的小刘有什么心理障碍？在实际生活中，你遇到这种问题时会采取什么心理措施？

## 相关知识

## 一、大学生的心理障碍

### （一）神经症类型

#### 1. 强迫性神经症

强迫性神经症以强迫观念最多见，强迫行为多是为了减轻强迫观念引起的焦虑而不得不采取的顺应行为，常见的有强迫检查、强迫询问、强迫洗涤等。

强迫性神经症的主要特征：有意识的自我强迫与反强迫同时存在，二者的尖锐冲突使患者焦虑和痛苦，社会功能受损。强迫性神经症患者常常伴有抑郁、焦虑及其他神经症症状。

### 2. 焦虑性神经症

焦虑性神经症是一种常见的神经症，患者常感到无明显原因、无明显对象、游离不定、范围广泛的紧张不安。

焦虑性神经症的主要特征：经常提心吊胆，但又说不出具体原因。患者过分关心事物，注意力难以集中，从而使工作和学习效率明显下降。

### 3. 疑病性神经症

疑病性神经症的主要症状是担心或相信自己患有某种严重的躯体疾病。患者对自身的健康状况或身体的某一部分过分关注，其关注程度与实际健康情况很不相称。

疑病性神经症的主要特征：患者经常诉说身体感觉异常，并四处求医，但证明身体健康的检查结果和医师的解释均不能打消患者的疑虑。

### 4. 抑郁性神经症

抑郁性神经症是大学生中常见的一种心理障碍，主要表现为悲伤、绝望、孤独、自卑、自责等，把外界的一切看成是“灰暗色”的。

抑郁性神经症的主要特征：心境低落、兴趣减退、悲观失望，并表现为入睡困难、早醒等失眠症状。

### 5. 神经衰弱

神经衰弱也是大学生中极为常见的心理障碍，是由于长期处于紧张和压力之下，出现精神易兴奋和脑力易疲乏的现象。

神经衰弱的主要特征：容易兴奋、迅速疲倦，并常伴有躯体不适和睡眠障碍。

## （二）人格障碍

人格障碍是以人格结构和人格特征偏离正常为特征的精神障碍。患者对环境适应不良，明显影响社交和职业功能，患者自己感到痛苦，但对自己的人格缺陷缺乏正确的判断。人格障碍开始于童年、青少年或成年早期，并一直持续到成年或终生。

常见的人格障碍的类型及主要特征如下。

1）偏执型人格障碍。这种人格障碍类型以敏感、猜疑、偏执为主要特征。

2）分裂型人格障碍。这种人格障碍类型以观念、行为和外貌装饰奇特，情感冷漠，离群独处为主要特征。

3）反社会型人格障碍。这种人格障碍类型以行为不符合社会规范、违法乱纪、对人冷酷无情为主要特征。

4）强迫型人格障碍。这种人格障碍类型以过分的谨小慎微、严格要求与完美主义、平时有不安全感为主要特征。

5）表演型人格障碍。这种人格障碍类型以人格不成熟、情绪不稳定、依赖性强、过分感情用事，或以夸张的言行吸引他人的注意等为主要特征。

### （三）性心理障碍

性心理障碍又称性变态、性欲倒错、性歪曲，是以异常行为作为满足个人性冲动的主要方式的一种心理障碍。其特征是对常人不引起性兴奋的某些物体或情境，对患者有强烈的性兴奋作用，而且在不同的程度上干扰了正常的性行为方式。当已经歪曲的性冲动付诸行动时，可导致自身心理冲突和痛苦，并造成恶劣的社会影响。大学生常见的性心理障碍主要有性指向障碍、性偏好障碍、性身份障碍等。

### （四）心理生理障碍

心理生理障碍又称心身疾病，是指与心理社会因素密切相关，但以躯体症状表现为主的一组疾病。此类障碍在大学生中主要表现为进食障碍、睡眠障碍等。患者可能厌食或贪食、失眠或嗜睡等，影响患者的日常生活、工作和学习，导致患者生活积极性下降、情绪不稳定，严重的可能危害社会。

### （五）创伤后应激障碍

创伤后应激障碍又称延迟性的心因反应，是指对创伤等严重应激因素的一种异常的心理反应。它是一种延迟性、持续性的身心反应，是受到异乎寻常的威胁性、灾难性心理创伤，导致延迟出现和长期持续的心理障碍。简而言之，创伤后应激障碍就是创伤后的一种心理失衡状态。

## 二、心理障碍的应对措施

### （一）悦纳自我

人无完人，金无足赤。我们要无条件、全盘地接受自己，不管是自己的长相还是学识，不管是优点还是缺点，都应当接受。

《伊索寓言》中的《磨坊主、他的儿子和他们的驴》讲述了这样一个故事：

磨坊主父子两人赶一头驴到集市上售卖，正走着，路上就有人说："世上竟有这么笨的人，明明有头驴不骑，却自己走路。"父亲觉得有道理，于是把儿子抱到了驴背上，自己牵着驴继续走。走了不远，有位老人指着儿子说："你快下来，让你的父亲歇歇脚吧。"于是父亲只好让儿子下来，自己坐上去。他们继续走着，又听到有人批评道："怎么让年幼的孩子走路，自己舒服地坐在驴背上？"父亲赶紧把儿子也抱到了驴背上，一起骑着驴向前走。可走了一段路，又有人议论："看那两个懒家伙，驴快被压坏了，到了集市上谁还会买？"父子两人觉得有道理，于是把驴的4条腿绑在一起，倒挂在扁担上抬着走。

一些大学生经常为他人的议论、指责而苦恼，为学习、人际关系、就业等方面的竞争而焦虑，使自己的心理压力增大且疲惫万分。还有的大学生不能正确认识自己，或消极自卑，或自负自傲，使自己滋生不良心态。完美无缺和一无是处的人是不存在的。大学生要努力发现自身的优点和长处，增强自信心，积极地悦纳自我，即对自我及自我的一切特征采取一种积极的、欣然接受的态度。一方面，悦纳自己的能力、性格等方面的优点；另一方面，正视和欣然接受自己存在的缺点。与此同时，对自己以外的人、事、物都应该保持开放的心态，不应因循守旧，要善于接受新的观念，并愿意成长。

### （二）管理情绪

每个人都有喜怒哀乐，乐观积极的人会将喜乐延长，将怒哀缩短，保持愉快开朗的心情，对未来充满信心和希望。保持乐观的情绪和良好的心态，需要进行积极有效的情绪管理。

首先，应学会合理宣泄，找到充分表达自己情绪的方法，既不要压抑自己，也不要放纵自己。在生活中，难免会遇到不良刺激、产生不良情绪，不良情绪会降低人的理智水平，一旦失去控制，就会带来许多不良后果。因此，一个人在自己情绪剧烈变化的过程中，应及时给予控制，以避免愤怒情绪的爆发。其次，要注意消极情绪的疏导和积极情绪的培养。积极情绪是在个体心情愉快的环境下产生的，它有利于人们放松心情，享受周围一切有利于自己的生活，使自己更加有耐心、更加宽容和更容易接纳别人的个性与错误，提高人际交往的成功率，形成良好的悦纳社会、悦纳自己和悦纳他人的心态。

对于大学生而言，积极情绪能够更好地促进自身对问题的思考，能够促使自身形成更灵活、更具创造性的思维方式，产生喜悦、快乐、幸福和满足等积极体验。最后，还要爱护自己的身体。身体的健康与否会直接影响人的情绪，一个被疼痛折磨的人，脸上绝不会绽放出舒心的微笑；一个重病卧床的人，也难得情绪高昂。因此，健康的身体是正常情绪的先决条件。

大学生可以通过优化个性、尝试成功、助人为乐、善待自己、培养兴趣、参加体育活动等方式来培养和锻炼自己的积极情绪。

### （三）正视挫折

挫折是指一个人在有目的的活动中，因受到阻碍或干扰未能达到预期目的而产生的一种紧张状态或情绪反应。俗话说“人生不如意事十之八九”，这就是说人人都有遇到挫折的可能性，如成绩不理想、高考落榜、就业受挫等。挫折会给人们造成精神上或肉体上的痛苦，使人们遭受失败和打击，让人们的生活变得曲折和艰难。然而挫折也能磨炼人的意志，激发人的潜能，使人变得勇敢、坚强。每一个有理想、有抱负的有为青年，都会受到挫折的考验。那么，当面对挫折时，我们究竟该如何理智看待并战胜它呢？

首先，要树立正确的世界观、人生观。要从全局着想，用发展的眼光看待眼前的挫折。那种具有远大理想，能用正确、积极的眼光去看待社会、看待生活的人，往往更能够承受挫折带来的影响。其次，要正视逆境。生活中有晴天也有雨天，有欢乐也有痛苦。挫折是不可避免的，我们的一生必然要与挫折打交道。再次，对自己要有一个全面客观的认识，扬长避短，充分发挥自己的优势。最后，要敢于挑战。想要改变，需要的是行动而不是空谈，做任何事情都要付出努力与行动，即使没有取得最终的成功，也问心无愧。

### （四）乐于与他人交往

爱自己与爱他人看似矛盾，却是相辅相成、缺一不可的。一个心理健康的人能够对自我高度地接纳，同时对周围的人具有高度的接纳性，能够在了解自己情绪和感受的同时，了解他人的情绪和感受，对他人充满关怀和关爱，而非苛求、指责和敌意。“予人玫瑰，手有余香”，你在爱他人的同时，也在爱你自己。爱是一种快乐的付出，在爱他人的同时，也会因满足而获得幸福。

心理健康的大学生乐于与他人交往，在交往中能够用理解、宽容、友好、信任和尊重的态度与人和睦相处。通过人际交往，他们能够认识自身的社会责任，培养遵守纪律和社会道德规范的习惯；增强心理适应能力，能够与他人同心协力、合作共事，与集体保持协调的关系，保证心理的健康发展。

### （五）培养爱的能力

爱的能力是指与他人建立亲密关系的能力，它对人一生的发展有着重要的意义。爱的能力会引导一个人去真正地爱他人，也真正地爱自己，能使人真正体验到爱给人带来的快乐和幸福，恋爱过程也是培养爱的能力的过程。

### （六）追寻生命价值和人生理想

教育人的目的是提升人的生命质量，使人尊重生命、热爱生活，并在社会实践中去实现自己的人生价值。大学生要想实现自己的理想，就不能虚度年华，在学校期间要多读书、读好书，培养自己的优秀品质，提升自己的专业技能，为步入社会、实现自己的人生理想打下坚实的基础。

### （七）对生活充满希望，确立生命意义感

希望是人们处于逆境或困境时能够支撑自己坚持美好理想的特定情绪。大学生如果对未来充满希望，就能更有力量应对生活中的不幸和压力，以灵活的方式来面对困境。只有把自己培养成充满理想和对未来充满希望的个体，才能从根本上提高应对生活不幸和压力的能力。另外，意义感是积极心理学中的幸福元素之一，生命意义感的确立关系到大学生的身心健康发展，影响着大学生人格的完善、自身价值的实现及其幸福感水平的提升。希望的缺乏和生命意义感的丧失是引发心理问题的重要因素。

### （八）建立合理的生活秩序

建立合理的生活秩序需要从以下几个方面入手。

#### 1. 合理安排学习时间和生活节奏

大学生的主要任务是学习，很多心理活动都与学习有关。研究表明，个体在适度的压

力和焦虑情绪下，可以提高思考力和机敏度。因此，大学生的学习应有一定的压力，这种压力对大学生心理健康的发展及学业的完成是必要的，但不能过分加重负担。大学校园生活是丰富多彩的，这为大学生合理安排生活节奏、积极参加多种多样的文体活动提供了十分有利的外在条件。这样，既可以调节紧张的学习生活，又可以开阔视野、广交朋友，发现自己在各方面的潜力，增加与他人相处的经验，从而体验大学生活的快乐。这种平稳的积极状态，能够使大学生充分发挥其潜在能量，增强自信，使自己的生活有节奏感，劳逸结合，提高学习效率，从而达到最佳的适应状态。

#### 2. 爱好一项体育运动

体育运动不仅能增强体质、祛病强身，还能提高心理素质、塑造健康心理。大学生爱好一项体育运动，经常锻炼身体，不仅能为步入社会打下良好的身体素质基础，而且能够舒缓学习和生活压力带来的焦虑情绪。不论是参加体育运动，还是观看体育比赛，都能带给人们良性的心理感受，而良性的心理感受能够提高应激能力，减少紧张情绪，降低自闭症和孤独感发生的可能性，有效预防精神疾病。

#### 3. 保持浓厚的学习兴趣和求知欲望

学习是大学生的主要任务，有了学习兴趣才能够自觉地在浩瀚的知识海洋里遨游，拼命地吸取新知识，发展多方面的能力，以提高自身素质，更好地适应社会发展的需要。

### （九）培养良好的社会适应能力

#### 1. 主动接触社会，积极适应社会

首先，要主动地投入社会环境，只有接触环境，才能认识环境和适应环境。其次，有意识地锻炼自己，这样可以进一步认识自己，认清自己在社会环境中所处的位置。适应社会环境分为主动适应和被动适应。主动适应就是能够发挥自己的主观能动性和无限的创造力，努力克服各种困难，从而产生积极向上、愉快、满意、充实的正面情绪，这不仅能够帮助大学生很好地适应环境，还有利于身心健康。被动适应则会表现出对环境的无可奈何，产生消极、忧郁、焦虑甚至逃避的负面情绪。

#### 2. 多参与社会公益活动

大学生可以经常参加校内或校外开展的社会公益活动，这样可以使自己的专业知识和实践技能得到充分锻炼和发挥。

#### 3. 利用社会支持系统，积极寻求帮助

生活在现实中的人都应该有一个社会支持系统，它包括父母、朋友、同学等。当在接触社会的过程中，遇到各种问题、出现各种心理上的苦恼与困扰时，可以向自己信赖的人

求助。如果自己不愿或不便向他们求助，可以寻求心理老师或心理咨询人员的帮助。

总之，一个懂得爱自己的人，才有能力爱别人，才能在与自己、与别人和谐共处的生活中，感受生命的美好，体验幸福的人生。作为大学生，在丰富多彩的大学生活中，会有烦恼和忧愁，会遇到痛苦与挫折，但只要拥有一颗健康的心，保持乐观积极的心态，幸福就会一直伴随自身去努力、去奋斗，去开启自己的幸福人生。

## 任务实施

### 一、明确任务目标，落实训练任务

1）初步掌握心理健康的自我调适方法。

2）强化心理健康意识，培养积极的心态。

### 二、开展“心灵瑜伽”活动，记录心理感受

**【活动项目】**心灵瑜伽。

**【活动目的】**放松身心，体验放松的感觉。

**【活动方法】**

放松的顺序：头部→颈部→臂部→肩部→背部→胸部→腹部→臀部→腿部（大腿、小腿）→脚趾骨。可以根据自己的爱好选择合适的放松顺序，每天两次，坚持半月。

（1）头部的放松

第一步：紧皱眉头，就像生气时的动作。保持 10 秒（可匀速默念到 10），然后逐渐放松。放松时注意体验与肌肉紧张时不同的感觉，即稍微发热、麻木松软的感觉。

第二步：闭上双眼，做眼球转动动作。先使两只眼球向左边转，尽量向左，保持 10 秒后还原放松。再使两只眼球尽量向右转，保持 10 秒后还原放松。随后，使两只眼球按顺时针方向转动一周，然后放松。接着，再使眼球按逆时针方向转动一周后放松。

第三步：皱起鼻子和脸颊部肌肉（可咬紧牙关，使嘴角尽量向右边咧，鼓起两腮，似在极度痛苦状态下使劲），保持 10 秒，然后放松。

第四步：紧闭双唇，使唇部肌肉紧张，保持该姿势 10 秒，然后放松。

第五步：收紧下腭部肌肉，保持该姿势 10 秒，然后放松。

第六步：用舌头顶住上腭，使舌头前部紧张，10 秒后放松。

第七步：做咽食动作以使舌头背部和喉部紧张，但注意不要完全完成咽食这个动作，持续 10 秒，然后放松。

（2）颈部的放松

将头用力下弯，使下巴抵住胸部，保持 10 秒，然后放松。体验放松时的感觉。

（3）臂部的放松

双手平放于沙发扶手上，掌心向上，握紧拳头，使双手和双前臂肌肉紧张，保持 10 秒，然后放松。接下来，将双前臂用力向后臂处弯曲，使双臂的二头肌紧张，10 秒后放松。接

着，双臂向外伸直，用力收紧，以紧张上臂三头肌，持续 10 秒，然后放松。每次放松时，均应注意体验肌肉松弛后的感觉。

（4）肩部的放松

将双臂外伸悬浮于沙发两侧扶手上方，尽力使双肩向耳朵方向上提，保持该动作 10 秒后放松。注意体验发热和沉重的放松感觉。20 秒后做下一个动作。

（5）背部的放松

向后用力弯曲背部，努力使胸部和腹部突出，呈拱桥状，坚持 10 秒，然后放松。20 秒后，往背后扩双肩，使双肩尽量合拢以紧张背上肌肉群，保持 10 秒后放松。

（6）胸部的放松

双肩向前并拢，紧张胸部四周肌肉，体验紧张感，保持 10 秒，然后放松，感到胸部有一种舒适放松的感觉。20 秒后做下一个动作。

（7）腹部的放松

高抬双腿以紧张腹部四周的肌肉。与此同时，压低胸部，保持该动作 10 秒，然后放松。注意由紧张到放松过程腹部的变化感觉。20 秒后做下一个动作。

（8）臀部的放松

将双腿伸直平放于地，用力向下压两只小腿和脚后跟，使臀部肌肉紧张。保持此姿势 10 秒，然后放松。20 秒后，将臀部用力夹紧，努力提高骨盆的位置，持续 10 秒后放松。这时可感到臀部肌肉开始发热，并有一种沉重的感觉。

（9）大腿的放松

绷紧双腿，使双脚后跟离开地面，持续 10 秒后放松。20 秒后，将双腿伸直，并紧双膝，如同两只膝盖紧紧夹住一枚硬币，保持 10 秒后放松。注意体验微微发热的放松感觉。

（10）小腿的放松

双腿向上方朝膝盖方向用力，绷紧小腿，使小腿肌肉紧张，保持 10 秒后慢慢放松。10 秒后做相反的动作，即双腿朝向前下方用力，绷紧小腿保持 10 秒，然后放松。注意体验紧张的消除。

（11）脚趾骨的放松

将双脚脚趾慢慢向上用力弯曲，其他部位不要移动，保持 10 秒，然后放松。20 秒后做相反的动作，即将双脚脚趾向下用力弯曲，保持 10 秒，然后放松。

至此，整个放松动作全部完成。

当各部分肌肉放松都做完之后，还可以继续给出指导语：现在感到很安静，很放松……非常安静，非常放松……全身都放松了……（然后指导者或自己从 1 默数到 50 并睁开眼睛）。

## 三、探讨对积极心态的认识，感悟心理成长

将全班学生分成若干组，讨论与交流对积极心态的认识，以及如何培养自己积极的心态。

## 任务评价

项目一任务三评价表

<table>
<tr><th colspan="6">自我评价</th></tr>
<tr><th colspan="2" rowspan="2">主要内容</th><th colspan="4">自我评价等级（在符合的情况下面打“√”）</th></tr>
<tr><th>全部能够做到</th><th>大部分（80%）能够做到</th><th>基本（60%）能够做到</th><th>没有做到</th></tr>
<tr><td colspan="2">了解大学生中常见的心理障碍</td><td></td><td></td><td></td><td></td></tr>
<tr><td colspan="2">掌握心理障碍的应对措施</td><td></td><td></td><td></td><td></td></tr>
<tr><td colspan="2">能够运用所学知识判断大学生中常见的心理障碍</td><td></td><td></td><td></td><td></td></tr>
<tr><td colspan="2">能够正确应对心理障碍</td><td></td><td></td><td></td><td></td></tr>
<tr><td rowspan="4">自我总结</td><td>我的优势</td><td colspan="4"></td></tr>
<tr><td>我的劣势</td><td colspan="4"></td></tr>
<tr><td>我的努力目标</td><td colspan="4"></td></tr>
<tr><td>我的具体措施</td><td colspan="4"></td></tr>
<tr><th colspan="6">教师评价</th></tr>
<tr><th colspan="2" rowspan="2">主要内容</th><th colspan="4">教师评价等级（在符合的情况下面打“√”）</th></tr>
<tr><th>全部能够做到</th><th>大部分（80%）能够做到</th><th>基本（60%）能够做到</th><th>没有做到</th></tr>
<tr><td colspan="2">了解大学生中常见的心理障碍</td><td></td><td></td><td></td><td></td></tr>
<tr><td colspan="2">掌握心理障碍的应对措施</td><td></td><td></td><td></td><td></td></tr>
<tr><td colspan="2">能够运用所学知识判断大学生中常见的心理障碍</td><td></td><td></td><td></td><td></td></tr>
<tr><td colspan="2">能够正确应对心理障碍</td><td></td><td></td><td></td><td></td></tr>
<tr><td>评语</td><td colspan="5">教师签名：</td></tr>
<tr><td>建议</td><td colspan="5"></td></tr>
</table>

## 延伸阅读　当代大学生心理发展的新面貌

在当今社会变革与转型中，由于当代大学生所处的特殊社会历史时期、特殊年龄阶段、特殊生活环境，接受的特殊教育内容和所担当的特殊角色与使命，他们产生了一系列与同龄人不同的心理特点，表现出与以往时代大学生不同的心理面貌、心理矛盾和心理问题。

从群体上看，当代大学生个性心理面貌出现三大转变，即从闭锁转向开放，从依赖转向独立，从关心书本转向关心社会。这里将当代大学生个性心理的新面貌概括为以下几个方面。

### 1. 学习行为实用化

在当今世界务实避虚的社会变革大背景下，在择业竞争、完善自我、迎接挑战与适应未来的目标驱使下，当代大学生的学习越发显得实用。不少大学生将学习对自己的将来工作是否有用作为产生学习需要的主要标准，往往是自己觉得有用就愿学、想学、苦学、乐学；觉得没有用就不愿学、不想学、少学、厌学甚至逃学。一些大学生认为，学习就是为了将来到社会上能够管用，学了无用等于不学，学了不好用，还不如不学。

### 2. 个性发展自主化

现代大学生活使在校大学生获得了相对过去较为自由和开放的环境，他们的“成人感”迅速增强，认为自己已经长大成人，开始具备自主自立的强烈意识。他们对个性有着自己独特的理解，渴望拥有鲜明的个性，希望自己能够主宰、决定自己的一切，自己独立地走自己的路，从而为将来的社会适应做好准备。因此，他们大多不满足于高校或家长为他们设计好的成才模式和发展道路，试图摆脱所谓“独裁专制、家长式”的束缚。

### 3. 需要结构多样化

当代大学生处于改革开放日益深化、市场经济与知识经济交织的时代。社会政治、经济、文化、科技和教育诸方面都在影响着他们的思想、心理和行为系统，促使他们产生丰富强烈、纷繁复杂的需要结构。“超前”的现代化的物质生活需要，多维自主的社会交往需要，新奇、高雅的文化娱乐需要，提升自我的学习求知需要，自我实现的专业成才需要，加上青年期强烈的归属和爱的需要、尊重与理解的需要，等等，使当代大学生在需求满足上“似乎没有不需要的”。可以说，当代大学生与以往时代的大学生相比，其需要结构的最大不同和突出特征就是丰富多样性。

### 4. 价值观念多元化

在当今社会变化日新月异的形势下，大学生的价值观出现了前所未有的多元化重新组合，表现出前所未有的包容性。多元价值观并存现象在当代大学生身上表现突出。越来越多的大学生强调自我与社会融合，索取与奉献并重，兼顾国家、集体和个人三者利益而又比较注重自我、注重实际。这种变化趋势似乎日益成为当代大学生价值观的主流。

### 5. 负面心态普遍化

毋庸置疑，健康向上、科学合理的心理状态是当代大学生心理发展的主流。但值得重视的是，当代大学生中也存在着一些负面心态，如“社会人”的实用心态、“时代人”的浮躁心态、“复杂人”的困惑心态、“无关人”的冷漠心态、“多余人”的悲观心态、“对立人”的逆反心态等。这些负面心态的产生和形成，既有思想观念、思维方式、人格心理等方面的主观原因，也有社会文化、家庭影响、教育改革、体制变革等方面的客观原因。尽管当代大学生存在的负面心态不是严重的心理疾病，但很容易诱发各种心理障碍和过激行为，需要外界积极引导，促使其良性转变。

## 项目小结

通过本项目内容的学习，学生能够了解心理健康的概念、大学生心理健康的标准、大学生认知发展的特点、当代大学生心理健康状况、影响大学生心理健康的因素，以及大学生中常见的心理障碍及其应对措施，在认识和理解心理健康及影响心理健康的因素基础上，学会分析自我心理特点及调整自身心理状况，并能够把学习到的心理健康知识运用到日常生活中，做好心理健康的自我保健。

## 课后练习

### 一、填空题

1. 所谓观察，是一种________、________的主动的知觉。由于它与________有着密切的联系，又被人称为“________”“________”。

2. 大学生认知发展的特点体现在________、________、________3 个方面。

3. 影响大学生心理健康的客观因素包含________、________、________、________。

4. 遗传学研究发现，不仅人们与生俱来的生理特点，如人体器官的构造、形态、________和________的特征等与遗传有关，而且每个人的________，以及表现出来的智力、才能和个性特征，在一定程度上都受到________的影响和制约。

5. 个体的生长发育是其________的物质基础。

6. ________以强迫观念最多见，强迫行为多是为了减轻强迫观念引起的焦虑而不得不采取的顺应行为，常见的有________、________、________等。

### 二、判断题

1. 从观察的广度上看，大学生已不再局限于眼前的常见事物，视野开始延伸到自然和社会的各个领域。（　　）

2. 强迫性神经症的主要特征是有意识的自我强迫与反强迫同时存在，二者的尖锐冲突使患者焦虑和痛苦、社会功能受损。强迫性神经症患者常常伴有抑郁、焦虑及其他神经症症状。（　　）

3. 分裂型人格障碍类型以敏感、猜疑、偏执为主要特征。（　　）

4. 互动性是指大学生群体与群体、成员与成员之间互相影响、互相促动，形成一种比较统一的群体行为。（　　）

## 三、简答题

1. 心理健康的标准是什么？
2. 影响大学生心理健康的因素有哪些？
3. 针对大学生心理障碍的应对措施有哪些？

## 四、拓展题

对照所学的心理健康标准，盘点自己身上可能存在的心理问题，试着寻找解决的方法，并将其写在自己的笔记本上。

# 项目二

# 适 应 能 力

## 项目导言

适应是个体积极改变自己生存的环境或者改变自己原有的状态，以获得所需的间接满足的过程。适应能力是人类战胜自然、改造社会、改造自己的必备素质。周围的环境是不断变化的，人们只有不断调节自己的行为才能适应这种变化。“物竞天择，适者生存”，这是一条不以人的意志为转移的规律。能面对现实并以积极的态度适应环境，情绪稳定、乐观，能保持良好的心境，这是大学生心理健康的一个重要指标。

大一新生所遇到的第一个重要问题就是要适应陌生的环境。此时，他们在心理上正处于脱离父母、教师扶持的时期，有不少心理学家把这一时期称为“心理断乳期”。由于环境的改变、学习要求的提高及心理准备的不足，许多学生进入大学后在认知、情绪、行为等方面出现迷茫、困惑、痛苦等情况，出现适应不良的表现。一些社交活动能力较差的学生甚至在入学一个月后尚不能与班里其他学生相熟。由于彼此不了解，他们在各种活动中陷入孤独无助的境地。如果教育者不能及时发现他们的问题，未重视并给予正确的引导、纠正，帮他们尽快适应大学的生活，就会在相当大的程度上影响他们正常的学习生活，影响其大学期间的成长乃至日后的成才，甚至影响其身心的健康发展。

## 任务一 认 识 适 应

### 任务目标

【知识目标】

1. 了解适应的含义。
2. 熟知心理适应的标准。
3. 掌握适应能力对大学生的重要意义。

【能力目标】

1. 能够判断自己是否拥有良好的适应能力。
2. 能够认清适应能力对自己的重要性。

【素质目标】

1. 培养良好的适应能力，有足够的知识储备迎接大学生涯。
2. 提升沟通能力，适应大学生活节奏。

## 案例导入

小王是某高职院校一年级新生，性格内向，家中有父母和弟弟，她深得父母宠爱，上大学前一切生活事宜均由父母料理。上大学后，由于水土不服，小王不能适应当地的气候条件和生活习惯，入学不久，她就因体质虚弱而住院。在生病期间，她同父母商量打算回家，并向老师提出退学要求。老师问其原因，她回答：想家、想父母，不能适应学校的生活环境和周围的自然环境。她又具体地说：家乡地旷人稀，自然环境优美，空气新鲜；而学校人多嘈杂，宿舍拥挤，学校餐厅的饭菜不合口味，生活上很不习惯。小王认为自己浓重的方言会引起别人的讥笑，总觉得自己是个被抛弃的外乡人。她变得孤独自卑，每天晚上熄灯后都在被窝里哭，久久不能入睡，睡梦中总是与家人和朋友在一起。她知道父母希望自己好好读书，自己也想快乐起来，投入新生活中；也曾强迫自己学习，但学习上感到吃力，最怕上数学课和英语课，没有老师和同学的帮助，自己就学不进去。最近一段时间她总担心自己期末考试成绩会不及格，让父母着急，心里充满了烦恼和忧虑。她还跟老师说她以前不是这个样子，现在觉得自己像变了一个人，在学校实在待不下去了。

问题：

案例中的小王在进入大学后遇到了什么困难？小王该怎么做才能摆脱这种状况，更好地适应大学生活呢？

## 相关知识

### 一、适应的含义

“适应”这一概念首先出现于达尔文“物竞天择，适者生存”的理论中，意思是说生物有机体调整自身生存形态以顺应已改变了的生存环境的活动形式。后来，心理学家迁移了适应这一概念，用来强调个人在社会及物理环境中为求生存而努力奋斗，使其成为心理学中的一个重要概念。

心理学关于适应的概念很多。由于心理学研究具有层次性，从简单的感知觉、认知学习行为习惯到人格等，心理学领域对于适应概念的理解和运用也存在层次上的差异。心理学范畴里使用适应概念时，通常有 3 种角度：一是生物学意义上的适应，即生理适应，如感官对声、光、味等刺激物的适应；二是心理上的适应，通常指遭受挫折后借助心理防御机制来使人减轻压力、恢复平衡的自我调节过程，这是一种狭义的适应概念；三是对社会生活环境的适应，包括为了生存而使自己的行为符合社会要求的适应和努力改变环境以使自己能够获得更好发展的适应。

瑞士儿童心理学家皮亚杰对适应做了系统的研究，认为主体通过动作对客体的适应，乃是心理发展的真正原因。如果机体和环境失去平衡，就需要改变行为以重建平衡。这种平衡—不平衡—平衡状态的循环往复，就是适应的过程，也就是心理发展的本质和原因。

朱智贤主编的《心理学大词典》中对适应的定义是：适应是来源于生物学的一个名词，用来表示能增加有机体生存机会的身体上和行为上的改变。心理学中用适应来表示对环境变化做出的反应。

综合两位心理学家对适应的性质与特点的描述可知，首先，适应是指一种心理反应，是主体对变化的环境所做出的一种反应；其次，这种心理适应不是静止的过程，而是一种重建平衡的动态的、变化的过程；最后，心理适应的内部机制是同化与顺应的平衡。因此，适应的含义可以理解为：当外部环境发生变化时，主体通过自我调节系统做出能动反应，使自己的心理活动和行为方式更加符合环境变化与自身发展的要求，使主体与环境达到新的平衡。

## 二、心理适应的标准

社会发展的过程充满着矛盾与冲突，人们若想顺利地适应变化发展中的社会，就必须具备健全的心理适应能力，只有这样才能在社会变革中始终保持积极、乐观、向上的生活态度。那么，什么是判定一个人心理是否适应的标准呢？关于这个问题，不同的心理学派由于研究的视角不同，得出的结论也不完全一致。因此，关于心理适应的标准，目前尚没有一个客观、完整、统一的定论，也很难从单一的维度去界定它。

有的学者主张，应从社会适应、生活适应和经验体会的角度来概括心理适应的标准。从社会适应的角度来讲，在人与社会的互动中，如果个体能够对自己所生活的社会环境接纳和认可，并与之融为一体，那么他与社会环境是相适应的；反之，则视之为心理不适应。从生活适应的角度来讲，就是个体在环境条件变化的情况下，能否顺应客观环境或通过充分发挥人的主观能动性来改造环境，使之符合或满足个体生存和发展的需要。从经验体会的角度来讲，是指个体凭借以往积累的、经过系统整理的知识经验来验证和鉴别自我心理是否适应现实环境。但是这一标准受到已有经验、水平和能力的制约，难免失之偏颇。也有学者运用系统的观点，从整体的角度来研究心理适应与发展的关系，并提出以下 8 条标准。

1）能够正确认识和理解自我。

2）能够正确认识和对待社会。

3）能够确立自己作为一个社会成员所必备的人生观和价值观。

4）能够对自己身体的发育及其变化充分理解，能逐渐完善作为男性或女性的性别角色。

5）能够正确处理人际关系。

6）具有充分的心理理解能力去掌握作为社会成员必备的知识技能。

7）具有较充分的心理鉴别能力去做职业选择和就业的准备。

8）具有一定的心理能力去准备结婚和过家庭生活。

以上 8 条标准强调了心理适应过程是一个学习的过程，其标准界限是相对的。但就判断心理是否适应而言，一般可以遵循 3 个原则：①心理与环境的同一性；②心理与行为的整合性；③人格的稳定性。

## 三、适应能力对大学生的重要意义

随着高等教育的普及化，大学生群体日益壮大，加强大学生入学适应能力教育已经成为一个亟须解决的问题。这不仅有助于提高与改善大学生的学习效率和生活质量，还能促进他们在大学期间更好地发展自己。

1）提高学习效率。大学生入学后面临着新的学科知识和学习方法，并且教学方式和考试形式与以往有很大不同。如果缺乏适应能力，他们就容易在学习中遇到困难，并产生挫败感。掌握有效的学习方法可以使大学生快速适应新的学习环境，从而提高学习效率。

2）改善生活质量。大学生入学后，需要独立解决各种生活问题，如宿舍生活、饮食安排等。如果没有适应能力，他们可能就会感到孤独、无助和焦虑。适应能力教育可以帮助大学生更好地适应新的生活环境，掌握生活技巧，提高生活质量。

3）促进个人发展。大学是培养人才的殿堂，大学生入学适应能力教育不仅可以帮助他们适应新的学习和生活环境，还可以培养他们的创新意识、团队精神和领导能力，为他们综合素质的提升打下坚实的基础。

## 任务实施

## 一、明确任务目标，落实训练任务

微课：大学生活的新变化

1）认识大学生活环境、学习环境、人际环境、管理环境和角色地位的变化。

2）做好适应大学生活的心理准备。

## 二、开展“微笑握手与滚雪球”活动，记录心理感受

**【活动项目】**微笑握手与滚雪球。

**【活动目的】**扩大交往圈，拓展相识面，激发个人参与团体活动的兴趣。

**【活动方法】**

### 1. 微笑握手

全体学生起身离开座位，面带微笑，伸出右手走向自己想认识的同学，对着他（她）说“你好”并相互握手，在 5 分钟内尽可能多地和更多的人握手。当教师喊“停”时，全体学生站在原地不动，看谁握手人数最多或最少，并请他们谈谈感受。

### 2. 滚雪球

微笑握手活动中最后握手的学生两人一组开始进行自我介绍（时间为 3 分钟）。介绍的内容包括姓名、所在院系和专业、性格特点、个人兴趣爱好，以及个人愿意让对方了解的有关自我的资料。两人一组自我介绍完后，临近的两组 4 人一组开始进行他者介绍（时间为

5 分钟），每位成员将自己刚认识的朋友向另外两位新朋友介绍，如 A 向 C 和 D 介绍 B。当 4 个人已经相识时，8 人一组开始进行连环自我介绍（时间为 10 分钟）。如果成员有一时记不起来的信息，全组成员可以一起帮助他。

## 三、分享交友感想与感受，感悟心理成长

“微笑握手与滚雪球”活动结束后讨论与分享：

1）请每位学生分享在短短的十几分钟内认识 7～8 位朋友的感想。

2）每位学生以“我理想中的大学”为主题阐述自己的感受。

3）每个小组派出一个代表，把全组成员一一向班内其他小组成员介绍。

## 任务评价

项目二任务一评价表

<table>
<tr><th colspan="6">自我评价</th></tr>
<tr><th colspan="2" rowspan="2">主要内容</th><th colspan="4">自我评价等级（在符合的情况下面打“√”）</th></tr>
<tr><th>全部能够做到</th><th>大部分（80%）能够做到</th><th>基本（60%）能够做到</th><th>没有做到</th></tr>
<tr><td colspan="2">了解适应的含义</td><td></td><td></td><td></td><td></td></tr>
<tr><td colspan="2">熟知心理适应的标准</td><td></td><td></td><td></td><td></td></tr>
<tr><td colspan="2">掌握适应能力对大学生的重要意义</td><td></td><td></td><td></td><td></td></tr>
<tr><td colspan="2">能够判断自己是否拥有良好的适应能力</td><td></td><td></td><td></td><td></td></tr>
<tr><td colspan="2">能够认清适应能力对自己的重要性</td><td></td><td></td><td></td><td></td></tr>
<tr><td rowspan="4">自我总结</td><td>我的优势</td><td colspan="4"></td></tr>
<tr><td>我的劣势</td><td colspan="4"></td></tr>
<tr><td>我的努力目标</td><td colspan="4"></td></tr>
<tr><td>我的具体措施</td><td colspan="4"></td></tr>
<tr><th colspan="6">教师评价</th></tr>
<tr><th colspan="2" rowspan="2">主要内容</th><th colspan="4">教师评价等级（在符合的情况下面打“√”）</th></tr>
<tr><th>全部能够做到</th><th>大部分（80%）能够做到</th><th>基本（60%）能够做到</th><th>没有做到</th></tr>
<tr><td colspan="2">了解适应的含义</td><td></td><td></td><td></td><td></td></tr>
<tr><td colspan="2">熟知心理适应的标准</td><td></td><td></td><td></td><td></td></tr>
<tr><td colspan="2">掌握适应能力对大学生的重要意义</td><td></td><td></td><td></td><td></td></tr>
<tr><td colspan="2">能够判断自己是否拥有良好的适应能力</td><td></td><td></td><td></td><td></td></tr>
<tr><td colspan="2">能够认清适应能力对自己的重要性</td><td></td><td></td><td></td><td></td></tr>
<tr><td>评语</td><td colspan="5">教师签名：</td></tr>
<tr><td>建议</td><td colspan="5"></td></tr>
</table>

# 任务二 分析大学生适应不良的类型及原因

## 任务目标

微课：大学生常见的适应问题

【知识目标】

1. 了解大学生适应不良的类型。
2. 清楚大学生适应不良的原因。

【能力目标】

1. 能够对适应不良进行分类。
2. 能够分析适应不良的原因。

【素质目标】

1. 提升自主管理能力。
2. 平衡自豪感与自卑感。

## 案例导入

小杨是一名大一学生，随着时间的推移，刚进大学时的新鲜感与兴奋感已慢慢褪去。在她就读的这所大学里，高手如云。她说，竞争的压力令她无所适从。

从小学到高中，小杨一直是班里的尖子生，年年都是三好学生，高考时还是县里的文科状元。考入现在的学校，她不是很满意，觉得多年的努力没有得到回报。新鲜感只是暂时的，她在大学里有了很多新的烦恼。她的入学成绩在系里只是中等水平，学习比她优秀的学生大有人在。上课回答问题时，有很多学生发言大胆且颇有见地，不得不让人佩服。第一学期期末考试，她除了英语成绩比较突出，其他科目成绩一般。这学期一结束，就要评奖学金了，她担心拿不到奖学金。她和室友平时在宿舍里很少讨论成绩，就算别人问她，她也只是装出不在意的样子。她知道，室友们都在暗暗努力，不想输给别人。周围优秀的人这么多，自己很可能考不出好成绩。自己的心事自己清楚，她现在感到很失落、压抑，她不愿承认自己的失败，可事实似乎就是这样的。

**问题：**

案例中的小杨在大学里为什么会适应不良？小杨该怎么做才能改变现在的状况呢？

## 相关知识

## 一、大学生适应不良的类型

### 1. 自豪感与自卑感并存

有些大学生曾经是学校里的佼佼者，“三好学生”“优秀学生干部”等各种荣誉会让自身产生自豪感。可是进入大学以后，成绩不再是评判一个人是否优秀的唯一标准，还有知识、才艺、人际关系、家庭背景乃至身材容貌等。特别是一些来自乡村、山区的学生，因家庭经济困难、服饰落伍、乡音浓重、知识面狭窄等，会因自卑心理而变得沉默寡言、内向孤僻。在部分学生身上还容易产生自我认识和自我价值感方面的困惑。由于各种问题的困扰，大学新生如果没有及时进行心理调适，就会越陷越深，导致适应困难。

### 2. 放松感与紧张感同在

大学的学习方式与以往有很大的差别，以往是在家长、老师的督促下进行学习的，主动性、自觉性不高。进入大学后，各种信息的反馈会让大学新生产生这样一种错觉：大学学习轻松，容易应付，老师判分宽松……这会导致新生认为上课结束后就没有其他学习任务了，放松了对自己的要求。然而事实并非如此，大学是开放性、主动性、自觉性的学习，更多的是无形压力、自我压力，以及就业的社会压力。

大学有开放的图书馆、开放的老师资源、开放的学术讲座、开放的学习环境。另外，大学的学习是多方面的，学生可以学习各种专业知识，但需要主动、自觉地去探索。很多学生一旦发现大学学习并不像别人说的那样轻松，又想马上紧张起来，但是部分学生自我放松以后很难再回到紧张的状态，从而导致心理不适。

### 3. 孤独感与恋群感交织

闭锁性是青年心理发展过程中一个显著的特征。个体情感进入青春期后就开始具有文饰、内隐的特点，他们会根据一定的条件来表达情感，会出现外显的形式和内隐的体验不一致。例如，有的大学生对某件事是厌烦的，但由于某种原因，却能表现出良好的态度；有的大学生对某个异性明明是爱慕、想接近，但是受自尊心或者客观环境的限制，有时会表现得无动于衷或出现回避行为；有的大学生希望与异性进行思想、情感上的交流，但因害怕对方或别人误解而故意表现冷淡等。他们在掩饰自己内心真实情感的同时，又强烈希望得到别人的理解，希望合群，与同龄人交往的意愿特别强烈。他们希望自己所处的集体是生机勃勃、健康向上的，渴望建立和谐的人际环境，孤独感与恋群感交织，使他们陷于痛苦的困扰中。

### 4. 求知欲与厌学心相峙

到大学要学习新的知识，完成自己的理想，每位大学新生都希望自己在大学里能够取得非凡的成绩。大学教学的内容、形式和方法等与以往有很大的不同，导致很多学生无法适应，难以进入新的学习状态，加上沉迷网络游戏，从而对学习失去兴趣，甚至产生厌学心理。

### 5. 空虚感与恐惧感共袭

对于一部分学生来说，大学梦的实现意味着理想和目标的消失，从而失去努力的方向，会无从下手、不知所措，会产生一种焦虑的情绪。没有目标会使人感到空虚和恐惧。

### 6. 自立性与依赖性相随

部分学生在家庭里受到全方位的呵护，如同在摇篮里的婴儿，唯一的任务就是“好好吃饭”“好好学习”。他们在整个学前教育和基础教育阶段过着“衣来伸手，饭来张口”的生活，虽然年龄在不断增长，但生活自知、自理能力没有同步增长，以至于进入大学后不知道如何为人处世。他们以往在学校一切依靠教师，被动地“享用”教师安排好的知识；在家里事事依靠父母，被动地“享用”父母安排好的饮食起居。因此，这部分学生在基础教育阶段自然而然形成了依赖性、被动性的思维方式和人格特点，缺乏独立自主进行学习和生活的意识与能力，在生活和学习中依然带有很强的依赖性。进入大学以后随着身心的发展和生活、交往领域的不断扩大，个体的成人感、自我意识迅速增强，强烈要求得到他人和社会的尊重与信任，这种渴望社会承认自己的自立性和现实的依赖性让部分学生陷入心理矛盾中。

### 7. 理想化与现实化落差

大学生朝气蓬勃、富有理想，然而由于他们涉世未深，其思想认识水平有一定的局限性，加上生活环境等各种因素的影响，常常处理不好理想和现实的关系，存在着理想和现实的心理冲突。他们的理想常常脱离实际，具有一些幻想成分，理想和现实一致性不高。对于大学新生来说，理想和现实的差距更大。进入大学前，他们心中的大学校园是温馨浪漫的，同学之间的友谊是纯洁无瑕的，校园生活是多姿多彩的。可是到了大学以后，他们发现校园并不是自己想象中的那样，感到非常失望，觉得大学生活也不过如此。因此，有些学生入学后会产生不同程度的失落感。加之他们对自己的评价缺乏客观性，造成理想和现实之间存在差距，差距越大，失望也就越大。内在和外在的双重失落感使得大学生看不清自己的前进方向，没有明确的奋斗目标，成就感淡化。

## 二、大学生适应不良的原因

社会适应是个人和群体调整自己的行为使其适应所处社会环境的过程。在当今竞争激烈、瞬息万变的社会中，良好的社会适应性可从以下几个方面的心理素质中得到诠释：首先，要具有很强的竞争能力，要敢于面对，勇于进取，不甘落后，不怨天尤人，不逃避退缩；其次，要正确对待挫折感，有竞争就必然有失败，对做某一项事情来说，成功只有一次，要能从失败中迅速解脱，鼓足力量继续前进；再次，要心态宽容，悦己纳人，悦纳自己是心理健康的根本和核心；最后，要适应不同环境下的不同角色。

### 1. 社会环境的影响

现代大学生所处的成长环境是我国社会主义经济的大转折时期，经济结构和人力资源重新分配，传统的教育体制与现代教育体制之间的矛盾日益突出，每个人都在社会大环境的变革下进行重新选择。在这种环境下，如果只重视学生的考试成绩，忽视他们的心理素质教育与培养，就会造成学生心理承受力弱，面临复杂压力的适应能力差。同时，市场经济体制对人才的素质要求日益提高，人才的竞争日趋激烈，大学生的社会竞争压力也越来越大，对大学生社会适应能力提出了新的考验。

### 2. 人际关系的影响

学生进入大学后，社交范围扩大，需要处理好师生关系、同学关系、异性关系等。大部分学生是在宠爱中长大的，从小形成了以自我为中心的观念，缺乏人际交往中以智相处的经验与能力，极易产生种种忧虑。很多大学生一方面希望得到他人的尊重和信任，另一方面又不愿主动敞开心扉，戒备心理较强，顾及不到他人的感受，不仅不能与他人真诚沟通交往，还抱怨人情冷淡。

### 3. 学校环境的影响

学校是大学生生活和学习的主要场所，学校的教学设施、生活环境、宿舍条件，教师的教学方法和模式，都将给他们带来心理上的压力和不适应。大学生在大学里不仅要接受知识的熏陶，还要从教师的言传身教中学会为人处世的道理。学生从适应的应试教育中突然转到能力教育中，可能会产生心理的不适应。

### 4. 家庭环境的影响

家庭环境是培养大学生社会适应能力的重要环境。富有生气、和谐、民主又不失严肃、上进的家庭环境，对大学生成才和培养社会适应能力会产生积极的影响；反之，则会产生消极的影响。每个家庭都有其独特的结构，每个家庭成员都以其不同的个性对其他成员产生不同的影响，对大学生社会适应能力的培养也产生不同程度的影响。

### 5. 就业环境的影响

近年来，我国高等教育不断进行改革，高校大学生数量迅速增加，大学生就业问题日益凸显，就业形势日益严峻。一些企业用人需求下降，社会可提供的就业岗位增长缓慢，就业矛盾逐渐凸显。同时，毕业生滞后的就业观和用人单位的需求之间的冲突也十分突出。这些都给大学毕业生带来巨大的就业压力，对大学生社会适应能力的培养也产生不同程度的影响。

### 重新建立自我评价

大学新生心理适应不良主要是由外界客观环境的变化及自我评价方式的单一性造成的。进入大学后，自我评价标准不再仅是依据成绩而定，而是评级方式多元化。因此，正确认识与评价自我，建立与新环境相适应的评价方式，对新生顺利度过大学生活是非常有帮助的。新生在重新建立自我评价方式时，应注意以下两点。

1）合理归因，正确看待自己的优点和缺点。部分新生在进入大学后发现自己不如别人，觉得别人有才艺，会交际，能说会道，讨人喜欢，而自己不善言辞，除了学习什么都不会。其实这就是不合理归因造成的。在进行自我评价时，要尽可能避免只看到自己的不足、缺点而淹没自己的长处和优点，或只看到自己的长处、优点而掩盖自己的不足和缺点。每个人都有长处和短处，如果在比较的时候总拿自己的短处和别人的长处比，就会不断打击自信心，越来越自卑。

2）认识和悦纳自己的不足。大学生要认识到大学是一个人才济济的地方，很多学生的能力很强，有时候即便自己全力以赴也难以超越他们。要坦然面对自己某些方面不如别人的现实，只有认识到这一点，才能在与别人进行良性竞争的过程中树立自信。在认识到自己不足的基础上，要在和他人的交往过程中汲取和学习别人的优点，不断提高自己。

## 任务实施

### 一、明确任务目标，落实训练任务

1）了解大学新生环境适应过程中常见的心理问题。

2）针对适应环境时出现的问题分析其成因，提高适应环境能力。

### 二、开展“个性名片设计”活动，记录心理感受

**【活动项目】**个性名片设计。

**【活动目的】**

1）把自己最想与他人交流的信息简洁明了地公布出来，学会推荐自己。

2）尽快地了解他人，彼此熟悉。

**【活动方法】**

1）将全班学生分成若干组，每组 8～10 人。

2）教师发给每位学生一张空白卡片，彩色笔放在每组场地中央公用。

3）每位学生为自己设计一张个性名片，名片要求：不少于 5 条个人信息（信息可以是具体的、抽象的、含蓄的，但要求是个性化的）；除文字外，还可用图形等多种形式表示，可以使用多种颜色的笔。

### 三、分享设计感受，感悟心理成长

小组交流个性名片设计感受，小组汇总后集体分享。

## 任务评价

项目二任务二评价表

<table>
<tr><th colspan="5">自我评价</th></tr>
<tr><th colspan="2" rowspan="2">主要内容</th><th colspan="4">自我评价等级（在符合的情况下面打“√”）</th></tr>
<tr><th>全部能够做到</th><th>大部分（80%）能够做到</th><th>基本（60%）能够做到</th><th>没有做到</th></tr>
<tr><td colspan="2">了解大学生适应不良的类型</td><td></td><td></td><td></td><td></td></tr>
<tr><td colspan="2">清楚大学生适应不良的原因</td><td></td><td></td><td></td><td></td></tr>
<tr><td colspan="2">能够对适应不良进行分类</td><td></td><td></td><td></td><td></td></tr>
<tr><td colspan="2">能够分析适应不良的原因</td><td></td><td></td><td></td><td></td></tr>
<tr><td rowspan="4">自我总结</td><td>我的优势</td><td colspan="4"></td></tr>
<tr><td>我的劣势</td><td colspan="4"></td></tr>
<tr><td>我的努力目标</td><td colspan="4"></td></tr>
<tr><td>我的具体措施</td><td colspan="4"></td></tr>
<tr><th colspan="6">教师评价</th></tr>
<tr><th colspan="2" rowspan="2">主要内容</th><th colspan="4">教师评价等级（在符合的情况下面打“√”）</th></tr>
<tr><th>全部能够做到</th><th>大部分（80%）能够做到</th><th>基本（60%）能够做到</th><th>没有做到</th></tr>
<tr><td colspan="2">了解大学生适应不良的类型</td><td></td><td></td><td></td><td></td></tr>
<tr><td colspan="2">清楚大学生适应不良的原因</td><td></td><td></td><td></td><td></td></tr>
<tr><td colspan="2">能够对适应不良进行分类</td><td></td><td></td><td></td><td></td></tr>
<tr><td colspan="2">能够分析适应不良的原因</td><td></td><td></td><td></td><td></td></tr>
<tr><td>评语</td><td colspan="5">教师签名：</td></tr>
<tr><td>建议</td><td colspan="5"></td></tr>
</table>

# 任务三 探寻大学生适应能力的提升途径

## 任务目标

**【知识目标】**

1. 了解培养自立和自理能力的方式。

2. 掌握强化环境适应能力的方法。
3. 掌握提升心理调控能力的方法。

微课：学会适应 发展自我

【能力目标】

1. 能够进行自我规划。
2. 能够与他人和谐相处。

【素质目标】

1. 增强自立和自理的意识。
2. 拥有良好的环境适应能力和心理调控能力。

## 案例导入

小岩是一位性格内向的女生，不擅交际。入学军训之际，她便找到辅导员哭诉：自己不习惯在学校食堂吃饭，经常胃疼；经常想家，每时每刻都想给父母打电话；在学校感到孤独，情绪数次崩溃；与班级、军训连的同学很少交流，认为自己很难找到真心朋友；舍友们关系很好，感觉自己无法融入她们。在小岩倾诉了自己的烦恼以后，辅导员和班主任深入班级、宿舍，与小岩进行了多次谈话交流并对其进行疏导，班长和舍友也在日常生活中主动释放善意，经常关心和安慰她。但小岩的情绪和状态并没有明显好转，她有意回避周围同学的关注和关心，与舍友间的对话越来越少，对周围的同学依旧有强烈的疏离感。

问题：

案例中的小岩为什么会适应不良呢？小岩该怎么做才能提升自己的适应能力呢？

## 相关知识

### 一、培养自立和自理能力

#### 1. 培养独立思考能力

在高中阶段，教师会让学生对已有的知识点进行反复训练，使学生通过大量的练习来巩固所学的知识，以应对高考。到了大学阶段，教育的专业性很强，相应的教学组织、教学方法、教学内容自成体系，且各专业之间相对独立。大学教学的目的之一就是通过各种教学形式和方法，为大学生将来从事社会实际工作做好准备。大学生进入大学校园，意味着要转换思维，努力培养独立学习和思考的能力，使自身从学生角色向社会角色过渡。

#### 2. 培养生活自理能力

上大学后，大学生的生活环境有了很大的变化，开始了真正的独立生活。从离不开父母的家庭生活到完全自理的大学生活，一切都要从头学起。从某种意义上说，这是一种真正的生活独立性的训练。刚进入大学的新生，首先应学会日常生活的打理。在生活技能上要培养自理的能力，要学会准时起床、运动，学会自己整理床铺，收拾房间，学会自己洗衣服、缝补衣服，学会自己照顾自己。

### 3. 增强人际交往能力

大学生要培养自身的人际交往能力，可以从以下几个方面做起。首先，要学会与他人进行有效的沟通。有效的沟通无论对学生的学习还是生活都是很关键的，只有学会如何倾听、相互尊重、相互理解，才能达到良好的沟通。其次，要学会换位思考。每种人际关系都是独特而微妙的，只要努力做到清楚地思考，从不同角度换位思考，就有可能对将要发生的事情或可能产生的影响形成正确的理解。健康的人际关系应该建立在利益共享、互相帮助的基础上，而不是一方单方面的付出。最后，要树立诚信意识，体现品格的魅力。诚信是建立人际关系的桥梁，大学生应树立诚信意识，加强自我形象设计和塑造。人际交往中遇到矛盾是不可避免的，善于解决交往矛盾是高水平的合作与交往能力的体现。因此，当与人交往遇到矛盾和问题时，应该迎着问题去主动交涉，而不是回避或拖延，要思考如何解决，学会独立分析，妥善处理。

### 4. 培养心理承受能力

培养自立能力首先要培养坚强的意志品质，提高心理承受能力。心理承受能力是一个人对待困难与挫折的理智程度，是对自我思想、情绪、行为的控制能力。自立的前提是顽强、坚韧、勇敢，拥有良好的心理承受能力。一些大学生常因一些微不足道的事情而做出有悖常理的举动，甚至轻生，这就是心理承受能力差的表现。在人生路程中，一个人不可能一帆风顺，必然会遇到各种压力、困难和挫折。因此，大学生要培养坚强的意志品质，提高心理承受能力，这是保持心态健康、实现自立的基础。

### 5. 提高自我规划能力

提高自我规划能力能够帮助大学生更好地规划自己的学习和未来职业发展。大学生应该学会制订合理的计划和目标，并根据实际情况进行调整和反思。通过参与职业规划课程、实习和实践等活动，大学生可以不断提高自我规划能力。

## 二、强化环境适应能力

贯彻党的教育方针，结合高校工作实际，充分发挥学生的主体性、主动性，并与学生工作者的引导、助推作用相结合，实现学生个体人格素质状况的全面提升，着力培育高素质的创新型人才，这是当今教育的职责所在。环境适应能力作为大学生良好大学生活的开端和基础，在高校教育过程中显得尤为重要。

### 1. 环境适应能力的内涵

在自我调控的基础上，个体会把行为对象指向环境，试图适应环境。心理学家艾夫考指出，适应是个体与环境的互动关系。这种互动关系包含两重含义。首先，这种互动关系是个体对自然和社会环境的一种顺应。其次，人可以根据环境条件改变自身，调节自身与环境的关系，与之协调，并且利于自身的发展。环境适应能力具体涉及以下几个方面。

1）学习生活控制性，是指对学习和生活的时间比例进行分配，协调控制学习与生活的关系的能力。

2）学校专业满意度，是指大学生作为专业教育的消费者，将自己在学校专业学习中的收获与期望比较后，产生高兴、愉悦或者失望的感受。

3）集体生活适应性，是指大学生在集体生活中，能否较好地融入该生活氛围，能否与他人在生活中和谐地相处，能否包容他人并被他人接纳的能力。

4）考试负担适应性，是指面对学习压力和考试负担，将压力控制在适当的范围，自我调节考试带来的负面情绪，将适当的考试负担转化为学习动力的能力。

5）人际交往适应性，是指大学生在与人交往过程中，能否正确地认识自我、开放自我，与他人相互包容和沟通，建立良好的人际关系的能力。

6）自我意识适应性，是指大学生对自己及自己与周围环境关系的认识，包括对自己存在的认识，以及对个体身体、心理、社会特征等方面的认识的能力。这种认识是个体通过观察、分析外部活动及情境、社会比较等途径获得的，是一个多维度、多层次的心理系统。

### 2. 提升环境适应能力的途径

（1）学习生活控制性方面

学校可以通过思想政治教育，让学生树立自我管理的意识和理念。不仅是学习方面的管理，还包括对自己的大学生活进行规划，制定长远的奋斗目标，充分运用自身的时间、资源、价值观等，实现自我认识、自我计划、自我激励、自我约束、自我控制，以促进自我发展。

学校可以通过开设学习生涯规划课程或者讲座等，提供良好的规划案例，教授自我管理的技巧方法，引导大学生学习管理与自我管理，明确理想与愿望。大学生根据个人实际，制定出符合现状的、有执行效益和力度的，包含学习与生活的短期、中期及长期计划，有序地逐一实现各项目标，在计划中不断完善和修正，真正学会控制自己的学习与生活。

（2）学校专业满意度方面

学校可以通过校史教育及专业介绍，加深大学生对学校和专业的了解，对未来自身的发展树立信心。学校可以组织知名校友走访和事迹学习相关活动，加强大学生爱校的教育。同时，让大学生有机会参与到学院学科建设的意见征集中来，培养其主人翁意识。

学校需要制定科学合理的培养目标，加强硬件设施建设，在实践中不断与时俱进，完善课程设置，实现学校、学院、学生三方的和谐发展。

（3）集体生活适应性方面

培养良好的个性，是良好人际关系的基础，也是良好集体生活的必备。大学生应认清自己的优点和不足，把握自己在集体中的言行举止，扬长避短，不断完善自我，正确对待他人的优缺点，做到豁达而不苛求，得到他人的认同和接纳。

个人生活上的行为，首先要做到不影响别人的正常生活，其次要做到同学之间相互关心、理解和体谅，培养良好的宿舍和班级氛围。教师可以通过班会、座谈会及个别谈话的方式，引导学生学会设身处地地站在别人的立场上思考问题，在心理上大大缩短学生之间的距离；还可以有意识地选择班级中品德高尚、情趣高雅、知识渊博的学生作为榜样，引导班级风气向着积极向上的方向发展。

（4）考试负担适应性方面

通过改变压力情境的评价和解释，可以改变学生对负担的体验和反应。学校应培养学生的学习兴趣，让他们获得在学习中的积极体验，从而更多地关注学习本身，而不会过多地被学习成绩等外在因素困扰。

针对学生群体特征，教师应不断改善课堂教学模式，以激发学生的自主学习兴趣和探求未知的能力，减轻考试负担，将日常学习纳入考核范围。同时，通过经验交流会等方式，加强高低年级学生之间的交流，打破学生对未知的恐惧，提高学生对考试负担的适应性。

（5）人际交往适应性方面

为培养全面的高素质人才，学校应开设人际交往能力相关课程或举办人际交往相关讲座，让大学生系统地学习人际交往的理论知识，加深对人际交往的理性认识。

学校应加强大学生社会实践与志愿服务活动的开展，为人际交往的培养搭建有利平台。在实践中，大学生可以学习和锻炼与不同人交流和沟通的能力。

（6）自我意识适应性方面

正确地认识自我、内省自我，可以直接地指向自己的内心活动，观察和评判自己的心理状态。在与他人的交往中，以他人为镜子，获得自我观念，敏锐地觉察他人的议论与态度，认知自我。另外，大学生要具备积极健康的自我情感体验，要进行积极有效的自我控制。

学习生活适应能力、学校专业适应能力、集体生活适应能力、考试负担适应能力、人际交往适应能力、自我意识适应能力，这六者相辅相成，紧密联系，相互渗透，相互依赖，共同组成了大学生适应环境行为的能力。良好的适应环境能力有助于建立和谐的工作、生活氛围，能够帮助大学生在人际沟通中获得积极的心态，是大学生进行团队合作的重要前提，对大学生找准社会定位，不断提高自身的发展，形成健全的人格具有导向作用。

## 三、提升心理调控能力

### 1. 培养和塑造健全的人格

培养和塑造健全的人格有助于大学生勇于探索，敢于创新，发挥潜力，抓住学习的最佳时机，制订合乎实际的计划并付诸行动；有助于大学生进行正确的自我评价，避免自视过高导致的自负自满，或者因妄自菲薄而产生自卑沮丧的消极情绪；有助于大学生培养并提高自我调节能力，在外部环境和自我身心不断变化过程中，保持满意和愉快的心理体验与心境，表现乐观而自信的生活态度，克服内心波动，培养积极参与和协作精神；有助于大学生更好地完善小我、实现大我，不断剖析自我、反省自我、完善自我。

### 2. 主动熟悉生活环境

人一生的不同阶段会经历不同的生活环境，大学新生面临的校园环境是人生中适应新环境的第一阶段。新的生活环境中必有许多新的特点，会带来新的体验。只要用心去发现，就会有所收获。在主动挖掘新的生活环境带来愉快体验的同时，也要尽快地处理新环境带来的不便，这样才能更好地享受大学生活，安心地学习。

### 3. 树立正确的学习目标

大学的学习目标是什么呢？继续深造？找一份好的工作？无论目标是什么，都要根据自己的实际情况，认真地给自己定位，同时制订一份详细的大学学习生涯规划，要将大而不具体的目标划分成各个阶段小而精确、详细的目标。只有这样，才能体会到大学生活和学习中的成就感和充实感。

### 4. 建立良好的人际关系

良好人际关系的建立离不开良好的人际沟通，良好的人际沟通能开启人与人之间心灵沟通之门，是化解误会和冲突的宝剑，是增进人与人之间感情的润滑油。在人与人相处过程中，要做到彼此相互尊重、相互理解、相互信任，这样的人际关系才能长久而有活力。

### 5. 努力适应集体生活

集体生活既能锻炼生活自理能力，又能培养团队合作精神。集体生活可以提供生活自理的榜样，也可以提供自理能力增长与否的参照物。适应集体生活的人际关系及不同个体的生活习惯会为自己将来在工作岗位上适应不同的人际关系和不同的个人习惯奠定良好的基础。

## 任务实施

### 一、明确任务目标，落实训练任务

1）掌握心理适应不良的调适方法。

2）学会适应环境，培育良好的心态。

### 二、开展“寻人”活动，记录心理感受

**【活动项目】**寻人。

**【活动目的】**让个体很快行动起来，在活跃的竞赛气氛中认识和了解彼此。

**【活动方法】**

1）教师发给每位学生一张寻人信息卡（表 2-1）。

表 2-1 寻人信息卡（样例）

| 序号 | 特征 | 签名 | 序号 | 特征 | 签名 |
|---|---|---|---|---|---|
| 1 | 穿 42 码的鞋 | | 6 | 骑自行车上学 | |
| 2 | 会打乒乓球 | | 7 | 身高 170 厘米 | |
| 3 | 中长头发 | | 8 | 母亲是教师 | |
| 4 | 喜欢听古典音乐 | | 9 | 校运动会获过奖 | |
| 5 | 去过北京 | | 10 | 读过四大名著 | |

续表

| 序号 | 特征 | 签名 | 序号 | 特征 | 签名 |
|---|---|---|---|---|---|
| 11 | 参加过爱心捐款 | | 22 | 当过志愿者 | |
| 12 | 想成为企业家 | | 23 | 网络游戏高手 | |
| 13 | 阴历四月出生 | | 24 | 有做手术的经历 | |
| 14 | 会跳街舞 | | 25 | 体重 54 千克 | |
| 15 | 某学科的课代表 | | 26 | 喜欢红色 | |
| 16 | 擅长游泳 | | 27 | 喜欢爬山 | |
| 17 | 戴眼镜 | | 28 | 不是本地人 | |
| 18 | 补过牙 | | 29 | 爱养小动物 | |
| 19 | 穿黑色袜子 | | 30 | 想出国留学 | |
| 20 | 喜欢看电影 | | 31 | 英语为强项 | |
| 21 | 喜欢上网聊天 | | 32 | 崇拜医生 | |

2）学生根据寻人信息卡上的信息在 10 分钟内找到具有该特征的人，做简单交流后签名（栏目中可以签不止一个人的名字）。

## 三、分享寻人沟通体会，感悟心理成长

1）“寻人”活动结束，将全班学生分成若干组，每组 8～10 人。

2）每位学生分享刚才自己和同学交往与沟通的体会。

3）小组统计谁的签名最多，每个小组获得最多签名的学生在班上分享自己与人交往和沟通的经验。

4）具有同一特征的人聚在一起相互介绍与交流。

5）讨论与分享：进入大学以来，自己的生活发生了哪些变化？在哪些方面还存在适应困难？你准备如何去适应这些困难？

## 任务评价

**项目二任务三评价表**

| 自我评价 | | | | | |
|---|---|---|---|---|---|
| 主要内容 | | 自我评价等级（在符合的情况下面打“√”） | | | |
| | | 全部能够做到 | 大部分（80%）能够做到 | 基本（60%）能够做到 | 没有做到 |
| 了解培养自立和自理能力的方式 | | | | | |
| 掌握强化环境适应能力的方法 | | | | | |
| 掌握提升心理调控能力的方法 | | | | | |
| 能够进行自我规划 | | | | | |
| 能够与他人和谐相处 | | | | | |
| 自我总结 | 我的优势 | | | | |
| | 我的劣势 | | | | |
| | 我的努力目标 | | | | |
| | 我的具体措施 | | | | |

续表

| 教师评价 | | | | |
|---|---|---|---|---|
| 主要内容 | 教师评价等级（在符合的情况下面打“√”） | | | |
| | 全部能够做到 | 大部分（80%）能够做到 | 基本（60%）能够做到 | 没有做到 |
| 了解培养自立和自理能力的方式 | | | | |
| 掌握强化环境适应能力的方法 | | | | |
| 掌握提升心理调控能力的方法 | | | | |
| 能够进行自我规划 | | | | |
| 能够与他人和谐相处 | | | | |
| 评语 | 教师签名： | | | |
| 建议 | | | | |

## 延伸阅读 如何规划校园生活

### 1. 产生规划意识

作为一名大学新生，你是否觉得大学生活没有意义？你是否觉得每天都在忙碌，却没有收获？你是否觉得自己总比别人慢半拍？你是否觉得应该利用大学宝贵的时间和有限的资源做点什么？你有没有想过改变自己的现状呢？如果你的回答是肯定的，那么说明你已经开始对现状不满，已经产生了规划的意识。产生规划意识是进行大学生活规划的开端。

### 2. 进行自我评估

自我评估就是对自己进行科学、全面、彻底的解剖，包括对现在的我、过去的我的剖析，对将来的我的设想。自我评估包括自己的兴趣、特长、性格、学识、技能、智商、情商、思维方式、思维方法、道德水准及自己今后想从事的职业等方面。

自我评估的目的是认识自己、了解自己。因为只有认识了自己，才能对自己的大学生活做出正确的选择，才能选定适合自己发展的路线，才能对自己的大学生活目标做出最佳抉择。

### 3. 确立目标

在大学生活规划中确立目标是最关键也是最难把握的一步。能否正确地确立大学期间的发展方向和发展道路，直接关系到在大学里取得的成果。成功者与失败者之间的差距在于：成功者在成功之前就准确确立了远大的理想，他们的成功只不过是坚持不懈地朝着目标不断努力的必然结果；而失败者往往没有目标或者目标比较低，他们没有仔细考虑过自己要做什么，不要做什么，因此难以取得成功。

### 4. 制订方案

在确立了大学期间的发展目标后，就要制订切实可行的方案，把目标分解成若干个分目标，把实施过程分成若干个分阶段，一个目标、一个阶段地去实现。成功的人最难能可贵的就是能够客观地分阶段实现他们的目标。因此懂得制订方案，阶段性地朝着目标奋斗的人是很容易取得成功的。

### 5. 执行计划

一个具体性的、细节性的计划有助于分配和管理自己的时间、精力，指导自己在什么时间该做什么。行动是治愈恐惧的良药，而犹豫、拖延将不断滋养恐惧。如果不能采取行动，那么前面所有的过程将是白费心机。

### 6. 调整修正

计划实施的过程中及完成计划之后都是调整修正目标的最佳时机，我们需要对行动的效果进行评价，了解是否达到了预定的目标，在计划完成的过程中是否有不理想、欠周到的地方。然后针对出现的问题加以反思并设法改进，这样才能更有效率地达成自己理想的目标。

## 项目小结

通过本项目内容的学习，学生能够了解适应的含义、心理适应的标准、适应能力对大学生的重要意义、大学生适应不良的类型和原因。以及大学生适应能力的提升途径，在认识和理解适应及适应不良的基础上，学生能够分析自我适应能力状况及提升自我适应能力，快速适应大学生活。

## 课后练习

### 一、多项选择题

1. 以下属于大学生适应不良的类型的有（　　）。

   A. 自豪感与自卑感并存　　B. 孤独感与恋群感交织

   C. 求知欲与厌学心相峙　　D. 放松感与紧张感同在

2. 环境适应能力涉及的方面包括（　　）。

   A. 学习生活控制性　　B. 集体生活适应性

   C. 自我意识适应性　　D. 人际交往适应性

3. 提升心理调控能力的方法包括（　　）。

A. 培养和塑造健全的人格　　B. 主动熟悉生活环境

C. 树立正确的学习目标　　D. 建立良好的人际关系

E. 树立良好的个人形象

## 二、判断题

1. 适应能力对大学生的重要意义主要包括提高学习效率、改善生活质量和促进个人发展。（　　）

2. 家庭环境的影响不是大学生适应不良的原因之一。（　　）

3. 培养自立和自理能力是大学生适应能力的提升途径之一。（　　）

4. 学会与人沟通，尊重、理解和信任他人，能够建立良好的人际关系，能够提升适应能力。（　　）

5. 提高自我规划能力不是提升大学生适应能力的途径。（　　）

## 三、简答题

1. 适应能力对大学生有什么重要意义？

2. 大学生适应能力的提升途径有哪些？

## 四、拓展题

将全体学生分为若干组，每组 8 ~ 10 人，每组手拉手围成一圈，记住自己左、右手拉住的分别是谁。然后放开手，在圈内穿插走动，教师喊“停”后，每位学生保持在原地，用左手抓原来左边那个人的右手，右手抓原来右边那个人的左手。组内学生想办法解开“千千结”，使小组拉成一个圈。

# 项目三

# 自我意识

## 项目导言

自我意识的发展在个性形成中占有极重要的地位，人的兴趣、能力、性格、情感、意志和道德行为都会受到自我意识的制约和影响。大学生正处在青春期，是从幼稚期向成熟期发展的过渡时期，也是自我意识迅猛发展并逐步走向成熟的时期。教育学家苏霍姆林斯基认为，只有能激发学生去进行自我教育的教育才是真正的教育。培养学生健康的自我认知，是实现大学生自我管理、自我调节，进而达到自我教育目标的必由之路。当代大学生应掌握自我意识的相关理论，正确地看待自我、评价自我，学会进行自我教育，发挥自我潜能，促使自身心理和行为健康发展。

## 任务一 认识自我意识

### 任务目标

**【知识目标】**

1. 了解自我意识的概念及作用。
2. 熟知自我意识的特点与类型。
3. 掌握自我意识发展的一般形式。

**【能力目标】**

1. 能够归纳总结自己的自我意识的特点及类型。
2. 能够运用自我意识发展的一般规律正确认识自己。

**【素质目标】**

1. 学会认识自我、悦纳自我、调控自我，在自我发展中积极完善自我，塑造健康人格。
2. 学会分析自我，合理制订不断超越自我的目标，积极塑造理想自我，让自己更出彩。

## 案例导入

小蓉是一名大一学生，认为自己聪明过人、才能超群，爱在别人面前夸耀自己，别人越关注自己就越兴奋。她对同学有比较强的支配欲，喜欢支配他人而不愿受他人支配。她看不到自己的缺点和不足，对同学提出的意见，她总是不能接受，内心反感，还经常发怒。她认为自己的外貌、见识、才学都优于周围的同学，盲目地因完美的自我而陶醉。因为总是看不起周围的同学，小蓉连一个朋友也没有。

问题：

案例中的小蓉在自我意识方面出现了什么问题？你认为自我意识在生活中能起到什么作用？

## 相关知识

微课：什么是自我意识

### 一、自我意识的概念及作用

#### （一）自我意识的概念

意识是人脑对客观世界的主观反映，是心理学研究的重要内容。自我是心理学的古老课题，亦称自我意识或自我概念，是个体对自己存在状态的认知，也是个体对其社会角色进行自我评价的结果。自我意识作为意识的一种形式，是个体意识发展的高级阶段，可以分为 3 个层面：生理自我、社会自我和心理自我。对自己及自己与周围环境关系的多方面多层次的认知、体验和评价，是个体关于自我全部的思想、情感和态度的总和。

人的自我意识是随着个体的成长而逐渐发展的。个体的自我意识起始于婴幼儿时期，萌芽于童年少年期，形成于青春期，发展于青年期，完善于成年期。刚进入大学，第一次班会一般会安排学生们做自我介绍。这是一个看似简单却让很多学生在等待中惴惴不安，不知该如何介绍自己的问题。事实上，很多学生喜欢用概括性的语言来介绍自己，如“我是一个性格开朗、喜欢结交朋友的人”“我是来自魔都上海的阳光男孩儿”等。其实，一个人要真正认识自己并非易事，认识自己的过程是艰难而曲折的，贯穿人的一生。只要个体没有消亡，自我意识就不会消失。大学阶段是个体从青春期向成年期转变的重要时期，也是个体自我意识发展、完善的重要时期。因此，客观地认识自我、正确地评价自我、积极地悦纳自我、有效地控制自我、科学地发展自我，建立良好的自我形象是大学生心理健康的基本保证。

苏格拉底的“认识你自己”标志着人类自我意识的“觉醒”，但人类对自我意识的真正研究始于文艺复兴运动。法国哲学家勒内·笛卡儿使用了“自我意识”这一概念，并提出“用心灵的眼睛去注意自身”的精辟论断。精神分析学派西格蒙德·弗洛伊德提出了“自我的三结构说”，即本我、自我和超我，从人格的 3 个维度上研究自我的发展。与意识相对应的是“潜意识”，弗洛伊德曾用冰山来比喻，意识只是冰山浮出水面的尖峰，而潜意识则是潜藏于海底的冰体，且往往不被看到。他的理论强调了潜意识对人发展的重要性。分析心理学派创始人卡尔·荣格提出人的心灵包含有意识的自我和无意识的自我两大部分。他认为，在我们每个人身上都有另一个我们不认识的“他”——他在梦中和我们说话，他告诉我们，他看我们的方式是怎样迥然不同于我们看自己的方式，当我们处在无法解决的困境中时，他有时就能闪现出光亮，而这光亮将极大地改变我们的态度——那使我们直面困境的态度。美国“心理学之父”威廉·詹姆斯在其著作《心理学原理》中对“自我”做了详尽阐述。他认为，自我是个人所拥有的身体、特质、能力、抱负、家庭、工作、财产、朋友等的总和。他还把自我分为经验自我和纯粹自我。美国社会学家和社会心理学家查尔斯·霍顿·库利将“自我”概念引入社会化研究并取得突出成果，其影响最为深远的是“镜中我”理论。库利认为，自我是社会的产物，是通过与社会互动产生的。自我的出现有3个阶段：首先是我们觉察到自己在他人面前的行为方式；其次是我们领悟了别人对自己行为的判断；最后是基于对他人反应的理解来评价自己的行为。

综上所述，自我意识就是个人在社会化过程中逐步形成和发展起来的，自我认识中最主要的方面是自我评价。除此之外，对自己及自己与周围环境关系的全面的、整体的认识，包括对自己的存在及个体生理、心理、社会特征等方面的认识，也是个体关于自我全部的思想、情感和态度的总和。

**“镜中我”理论**

“镜中我”理论由库利在他1902年出版的《人类本性与社会秩序》一书中提出。他认为，人的行为很大程度上取决于对自我的认识，而这种认识主要是通过与他人的社会互动形成的，他人对自己的评价、态度等，是反映自我的一面“镜子”，个人通过这面“镜子”认识和把握自己。因此，人的自我是通过与他人的相互作用形成的，这主要表现在以下3个方面。

1）关于他人如何“认识”自己的想象。

2）关于别人如何“评价”自己的想象。

3）自己对他人的这些“认识”或“评价”的情感。

在这其中，前两项只有在与别人的接触中、透过别人的态度才能获得。库利认为，“镜中我”也是“社会我”，传播特别是初级群体中的人际传播，是形成“镜中我”的主要机制。一般来说，这种以“镜中我”为核心的自我认知状况取决于他人传播的程度，传播活动越活跃，涉及的方面越多，个人的“镜中我”也就越清晰，对自我的把握也就越客观。

### （二）自我意识的作用

从种系发展来看，人类的心理具有自我意识，远远优越于任何其他高等动物；从个体发展来看，人类个体进入青年期，其自我意识发展成熟，脱离了少年儿童的幼稚，进入成人阶段，真正具有人的责任感和义务感。自我意识的作用体现在以下几个方面。

### 1. 自我意识提高人的认识功能

自我意识能使人把自己的心理活动当作客体来加以反映，这就大大提高了人的认识活动效能。人的认识活动无论感觉、知觉、记忆、想象、思维等，都由于自我意识的存在而更加自觉、合理和有效。近年来，心理学界对于元认知的研究日益关注。简单来说，元认知就是对认知过程的认知。人不仅能对外部世界的对象进行感觉、知觉、记忆、想象和思维，还能对自己的这些认识过程本身进行认知，即对这些过程加以分析、监督和调整。通过对自身认识过程的认知，人就有可能发现原有认识活动的不足，可能选择和运用更好的认知策略，从而使认知活动更加完善、更加有效。个体行为的稳定性和一致性取决于个体的自我意识，个体对自身认知过程的监控和改善，意味着人在认识和改造客观世界的同时，也可以改造自身的主观世界。

### 2. 自我意识丰富个人感情世界

动物具有某些原始的情绪反应，但那只是动物对外部刺激（如危险）所做出的直接的生物学意义上的反应（如恐惧反应在生理上有利于动物的逃跑或自卫），它们不可能体验自身的情绪。对于儿童来说，他们所意识到的现实只是外部世界，还不能意识到自己的内心世界。只有进入青年时期，自我意识发展逐渐成熟，心中“自我”概念才逐渐明晰和稳定。他们只有意识到“自我”的独一无二、与众不同，才会逐渐产生“孤独感”；他们只有体验到自尊的需要，才会产生与自尊感相联系的“腼腆感”。由于他们发现了自己的内部世界，他们才时常感到“内在”自我和“外在”行为的种种不符或冲突，从而产生“苦闷”“彷徨”等新的情感。青年人只有把感情世界作为自己意识的客体，才能发现大自然的美丽，发现人类创造的艺术品（音乐、绘画等）的美丽，从而体验种种美感。总之，自我意识的存在和发展，使得人的情绪生活变得日益丰富、细致而复杂。

### 3. 自我意识促进人的意志发展

意志是以人确定自觉的行为目的为开端的，而自觉目的的提出又是以自我意识的存在为前提的，因为任何自觉行为总有自觉的主体，那就是“自我”。自我自主性的实现需要个人监督，需要意志的力量，无论其表现形式是施力于外部，促使环境服从主体的要求，还是施力于内部，促使自身特性与需求适应环境，都离不开自我意识的作用，离不开在意识中对自我和环境的明确区分。个体自尊的维护和自尊的水平，是影响意志力的重要因素。自尊的水平及其发展，是直接同自我意识的水平和发展密切相关的，前者是后者的表现形式之一。

### 4. 自我意识是道德的必要前提

德国古典哲学创始人康德指出，人的自我意识是道德和道德义务的必要前提。康德认为，人能拥有自己的自我表象这一点，使人大大高于地球上的一切生命体。这里所说的“自我表象”，就是个体心中的“自我”概念。人的“自我”概念不仅包含现实的自我，还包含理想的自我。当个体被问到“我是谁”时，不仅要回答“我现在是谁”，还要回答“我将来是谁”和“我应当是谁”的问题。由于人不是游离于社会之外的抽象个体，他的自我概念就会受到他生活于其中的社会规范的制约。每个个体都在社会体系中扮演着一定的角色和处于一定的地位，社会对他有着一定的角色期望，这些角色期望承载着社会规范，去要求、约束个体的心理和行为。因此，社会道德就在个人的自我意识中找到了可以存在的处所，也找到了可以调节、激发（或抑制）个体心理与行为的杠杆。就个体方面来说，一个人的自我意识里，就包括道德、信念和道德体验，以及与之相联系的诸如责任、义务、使命、荣誉等价值观念的内容。由此看来，自我意识不仅极大地促进了人类个体的认识、情感和意志等心理功能的发展，而且使人成为拥有道德意识和道德行为的个体，从而极大地丰富了人的社会属性；自我意识不仅提高了人类认识客观世界的效率，而且开拓了人类认识和改造主观世界的可能性，极大地增强了人类意识的主观能动性，提升了人类意识的反映层次。

### 5. 自我意识决定个体的行为

人是社会的动物，人的行为既受诸多社会因素影响，又在一定程度上与个体的自我意识有着很大的关系。每个人的现实行为并不单是由其所在的情境决定的，它与对自我的认知、自我意识有着密切的联系。自我意识积极的学生，其成就动机和学习投入及学习成绩明显优于自我意识消极的学生。当学生认为自己声名不佳时，他们会放松对自己行为的约束。可以说，个人怎样理解自己，是保证个体如何行为及以何种方式行为的重要前提。

### 6. 自我意识决定个体的归因

不同的人可能会获得完全相同的经验，但每个人对这种经验的解释可能有很大的不同。解释经验的方式决定于一个人的自我意识。一个自认为能力一般、只能获得平均成绩的学生，认为取得比较好的成绩就是取得了极大的成功，会感到十分满足；而对于同样的成绩，一个自认为能力优秀、应当获得出众成绩的学生，会认为是遭到了很大的失败，并体会到极大的挫折。事实证明，当个人的既有自我意识消极时，每种经验都会与消极的自我评价联系在一起；当个人的既有自我意识积极时，每种经验都可能被赋予积极的含义。

### 7. 自我意识影响个体的期望水平

自我意识不仅影响个体现实的行为方式和个体对过去经验的解释，还影响个体对未来事情发生的期待。这是因为个体对自己的期望是在自我意识的基础上发展起来的，并与自我意识相一致，其后继的行为也决定于自我意识的性质。研究发现，差生的成绩落后并不是孤立存在的，而是他的整个行为动力系统都出现了角色偏离的结果。成绩长期落后对于普通学生是不正常的，但对于差生，由于他们整个行为动力系统都出现了偏离，并在偏离的状况下形成了一个新的自相一致的系统，所以在系统内部一切都正常。换言之，落后的学习成绩正是差生自己“期待”的结果。

### 乔韩窗口理论

美国心理学家约瑟夫·勒夫特和哈里·英格拉姆提出了关于人自我认知的窗口理论，被称为乔韩窗口理论。他们认为，人对自己的认识是一个不断探索的过程，因为每个人的自我都由 4 个部分构成：公开的自我、盲目的自我、秘密的自我和未知的自我。通过与他人分享秘密的自我，通过他人的反馈减少盲目的自我，人对自己的了解就会更多、更客观。公开的自我是指自己知道而别人也知道的领域，这是我们不能隐瞒的，或者我们愿意公开的部分。例如，我是大学生，我自己清楚，别人也知道。盲目的自我是指别人知道而自己不知道的领域，就是我们没有意识到或无意识地在别人面前表现出来的部分，如生理或言语上的姿态、习惯动作等。例如，某人语速很快，自己不觉得，但别人很清楚。秘密的自我是指自己知道而别人不知道的领域，就是我们不愿在别人面前显露出来，属于个人隐私部分，如惭愧的往事、内心的痛楚等。未知的自我是指别人不知道而自己也不知道的领域，属于无意识的部分，它们是基于某些原因而没有被意识到的动机，这些动机可能驱使个体去做某些事情，而个体无法了解受哪些动机指使，一般需要运用梦的解析和沙箱疗法等特殊方法才能逐渐了解。随着年龄的增长、个体的成熟，这 4 个部分的比例是不断变化的。因此，人们并不能够达到对自我的完全认知。

## 二、自我意识的特点与类型

微课：大学生自我意识的特点

### （一）自我意识的特点

#### 1. 自我认识的特点

自我意识从儿童时期就开始产生并逐步发展，青少年时期是自我意识发展最快的时期。大学生作为青年中的一个特殊群体，社会要求高、家长期望高、成就动机高，大学校园环境与之前经历的管理模式有较大区别，自身社会经验缺乏，社会实践能力不强，独立能力与情绪调节能力欠缺，心理承受能力弱，适应能力差等。这些因素致使大学生的自我意识的发展存在自身的特点与规律。

（1）自我认识的独立性

事实上，自我的产生就意味着主体对客观环境与他人的分离和独立。个体自我评价的发展大致经历两个阶段：第一阶段，自我评价开始摆脱成人、权威的依赖，表现出对抗倾向；在评价标准上由儿童阶段的依从性评价标准变为同龄团体评价标准，成为一种相对独立的自我评价与认识。到了第二阶段，自我评价既摆脱了对成人的依赖，又逐渐克服了同龄团体的影响，形成了个体独特而鲜明的自我评价。大学生的自我认识随着年龄与生活环境的变化，由以往依赖成人和同龄群体逐渐发展为根据自己的价值标准进行自我评价，表现出真正的独立性。

（2）自我认识的矛盾性

大学生自我意识的确立，是在自我分化的基础上完成的。这时候，出现了两个“我”，一个是真实客观的“我”，另一个是观察我的主观的“我”，主体我与客体我的这种分化意味着自我矛盾冲突的开始，对自我的肯定和否定导致矛盾斗争。这种矛盾一旦激化，将使青年难以确立自我形象，也就无法形成正确的自我概念，从而引起情感剧烈波动，导致部分学生难以悦纳自我，青年期许多心理上的不适应也由此而来。对于正值青年期的大学生而言，如果在主体我与客体我分化的基础上，能够形成协调统一的自我，就能建立良好的自我意识，反之则可能出现自我意识的混乱。大学生自我意识的混乱通常表现为两种类型：一种是过高的自我评价，另一种则是过低的自我评价。过高或过低的自我评价往往导致个体过分自负或过分自卑。

（3）自我认识的全面性

大学生随着年龄的增长，身体各方面的发展趋于成熟，使得他们对自身生理、心理和社会各方面的认识更加深刻。大学生对自己的认识包括外貌特征、性别差异、性格、气质、能力、人际关系等方面。

### 2. 自我体验的特点

（1）自我体验的丰富性

大学生随着年龄的增长、社会经验的进一步丰富，人际交往范围扩大，对自我内心活动的关注增多，个体出现了以往少有的自我体验，如自怨自艾、自负、自卑等。

（2）自我体验的不稳定性

青年阶段是个体一生发展最重要且最不稳定的时期，生理的成熟、家庭关系的变迁、社会环境的变化、个人生活经历的起伏都会使青年的心理产生波动，造成青年情绪上的不稳定性，表现在自我体验上就是自我体验的不稳定性，既容易产生积极的情绪体验，又容易在遭受打击后产生消极的情绪体验。如果大学生不能妥善地进行自我调节，就很容易走向自我体验的极端化，影响自我的身心健康水平，甚至产生不良的社会后果。

（3）自我体验的深刻性

青年期的大学生会将注意力集中在能力、气质、道德等个性品质上。随着自我评价的社会化程度提高，青年时期的自我体验更多地与自己的道德品质、社会价值、事业成就等联系在一起，对于自己往往抱有更大的期望，为此所引起的自我体验尤其强烈、深刻。

### 3. 自我调控的特点

进入青年期后，个体自我调控能力明显增强，这是个体自我意识增强所带来的直接结果，尤其对于刚进入大学校园的大学生来说，生活自由度极大增强，自我约束、自我规划能力也随之增强。独立面对生活压力、社会竞争是大学生主动进行自我调控的结果。自我完善是自我调控中最主要的方面，自我教育是自我调控的最高阶段。自我教育强调的是主观我对客观我不断进行教育，促使个体不断发挥主观能动性，最大限度地实现自身目标，并发挥自己的潜能。随着大学生活的到来，大学生逐渐懂得了自我监督的重要性，越来越意识到自己作为独立个体在社会生存、竞争的艰难，危机感日益加强。在这种情况下，自我教育可以帮助个体坚定意志，勇于面对，最终实现自我成长，从而实现自我调控的目的。

### （二）自我意识的类型

#### 1. 自我肯定型

自我意识肯定是积极的自我意识统一。这类大学生的特点是正确的理想自我占优势，其理想自我既符合社会要求，又是通过努力可以实现的；对现实自我的认识比较全面、客观、深刻。这样，现实自我通过积极的努力达到了与理想自我的统一。统一后的自我充实而坚定，有明确的生活目标和切实的发展规划；既能适应社会的要求，又能确保自我的健康成长。

#### 2. 自我否定型与自我扩张型

自我否定型与自我扩张型是消极的自我意识统一，其共同特点是自我认识不够客观，理想自我不切实际，缺乏实现理想自我的手段。

（1）自我否定型

自我否定型大学生对现实自我评价过低，理想自我远远高于现实自我，经过努力仍无法拉近距离，或者虽然距离不大，但缺乏驾驭自我的能力，不能努力去实现理想自我。有的大学生意识萎靡、情绪低落，不仅不能肯定自己的价值，悦纳自己，反而拒绝甚至摧残自己，生活中总是处于一种消极的防御状态。他们只想通过简单的努力实现理想自我，一遇到困难和挫折就灰心丧气，悲观失望。这类大学生往往放弃理想自我而迁就现实自我，以求得自我意识的统一，最终会更加缺乏自信、更加自卑。

（2）自我扩张型

自我扩张型大学生与自我否定型相反，他们高估现实自我，以至形成虚妄的判断，确立一个不切实际的甚至错误的理想自我。他们认为理想自我的实现轻而易举，其理想自我与现实自我的统一是虚假的统一。例如，有的大学生常以虚幻的我替代真实的我，自认为与众不同，不肯面对现实自我；有的大学生常常自吹自擂，目中无人，由于自不量力，在个人所追求的学业成就、友谊和爱情等诸多方面对自我评价过高，实际条件低于客观要求，导致失败概率增大。盲目自尊、爱慕虚荣、防卫意识过强，心理容易扭曲变态。个别大学生还可能用不正当手段去求得个人欲望的满足，用违反社会道德规范甚至违法犯罪手段，来谋求理想自我与现实自我的统一。

#### 3. 自我萎缩型与自我矛盾型

当一个人自我难以协调，自我意识难以统一时，发展结果通常有自我萎缩型和自我矛盾型。

（1）自我萎缩型

自我萎缩型表现为理想自我极度缺乏或丧失，对现实自我又极为不满。这类大学生往往认为理想自我难以实现，甚至永远无法实现。于是，要么放弃对理想自我的追求，得过且过消极放任；要么玩世不恭，自轻自贱，自怨自艾，出现自我拒绝心理，甚至出现理想自我与现实自我的对抗，严重者可导致精神分裂症或因绝望而轻生。

（2）自我矛盾型

自我矛盾型表现为理想自我与现实自我无法协调，自我意识难以统一，无法转化为一个新的自我。这类大学生自我意识冲突强度大，延续时间长，自我认识、自我体验、自我控制的确定性和稳定性差，内心始终充满矛盾和冲突，新的自我无从确立，积极的自我难以产生。大学生自我意识发展经历自我分化、矛盾、统一的过程之后，绝大多数人能够确立积极的、肯定的、崭新的自我，自我否定型、自我扩张型、自我萎缩型和自我矛盾型的大学生是极少数。同时，大学生自我意识发展的过程、结果都不是绝对的。由于每个人从遗传素质、社会环境、成长经验、身心发展水平到主观努力、个性特征等都存在个别差异，每个人自我意识分化的早晚、矛盾的长短、统一的快慢及模式等都会有不同。自我意识的发展是持续终生的事，如果大学期间没能很好地解决，那么自我意识的统一问题也可以以后继续解决、发展、完善。

## 三、自我意识发展的一般形式

自我意识发生之后，一直持续地发展着。但在整个儿童时期，自我意识的发展是平缓的、渐进的，自我是一个笼统的整体，自我意识的内容是反映自我的外部行为特征及外部周围世界，很少或没有触及自己的内心世界。进入少年时期后，自我意识急剧发展，出现了“分裂—矛盾—统一”的基本形式。

### 1. 自我意识的分裂

进入少年时期，个体的抽象思维能力发展起来，认识能力大大提高。同时，生理方面出现了第二个发育高峰，促使少年增强了自我存在的意识。据调查研究，12～14 岁是自我意识急剧发展的关键时期。这一时期的少年因突然发现了自我而激动、兴奋，同时又紧张、焦虑。他们热衷于探索自己内心深处的奥秘，逐渐在头脑中窥视自己的内部心理活动和个性品质，于是自我意识发生了裂变，打破了惯有的笼统和混沌，原有的整体的“我”一分为二，一个是主体我，即观察者、认识者的我；另一个是客体我，即被观察者、被认识者的我。自我意识的分裂，使少年的内心活动日益复杂，他们表现得易反思、内省，常常伴随困惑和焦虑，喜欢以日记作为自己倾诉衷肠的“伴侣”，他们在日记中表达的往往就是主体我对客体我的认识、观察和评价。自我意识的裂变，使得自我意识的发展进入一个崭新的阶段，并使主体改造主观世界成为可能。

### 2. 自我意识的矛盾

在自我意识分裂前，整个自我是笼统的、一体化的，没有所谓的矛盾产生。在儿童时期，很少有激烈的内心冲突及由此产生的苦闷和彷徨等深刻的情绪体验。一旦自我发生裂变，主体我和客体我就要发生矛盾斗争，这种矛盾突出地表现为现实自我和理想自我之间的矛盾。理想自我与主体我相联系，反映了个体希望成为什么样的人，具有什么样的形象，它作为个体奋斗、成才的目标而存在；另外，与客体我相联系的就是现实自我，它反映了个体实际上是什么样的人，具有什么样的品质，它作为个体的现实坐标而存在。正是由于理想自我和现实自我不可能完全吻合、统一，它们之间的矛盾和冲突将永远存在。在青少年时期，由于自我意识的矛盾，个体经常表现出激烈的思想斗争和冲突，内心动荡不安，常常伴随强烈的情绪体验。

### 3. 自我意识的统一

任何事物的发展都是由矛盾的双方相互依存、相互斗争来推动的。青少年自我意识矛盾的存在，使主体的内心产生冲突，主体就要设法寻找某些方法和途径使现实自我和理想自我在新的水平和方向上达到协调统一，从而消除冲突感、紧张感。自我意识的统一，是自我意识发展的关键环节，青少年的自我意识经过不断的“分裂—矛盾—统一”的螺旋式上升过程，自我意识得到发展并逐渐成熟，自我形象逐渐树立，自我观念逐渐形成。当然，这是一个充满艰辛、曲折甚至痛苦的过程，需要优良的外部教育环境的引导，更需要个体发挥主观能动性，形成自我教育机制。

## 任务实施

## 一、明确任务目标，落实训练任务

1）掌握了解自我、认识自我的心理学方法。

2）学会客观地认识自我、接纳自我。

## 二、开展“陈述我是谁”活动，归纳自我认识内容

**【活动项目】**陈述我是谁。

**【活动目的】**了解自我，认识自我。

**【活动方法】**

1）教师每念一次“我是谁”，学生便在笔记本上写出“我是……”，一直完成20句“我是一个怎样的人”（陈述句）。

2）要求尽量选择一些能反映个人风格的语句，避免出现类似“我是一个男生”“我是一名中国人”等这样的句子。

3）根据活动“陈述我是谁”完成的内容做以下归类。

身体状况（你的外貌、身高、体型等）编号：________________________

心理状况（你常持有的情绪情感如开朗、内向、心烦、多愁善感等，你的才智状况如有能力、灵活、迟钝等）编号：________________

社会状况（与他人的关系，对他人常持有的态度和原则，如乐于助人、爱交朋友、坦诚、孤独等）编号：________________

4）检查你的答案里是不是包括了这些方面，如果没有，再补充一些句子从3个方面认识自我。

## 三、分享生活经历，感悟心理成长

1）将全班学生分成若干组，每组8～10人。

2）每位学生在小组中谈自己在活动中的心路历程，交流彼此的感受与体会。

## 任务评价

项目三任务一评价表

| 自我评价 | | | | | |
|---|---|---|---|---|---|
| 主要内容 | | 自我评价等级（在符合的情况下面打“√”） | | | |
| | | 全部能够做到 | 大部分（80%）能够做到 | 基本（60%）能够做到 | 没有做到 |
| 了解自我意识的概念及作用 | | | | | |
| 熟知自我意识的特点与类型 | | | | | |
| 掌握自我意识发展的一般形式 | | | | | |
| 能够归纳总结自己的自我意识的特点及类型 | | | | | |
| 能够运用自我意识发展的一般规律正确认识自己 | | | | | |
| 自我总结 | 我的优势 | | | | |
| | 我的劣势 | | | | |
| | 我的努力目标 | | | | |
| | 我的具体措施 | | | | |
| 教师评价 | | | | | |
| 主要内容 | | 教师评价等级（在符合的情况下面打“√”） | | | |
| | | 全部能够做到 | 大部分（80%）能够做到 | 基本（60%）能够做到 | 没有做到 |
| 了解自我意识的概念及作用 | | | | | |
| 熟知自我意识的特点与类型 | | | | | |
| 掌握自我意识发展的一般形式 | | | | | |
| 能够归纳总结自己的自我意识的特点及类型 | | | | | |
| 能够运用自我意识发展的一般规律正确认识自己 | | | | | |
| 评语 | 教师签名： | | | | |
| 建议 | | | | | |

## 任务二 明晰大学生自我意识的形成与发展过程

### 任务目标

微课：自我意识的产生和发展

**【知识目标】**

1. 了解大学生自我意识的发展条件。
2. 掌握大学生自我意识的发展特点和发展过程。

**【能力目标】**

1. 能够将自我意识相关知识应用到完善自我的方法中。
2. 能够运用所学知识完善自我意识发展过程中的偏差。

**【素质目标】**

1. 主动地培养自我意识，正确地认识自己。
2. 积极、科学地探索自我意识，正确地评价自己。

### 案例导入

某天，小马和小邵等人在宿舍打牌时，小邵怀疑小马出牌作弊，两人发生了争执。其间，小邵说："没想到连打牌你都玩假，你为人太差了，难怪小龚过生日都不请你……"这样的话从小邵口中说出来，深深地伤害到了小马。小邵和小马既是老乡，又同窗学习、同宿舍生活，小马一直十分看重这个好朋友，但他万万没有想到，自己在小邵眼中竟然会是这个样子，而且好朋友小龚居然也是如此。就是这句话伤了小马的自尊心，他从此下定决心再不理会小邵和小龚，自己要从学校搬出去一个人住。

问题：

是什么心理导致小马产生了和朋友断交的想法？你认为大学生自我意识的发展有哪些特点？

### 相关知识

自我意识是在个体生理和心理相对成熟的基础上发展起来的，个体在成长过程中与周围环境相互作用，逐渐产生对周围世界的认识，与此同时也是个体逐渐社会化和角色化的过程，逐渐形成对自己的认识，即个体的自我意识。

#### 一、大学生自我意识的发展条件

自我意识的形成和发展强调个体与周围世界的互动，注重个体与所属集体和重要他人的交互，注重个体与自我的对话和反省，因此不同年龄阶段、不同成长环境、不同社会阅历的个体，在自我意识的发展上会出现各自独有的特点和差异。总体而言，个体对自我的认识需要时间、实践、视角 3 个条件。

#### 1. 时间

自我意识的发展需要时间，认识自我是持续终身的漫长的探索过程。对自我的认识，受遗传和童年早期经验、家庭教育等的影响。对自我的认识，也是现在对自我当下的把握和认识，是对自我目前状况的了解。自我最终会指向未来，理想自我会成为个体的目标和方向，指导和引领着现实自我不断成长和发展。

#### 2. 实践

自我意识的发展需要实践，认识自我是在自我与社会、与他人、与自身的交互和影响中发展起来的。自我意识不应该只停留在表面上，也不应该只停留在想象中。社会实践是人的自我意识产生和发展的重要条件，个体通过对实践活动结果的分析来了解自身的价值，在实践中对自我加以定位。同时通过实践，通过与他人、与社会之间的相互影响和相互连接，有效探索自己对生活和关系的感受，能够促使个体内在觉悟的成长，从而更好地认识自己，认识自己与他人的关系、自己在社会中的角色和地位。

另外，自我意识也需要在化解冲突与矛盾中前进。万千世界，充满了选择与冲突，人们既想表达自己独特的见解，又想和别人保持一致，还想保持自我的独立性，但难免要依附在某种关系或群体中。因此在实践中认识自我，需要正视内心和现实的冲突，克服困难，保持定力，树立信念，保持信仰，完善自己的价值观，让每次冲突都能成为认识自我的契机。

#### 3. 视角

自我意识的发展需要视角，必须全方位、立体地认识自我。苏轼《题西林壁》中的“横看成岭侧成峰，远近高低各不同。不识庐山真面目，只缘身在此山中”，非常形象地表达出看待一个事物需要全方位的视角，认识自我也是如此，要全方位、立体地去把握自我和了解自我。每个人都会有丰富的自我认识，对自己的身心状况、素质能力、社会角色和地位、个性特质和人格气质等方面都会有看法和认识。

### 二、大学生自我意识的发展特点

由于特殊的教育环境和知识背景，大学生自我意识的发展呈现出以下特点。

#### 1. 强烈关心自我发展

大学生在校学习的时间是知识技能的储备时间，是进入社会的缓冲阶段。大学生会经常反思反省一些有关个人发展、个人与社会的关系问题，如“我聪明吗”“我的风度如何”“别人会怎么看我”“我性格如何”“我将成为什么样的人”“我怎样实现自我价值”，他们能自觉地把自己的命运与国家、社会、集体的命运结合起来，考虑如何为社会服务。

### 2. 自我评价趋于客观

由于知识增多，生活经验丰富，感性、理性思维逐渐成熟，大多数学生对自己的认识、评价基本与外界一致，变得客观、全面。据调查，我国大学生的自我概念比较集中于交际、友善、信义、容貌、学业、志向、家庭、成熟、自纳 9 个方面，总体来说是积极的。男生在自纳、成熟、学业、志向等方面的自我评价高于女生，也更为积极；女生在友善、家庭两个方面的认识高于男生，但差异不大。

### 3. 自我体验丰富复杂

由于社会定位比较晚，大学生的自我体验可以说是在各种社会群体中，或者在他们的一生中是“最善感”的阶段。一般大学生的情绪情感基调是积极的、健康的。多数大学生喜欢自己，满意自己，自尊、自信、好胜，但他们也是敏感的，凡是涉及“我”和与“我”相联系的事物，常常引起他们的情绪情感反应，并且把自己的情感体验闭锁于内心，体验具有一定的起伏和波动。一旦有了成绩，就会肯定自己，甚至骄傲自满、忘乎所以；一旦遇到挫折，就会否定自己，悲观失望，甚至自暴自弃。

### 4. 自我控制能力提高

大学生的自我控制能力有很大提高，自觉性、坚持性、独立性和稳定性显著发展，有强烈的自我设计和自我规划的意愿。绝大多数学生奋发向上，力争成才，自觉调节行为，同时强烈要求独立、自治，希望摆脱依赖和管束。

大学是自我意识迅速发展的特殊时期和关键时期。此时，大学生的生理、心理趋向成熟，与人交往和社会接触的机会明显增多，社会和成年人对他们也改变了态度，他们越来越把注意力指向自身，把自身变成意识的对象，他们的自我意识的发展正经历一个明显而又典型的分化—冲突—整合的过程。这一过程推动着大学生个体自我意识的迅速发展并趋向成熟。

## 三、大学生自我意识的发展过程

### 1. 自我意识的分化

青年期自我意识的发展是从明显的自我分化开始的。进入青春期，原来在儿童、少年时期统一不可分割的完整的“我”被打破，出现了两个我，即主体我和客体我，大学生既是观察者又是被观察者。伴随主体我和客体我的分化，大学生主动地、迅速地关注自我的内心世界和行为，产生新的认识和体验。于是，自我内心活动复杂了，由此带来的种种激动、不安、焦虑、喜悦增加，自我沉思、内省的时候明显增多，并开始考虑自己应怎样做、能怎样做和不应怎样做、不能怎样做等人生观问题，要求有属于自己的空间和世界，渴望被理解、被关怀。

此时如果个体的理想自我（主体我）和现实自我（客体我）能保持大致的平衡，也就是说，个体真正能力、性格、欲望能如实地表现出来，个体便能以自己的本来面目出现在别人面前，既不用掩饰自己的努力，也不怕暴露自己的缺点，从而有利于发挥自己的实际能力，促进个体健康发展。但也常常会出现理想自我和现实自我的失衡感。

现实自我占优势的个体，往往表现出较强的虚荣心和自我陶醉感，特别在乎他人对自己的评价，期望事事处处得到他人的赞赏。他们担心暴露自己的缺点，常常炫耀自己的知识，追新猎奇，哗众取宠，以换取他人的赞赏。

理想自我占优势的个体，往往将客体我萎缩到实际能力之下，总认为自己事事处处不如人。他们往往自卑感较强，因为自己某方面的欠缺，如口才不好、身材不好、相貌一般、家境贫寒、能力不强而苦恼，甚至放弃应有的努力，形成自我怜悯或伤感的心理状态。

总之，自我意识的分化促进了大学生思维和行为主体性的形成，从而为客观地评价自己和他人，合理地调节自身的言行奠定了基础。这是自我意识开始走向成熟的标志。

#### 2. 自我意识的冲突

自我意识的分化，使青年开始意识到自己不曾注意的许多“我”的方面和细节，发现理想自我与现实自我的差距。另外，由于处于发展阶段，自我形象不能很快确立，自我概念不能明确地形成，自我冲突加剧，表现为内心冲突，甚至有很大的内心痛苦和强烈的不安感。归纳起来，当代大学生自我意识的矛盾冲突主要表现在以下几个方面。

1）理想自我与现实自我的冲突。这可以说是大学生自我意识矛盾最突出、最集中的表现。当代大学生有理想、有抱负，成就欲望较强，但由于他们生活范围相对狭窄、社会交往比较单一、社会阅历缺乏等，当他们付诸行动时，往往会发现理想和现实有着巨大的差距，于是他们开始对现实自我不满，甚至怀疑自己。这种理想自我与现实自我的矛盾冲突是大学生在成长过程中不可避免的，它们给大学生带来苦恼和不满的同时，也会激发大学生奋发进取的积极性，锻炼他们的心理承受能力，使他们重新认识和评价自己，不断寻找理想自我和现实自我的最佳结合点。但如果这种矛盾与冲突过于强烈，不能及时加以调适，就会导致自我意识的分裂，从而带来一系列心理问题。

2）独立意识与依附心理的冲突。进入大学以后，大学生的独立意识迅速发展，他们希望能在经济、生活、学习、思想等方面独立，摆脱成人的管束，自主地处理所遇到的一些问题。此外，大学生生活在各种信息纷繁复杂的环境中，易受到各种社会思潮的影响，他们的心理异常活跃，不愿被动地接受既定的价值标准，各种心理活动明显地表露出独立自主的倾向。但同时他们在心理上又对父母、师长等存在根深蒂固的依赖心理，无法真正做到人格上的独立，这种渴望独立但实际上又不可能完全真正独立的矛盾冲突一直困扰着大学生。

3）交往需要与自我闭锁的冲突。大学生迫切需要友谊和爱，他们渴望理解，寻求归属和爱。他们有强烈的交往需要，希望能向知心朋友倾吐对人生和生活的看法，盼望能有人分担痛苦、分享欢乐。但同时他们又存在自我闭锁的倾向，许多人往往不愿主动敞开自己的心扉，而把自己的心灵深藏起来，在公开场合很少发表个人的真实意见。他们在与他人交往时存有较强的戒备心理，总是有意无意地保持一定距离。大学生在一起生活学习，看似很亲近，但心与心之间的距离很远，这种交往需要与自我闭锁的矛盾冲突，使部分大学生倍受“孤独”的煎熬。

4）自信心与自卑感的冲突。大学生是经历过高考岁月的坚持者，对自己的能力、才华和未来充满了自信。然而进入大学后，他们发现“人外有人，天外有天”，尤其是当学习、文体、社交等方面显露出某些不足时，有些大学生就会陷入怀疑自己、否定自己的不良情绪中，从而产生自卑心理。有的大学生更是将这种自卑深藏于心，表现出来的依然是高傲。在这些大学生的内心深处，自信心和自卑感常常处于冲突状态。

5）追求上进与自我消沉的冲突。许多大学生有较强的上进心，他们希望通过努力来实现自身的价值。但在追求上进时，困难、挫折在所难免，不少大学生常常出现情绪波动，在困难面前望而生畏、消极退缩，想退缩但又不甘放弃，心中依然想追求、想奋进，内心极为矛盾，困惑、烦躁、不安、焦虑等情绪也由此而生。

### 3. 自我意识的整合

由自我意识的分化带来的种种矛盾冲突是大学生自我意识发展中的正常现象，也是大学生迅速走向成熟的集中表现。自我意识矛盾冲突一方面会使大学生感到焦虑苦恼、痛苦不安，可能影响他们的心理发展和心理健康，另一方面会促使他们设法解决矛盾，来实现理想自我与现实自我的统一。但是由于个人的社会背景、生活经验、智力水平、追求目标等方面的差异，自我意识统一的途径不同，其结果也不同。一般来说，可以把理想自我和现实自我的整合结果归纳为以下三大类型。

（1）积极自我的建立：自我肯定

自我肯定，即对自我的认识比较清晰、客观、全面、深刻。这种积极自我的特点是在经过痛苦的选择与调整之后逐渐形成的，使自己的理想自我与现实自我趋于统一，主观我与客观我趋于一致，对自我的认识更加深刻、客观、理性。积极的自我不仅了解自己的长处与优势，也了解自己的不足与劣势，个体能够分析哪些是通过努力可以达到的，哪些是属于无法企及的，从而进行积极的自我肯定，向着理想自我迈进。

（2）消极自我的建立：自我否定

消极的自我意识分为两种：自我贬损型与自我夸大型。

1）自我贬损型的大学生由于总在积累失败与挫折的经历，对现实自我的评价较低，并时常伴有自我排斥、自我否定。他们不但不接纳自己，甚至自我拒绝、自我放弃，表现为没有朝气、随波逐流、缺少激情，生活没有目标，其结果是更加自卑，从而失去进取的动力。

2）自我夸大型的大学生正好相反，他们对自我的评价非常高，往往脱离客观实际，常常用理想自我代替现实自我，盲目自信，虚荣心强，心理防御意识强，其行为结果要么表现为缺乏理智、情绪冲动，忘记现实自我而沉浸于虚无缥缈的自我设计中；要么自吹自擂、自我陶醉，却不为实现自我做出努力。

自我贬损型与自我夸大型的共同特点是对自我评估不正确，缺乏实现理想自我的手段，形成后的自我虚弱而不完整，是一种不健康的自我整合。虽然大学生中这种类型的人较少，但严重者可能用违反社会规范或用违法犯罪的手段来谋求自我意识的整合。

（3）自我冲突

自我冲突是难以达到整合的自我意识，它表现为自我评价始终在真实自我上下徘徊，自我认知或高或低，自我体验或好或坏，自我控制时强时弱，心理发展极不平衡，有时显得自信而成熟；有时又表现出自卑而不成熟，让人无法评估。

**健康的自我意识的标准**

自我意识的发展对个体身心健康、人格完善有极其重要的作用。健康的自我意识是心理健康的重要标准，对个体的成长和成才发挥着重要的作用。一般来说，健康的自我意识有以下标准。

1）自我内外统合。健康的自我意识能达到个体内部自我认知、自我体验和自我控制的协调统一；同时具有自我的独立性，能与外界保持协调一致，达到自我统合。

2）自我要素完善。健康的自我意识能保持正确客观的自我认知、良好向上的自我体验、有效稳定的自我控制，自我意识的3个层面积极完善。

3）自我主动发展。健康的自我意识能主动发展自我，保持自我的灵活性，不断促进理想自我和现实自我的统一，有明确的目标意识和积极的内省意识。

4）自我身心健康。健康的自我意识和个体的身心健康相互影响，健康的自我意识能保持良好的心理健康状态，促进社会文明和进步。

总之，大学时期是理想自我与现实自我矛盾冲突较突出的时期，也是使其趋向统一和转化的关键时期。过了这一时期，自我意识就逐渐趋于稳定。一般来说，大一学生具有一定的依赖性和盲目性，大二学生的理想成分较多，容易想入非非，进入大三后就显得沉着稳定了。这表明大学生的自我意识正处在矛盾、统一、转化并日趋稳定的阶段。

## 任务实施

### 一、明确任务目标，落实训练任务

1）学会分析自我，合理地定位理想中的自我目标。

2）制订不断超越自我的目标，积极塑造理想自我，让自己更出彩。

### 二、开展“高台演讲”活动，锻炼思维与表达能力

**【活动项目】**高台演讲。

**【活动目的】**锻炼自己在特殊情境下的逻辑思维和语言表达能力。

【活动方法】

1）所有人轮流站到高台上进行演讲。

2）演讲从双脚站到台上开始，时间是3分钟，到3分钟时必须停止。

3）分别用1分钟讲述自己的过去、现在与未来（可以将过去、现在、未来无规律重复一遍）。

4）如果演讲结束而时间未到，则继续留在台上，可以讲些其他话题。

## 三、分享演讲体会，感悟心理成长

“高台演讲”活动结束后讨论与分享：

1）有人说演讲就是生产力，也有人说演讲就是领导力，就此交流分享。

2）在高台的压力下，对自己的语言表达能力和逻辑思维能力有影响吗？

3）每位学生在小组中阐述自己在活动中的心路历程，交流彼此的感受与体会。

## 任务评价

项目三任务二评价表

<table>
<tr><th colspan="6">自我评价</th></tr>
<tr><th colspan="2" rowspan="2">主要内容</th><th colspan="4">自我评价等级（在符合的情况下面打“√”）</th></tr>
<tr><th>全部能够做到</th><th>大部分（80%）能够做到</th><th>基本（60%）能够做到</th><th>没有做到</th></tr>
<tr><td colspan="2">了解大学生自我意识的发展条件</td><td></td><td></td><td></td><td></td></tr>
<tr><td colspan="2">掌握大学生自我意识的发展特点和发展过程</td><td></td><td></td><td></td><td></td></tr>
<tr><td colspan="2">能够将自我意识相关知识应用到完善自我的方法中</td><td></td><td></td><td></td><td></td></tr>
<tr><td colspan="2">能够运用所学知识完善自我意识发展过程中的偏差</td><td></td><td></td><td></td><td></td></tr>
<tr><td rowspan="4">自我总结</td><td>我的优势</td><td colspan="4"></td></tr>
<tr><td>我的劣势</td><td colspan="4"></td></tr>
<tr><td>我的努力目标</td><td colspan="4"></td></tr>
<tr><td>我的具体措施</td><td colspan="4"></td></tr>
<tr><th colspan="6">教师评价</th></tr>
<tr><th colspan="2" rowspan="2">主要内容</th><th colspan="4">教师评价等级（在符合的情况下面打“√”）</th></tr>
<tr><th>全部能够做到</th><th>大部分（80%）能够做到</th><th>基本（60%）能够做到</th><th>没有做到</th></tr>
<tr><td colspan="2">了解大学生自我意识的发展条件</td><td></td><td></td><td></td><td></td></tr>
<tr><td colspan="2">掌握大学生自我意识的发展特点和发展过程</td><td></td><td></td><td></td><td></td></tr>
<tr><td colspan="2">能够将自我意识相关知识应用到完善自我的方法中</td><td></td><td></td><td></td><td></td></tr>
<tr><td colspan="2">能够运用所学知识完善自我意识发展过程中的偏差</td><td></td><td></td><td></td><td></td></tr>
<tr><td>评语</td><td colspan="5">教师签名：</td></tr>
<tr><td>建议</td><td colspan="5"></td></tr>
</table>

## 任务三　探寻大学生自我意识的提升途径

### 任务目标

**【知识目标】**

1. 掌握正确认识自我的方法。
2. 掌握积极悦纳自我的方式。
3. 掌握有效控制自我的途径。

**【能力目标】**

1. 能够正确认识自我。
2. 能够通过正确的途径悦纳自我。
3. 能够通过有效的方式控制自我。

**【素质目标】**

1. 树立正确的自我意识，悦纳自我，发展自我。
2. 接受理想自我和现实自我之间的差异，形成主观我和客观我的和谐统一。

### 案例导入

一青年向一禅师求救："大师，有人赞我是天才，认为我将来必有一番作为；有人骂我是笨蛋，认为我一辈子不会有多大出息。依您看呢？"

"你是如何看待自己的？"禅师反问。

青年摇摇头，一脸茫然。"譬如同样一斤米，用不同眼光去看，它的价值也就迥然不同。在炊妇眼中，它不过做两三碗大米饭而已；在农民看来，它最多值 1 元；在卖粽子的人眼里，包扎成粽子后，它可卖出 3 元；在制饼者看来，它能被加工成饼干，卖 5 元；在味精厂家眼中，它可提炼出味精，卖 8 元；在制酒商看来，它能酿成酒，勾兑后，卖 40 元。不过，米还是那斤米。"大师顿了顿，接着说："同样一个人，有人将你抬得很高，有人把你贬得很低，其实，你就是你。你究竟有多大出息，取决于你到底怎样看待自己。"

青年豁然开朗。

**问题：**

作为大学生，你应该如何看待自己？你认为应该通过什么途径来提升自我意识？

## 相关知识

### 一、正确认识自我

德国作家约翰·保罗认为，一个人真正伟大之处，就在于他能够认识自己。如果一个人能够全面、正确地认识自我，客观、准确地评价自我，就能量力而行，确立合适的理想自我，并为实现理想自我而不懈努力。因此，正确地认识和评价自我是建立健全自我意识的基础。认识自我，就是要全面地了解自我，不仅要了解自己的性格、气质、能力，还要了解自己与他人的异同点，了解过去与现在的不同点。其中，特别要了解自己的长处与短处，从而把握自己在社会中的位置。具体而言，全面正确地认识自我，有以下几种方法。

#### 1. 在经常自省中认识自我

孔子曰“吾日三省吾身”，大学生要学会自省，经常检查自己的行为和动机正确与否，行为过程中有什么不足，结果如何，有哪些收获和缺憾，从中发现长短得失，以便有的放矢地进行自我调整。

#### 2. 通过对他人的认识来认识自我

个体与社会、与他人有着密切的联系，个体要超出自身来认识自我，必须通过认识他人、认识外界来进行。大学生应该积极地投身于认识世界、改造世界的社会实践中，在其中不断丰富自己对自然、社会、他人的认识，并在此基础上进一步认识自我。深刻的自我认识是以深刻地认识和理解他人、社会为前提的。

#### 3. 在他人的评价中认识自我

心理学家认为，当一个人的自我评价与别人对他的客观评价有较大程度的一致性时，表明他的自我意识较为成熟。了解他人对自己的看法，有助于发现自己忽视的问题。大学生自我意识的发展易受他人态度和评价的影响。例如，教师对学生学习能力的评价，会影响其自我发展的方向；同学之间对彼此衣着、仪表风度的看法，会改变对自我的认识等。个体可以通过他人对自己的态度、期望、评价来进一步认识自己。但是不能简单地接受他人的评价，对别人的评价应有正确的态度，不因过高的评价而沾沾自喜，也不因过低的评价而失去信心。

#### 4. 在与他人的比较中认识自我

有比较才有鉴别。人们在缺乏客观评价标准的情况下，可以通过与他人的比较来评价自己。通过与周围的普通人比较，能认识自己的实际水平及在群体中的地位；通过与杰出人物比较，则能找出自己的差距和努力的方向。与他人比较，最重要的是要选定恰当的而不是盲目的参照系。同时还要学会用发展的眼光、辩证的方法去看待自己和他人，比较的视野越广阔，方法越科学，自我定位就越恰当。恰当地与他人比较而正确评估自己的人，就能做到既不妄自尊大，也不妄自菲薄，从而合乎实际地确定自己的奋斗目标和行动计划。

#### 5. 通过自我比较来认识自我

大学生不仅可以通过与他人比较来认识自我，还可以通过把目前的“我”与过去或将来的“我”相比较来进一步认识自我。心理学家曾提出“自尊＝成就/抱负”，这说明个体的自我评价不仅取决于他的成就，而且取决于他的抱负水平，取决于两者之间的比较。过去的成就水平越高，个体越容易积极地评价自己；而指向未来的抱负水平越高，个体越不容易满足，越难以对自己做出肯定的评价。因此，大学生在树立正确的自我意识的过程中，一方面要不断超越自我，另一方面要选择能达到的目标。

#### 6. 在不同的实践活动中认识自我

歌德认为，人要认识自己，仅仅通过观察是不可能的，只有通过行动，通过尝试完成自己的任务，才能知道自己是怎样的人。在实践活动中，可以使个体进一步认识自我的能力，发现自我的价值，从而进一步激发自信、开发潜能。因此，大学生应追求独立自主，主动扩大自己的生活圈，积极参加不同的社会实践活动，从而更加全面地认识自己。

### 二、积极悦纳自我

每个人都会有一个自我形象、自我评价。自我形象可能是良好的，也可能是令自己不满意的；自我评价可能是积极的，也可能是消极的。无论是哪种情况，我们都要愉快地接纳自己，不断地发展和完善自己。

1）悦纳自己，首先要接受自己的生理相貌。生理相貌是不少人苦恼的根源。人的身材、相貌、肤色等是与生俱来的。如果能够通过科学的方式方法得到改变，就可以进行尝试，如体育锻炼能让人更健康、更美丽。如果已经尽力而仍无法改变，就要愉快地、坦然地去接受。相貌不是决定一个人一生有无价值、有无成就的根本因素。人在生活中有无魅力、是否幸福快乐，取决于人的心灵，取决于人的人格魅力。正如托尔斯泰所言：“人不是因为美丽才可爱，而是因为可爱才美丽。”青春短暂，红颜易老，而永远不老的是青春的精神、金玉的品质。

2）悦纳自己，要自足自信。在看到自己心灵的缺点和不足的同时，更要看到和肯定自己心灵的优点和长处。没有一个人是没有缺点的，不要妄自菲薄。自卑的人不是没有长处，而是总看到和羡慕别人的优点，看不到自己的优点。要善于发现自我，发掘自我，只有把被自卑心理遮蔽的心灵擦亮，才能让它露出星星般灿烂的光芒。

3）悦纳自己，需要正确地看待自己在群体、社会中的地位与作用。一个人在群体、社会中的地位，从根本上取决于他为群体、为社会、为他人做了什么、贡献了什么。要想成为一个被人爱戴的人，就要做值得人们敬爱的事。无论能力大小，都应该充满自信，有所作为，使人生充实美丽。

**养成接纳自我的好习惯**

1）不要给自己贴上消极的标签，如“我笨”“我无能”。

2）不要将自己的短处与他人的长处比较。记住：你是独特的，学会欣赏这种独特之处，学会欣赏这种差别。

3）人人都有他人所不知的问题和弱点，即使是最自信的人，也会缺少安全感。

4）与处世积极、喜欢与你同行并享受人生的朋友交往。

5）笑口常开，培养幽默的性格。

6）接纳自己是有缺点的人。

## 三、有效控制自我

自我控制是人主动地改变自己的心理品质、特征及行为的心理过程，它是大学生健全自我意识和完善自我的根本途径。很多大学生对自我抱有很高的期望，但因为没有足够的自制力和意志，经受不住挫折和打击，无法实现自我理想。那些自卑自怨、自暴自弃的大学生更因无法控制自我的不良情绪而使自己偏离了健全的自我意识的轨道。美国社会心理学家马斯洛在研究人的自我实现时，有针对性地提出了调控自我的 7 点建议：①把自己的感情出口放宽，莫使心胸像个瓶颈；②在任何情境中，都尝试从积极乐观的角度看问题，从长远的利害角度做决定；③对生活环境中的一切要多欣赏、少抱怨，有不如意之处应设法改善，坐而空谈不如起而实行；④设定积极而可行的生活目标，然后全力以赴地去实现，但不能期望未来的结果一定不会失败；⑤对是非之争，只要自己认清真理正义之所在，就应挺身而出，站在正义一边，坚持到底；⑥莫使自己的生活僵化，为自己在思想与行动上留出一点弹性空间，偶尔放松身心，将有助于自己潜力的发挥；⑦与人应该坦诚相处，让别人看见自己的长处和缺点，也与别人分享自己的快乐与痛苦。

大学生要做到有效地控制自我，应注意以下几点。

### 1. 确立目标要适宜

当代大学生应该有崇高而远大的目标，把自己的人生追求与祖国的发展联系起来。但是高远的目标并不是好高骛远，而应该把它建立在一个个小目标的基础上，通过实现一个又一个小而具体的目标，逐步实现人生的崇高理想。

### 2. 实现目标要有毅力

任何一个目标的实现，都需要以坚强的毅力作为保证，如对目标认识的自觉性和主动性，实现目标的恒心和毅力，克服困难的信心和决心，对成功的正确态度和较强的挫折耐受性等。大学生的这些心理品质都处在发展过程中，因此要特别注意增强自我控制的自觉性、主动性，将社会的需要转化为主观上实现理想自我的内部动机。

### 3. 不断完善自我、超越自我

加强自我修养，不断进行自我塑造，达到完善自我、超越自我的境界是健全自我意识的终极目标。健全自我的过程也是一个塑造自我、超越自我的过程。经验告诉我们，自我认识已属不易，自我控制就更难，期望自我开拓、升华、超越更是难上加难。对于大学生而言，塑造自我、实现理想乃是其终生追求的目标，因此加强自我修养是大学生面临的重要课题。大学生应有远大的理想和抱负，但“齐家、治国、平天下”须从“修身、养性”开始，即从点滴小事开始，从行动开始。因此，自我修养、自我塑造应根据社会的需要和个人的特点，在自我认识、自我体验、自我调节三因素协调统一的基础上，做到行与知并重。具体来说，要想健身，就要多参加自己喜欢的体育活动；要想开阔思路，就要多读书、读好书。在行动时，无论对自己还是对事，均需全力以赴，使自己的能力和品格得到不断提高。行动之后经常反省，汲取经验和教训，再度投入行动。如此循环往复，自我便逐步得到完善，自我的境界也就自然而然地得到升华。这个过程可以用“4A”来描述：acceptance——接纳，接纳自我与自我所在的现实环境；action——行动，对自己决定的事，付诸行动，并全力以赴；affection——情感，工作、学习时投入情感，获得乐趣，乐在其中；achievement——成就，是接纳、行动、情感完成后的自然结果。完善自我、超越自我并不是一帆风顺的，需要付出艰辛的努力和沉重的代价，也是一个“新我”形成的过程，是从“小我”走向“大我”，从“昨天之我”向“今日之我”“明日之我”迈进。珍惜已有的自我，追求更好、更高的自我，从而形成一个自如的、独特的、最好的自我。

## 任务实施

### 一、明确任务目标，落实训练任务

1）正确认识自我，积极悦纳自我。

2）通过科学的方式塑造自我。

### 二、开展“悦纳自我”活动，接受自我及批评

**【活动项目】**悦纳自我。

**【活动目的】**正确认识自我，提高自我效能感。

**【活动方法】**

#### 1. 情感共鸣

读一段材料，引出团体项目的主题。

爱因斯坦有个很突出的业余爱好，就是拉小提琴，如此伟大的物理学家的小提琴拉得怎么样呢？

《读者》中有这样一则轶事：著名的女高音歌唱家阿尔玛·克拉克经常在家里举行音乐会，很多著名的音乐家都来参加，爱因斯坦也常常出席。一遇有演奏小提琴四重奏的机会，爱因斯坦就会怯生生地请求让他担任第二小提琴手。人们尊敬他的赫赫名望，都答应做他

的演奏伙伴，但每当爱因斯坦的小提琴发出吱吱啦啦的声音时，人们只能对着他满头毛茸茸的白发相视苦笑。为什么苦笑呢？爱因斯坦实在是个糟透了的小提琴手，他甚至不能正确地数拍子，常常把他的伙伴搞得狼狈不堪。

每个人都有不如他人的地方，也不一定有不一般的可贵优点，这样才是独一无二的个体。你是不是也有很多对自己不满意的地方？诸如知识面窄、学习成绩不突出、反应慢、口吃、鼻子太平、眼睛过小、不善于打网球或其他体育项目等。从现在开始，正视你的优点和缺点，告诉自己：我是独一无二的，我要喜欢自己。

### 2. 操作训练

（1）接受自己的训练

写出自己平时忌讳的身体缺点，自己默念几遍，再想出劝服自己接受的理由，如“我鼻子太平，这没什么”。之后承认自己的缺点，你会发现原来自己一直不敢面对的缺点是不足挂齿的。

（2）接受批评的训练

不愿或不敢承认自己缺点的原因可能是自小就寻求别人的赞许。通过这个环节（不必刻意追求别人的夸赞），接受自己就会容易得多。可以举行一场小型辩论会（8 个人分两组），并尝试坦然接受批评（设计批评与自我批评环节）。

## 三、定期总结自身优缺点，见证进步与成长

总结自己的优点和缺点，并将其列入清单，然后保存，每隔一段时间重新总结一次，看看清单上的优点条目有没有增加。

## 任务评价

项目三任务三评价表

<table>
<tr><th colspan="6">自我评价</th></tr>
<tr><th colspan="2" rowspan="2">主要内容</th><th colspan="4">自我评价等级（在符合的情况下面打“√”）</th></tr>
<tr><th>全部能够做到</th><th>大部分（80%）能够做到</th><th>基本（60%）能够做到</th><th>没有做到</th></tr>
<tr><td colspan="2">掌握正确认识自我的方法</td><td></td><td></td><td></td><td></td></tr>
<tr><td colspan="2">掌握积极悦纳自我的方式</td><td></td><td></td><td></td><td></td></tr>
<tr><td colspan="2">掌握有效控制自我的途径</td><td></td><td></td><td></td><td></td></tr>
<tr><td colspan="2">能够正确认识自我</td><td></td><td></td><td></td><td></td></tr>
<tr><td colspan="2">能够通过正确的途径悦纳自我</td><td></td><td></td><td></td><td></td></tr>
<tr><td colspan="2">能够通过有效的方式控制自我</td><td></td><td></td><td></td><td></td></tr>
<tr><td rowspan="4">自我总结</td><td>我的优势</td><td colspan="4"></td></tr>
<tr><td>我的劣势</td><td colspan="4"></td></tr>
<tr><td>我的努力目标</td><td colspan="4"></td></tr>
<tr><td>我的具体措施</td><td colspan="4"></td></tr>
</table>

续表

<table>
<tr><th colspan="5">教师评价</th></tr>
<tr><th rowspan="2">主要内容</th><th colspan="4">教师评价等级（在符合的情况下面打“√”）</th></tr>
<tr><th>全部能够做到</th><th>大部分（80%）能够做到</th><th>基本（60%）能够做到</th><th>没有做到</th></tr>
<tr><td>掌握正确认识自我的方法</td><td></td><td></td><td></td><td></td></tr>
<tr><td>掌握积极悦纳自我的方式</td><td></td><td></td><td></td><td></td></tr>
<tr><td>掌握有效控制自我的途径</td><td></td><td></td><td></td><td></td></tr>
<tr><td>能够正确认识自我</td><td></td><td></td><td></td><td></td></tr>
<tr><td>能够通过正确的途径悦纳自我</td><td></td><td></td><td></td><td></td></tr>
<tr><td>能够通过有效的方式控制自我</td><td></td><td></td><td></td><td></td></tr>
<tr><td>评语</td><td colspan="4">教师签名：</td></tr>
<tr><td>建议</td><td colspan="4"></td></tr>
</table>

## 延伸阅读　“二十问法”认识自我

“二十问法”是帮助认识自我的一种方法，分两步进行。

第一步，向自己提问 20 次：我是谁？把头脑里浮现出来的答案逐一写出来。

例如，我是××（姓名），我是××学校的学生，等等。由于这是自我分析材料，可以不给别人看，想到什么就答什么，不要有顾虑。回答每次提问的时间为 20 秒，如果写不出，则可以略去，继续往下写。

第二步，对自己的答案进行分析。分析的内容包括以下几个方面。

1）答案的数量和质量，即一共写出几个答案，答案中哪些方面的内容较多。如果能写出 9～10 个答案，则大体上可以认为是没有特别的障碍。如果只能写出 7 个或更少的答案，则可以认为是过分压抑自己。过分压抑自己的人回答时，会以感到无聊、害羞、时间不够等为借口，不能回答更多的问题。

2）回答内容的表现方式，有 3 种情况：客观评价，如“我是大学生”“我是高个子”等；主观评价，如“我是老实人”“我胆小”等；中性评价，即谁都不能做出判断的情况，则不能取得平衡。如果主观评价和客观评价都有，则可以认为能取得平衡；如果倾向于主观或客观评价，则不能取得平衡。在主观评价中，最好是既说到自己好的方面（令人满意的特征），也说到自己的不足之处（不令人满意的特征）。如果只说好的方面，会使人觉得是自满；如果只说不好的方面，则会令人感到没有信心。

3）回答的内容是否涉及自己的未来。哪怕只有一个答案涉及未来（如“我是未来的大学生”），也说明自己有理想和抱负，在现实生活中充满生机。如果没有一个答案涉及未来，则说明自己对未来考虑不多。

## 项目小结

本项目阐述了自我意识的概念及作用、自我意识的特征与类型、自我意识发展的一般形式，探讨了大学生自我意识的形成与发展，并从大学生的实际出发，帮助大学生探寻自我意识提升的途径，使大学生能够正确认识自我、积极悦纳自我、有效控制自我。

## 课后练习

### 一、不定项选择题

1. 自我认识中最主要的方面是（　　）。

   A. 自我感觉　　B. 自我观察　　C. 自我分析　　D. 自我评价

2. 个体行为的稳定性和一致性取决于个体的（　　）。

   A. 社会角色　　B. 社会意识　　C. 自我意识　　D. 社会知觉

3. （　　）是自我调控中最主要的方面。

   A. 自我监督　　B. 自我控制　　C. 自我教育　　D. 自我完善

4. 关于自我，下列说法中正确的是（　　）。

   A. 自我是心理学的古老课题

   B. 自我亦称自我意识或自我概念

   C. 自我是个体对自己存在状态的认知

   D. 自我是个体对其社会角色进行自我评价的结果

5. 自我意识可以分为（　　）3 个层面。

   A. 生理自我　　B. 社会自我　　C. 心理自我　　D. 精神自我

### 二、填空题

1. ________是自我意识迅速发展的特殊时期和关键时期。
2. 全面而正确的________是培养健全的自我意识的基础。
3. ________岁是自我意识急剧发展的关键时期。
4. ________类型和________类型是消极的自我意识统一。
5. 健康的自我意识的标准是________、________、________、________。

### 三、判断题

1. 个体自尊的维护和自尊的水平，是影响意志力的重要因素。（　　）
2. 个体自我评价的发展大致经历 4 个阶段。（　　）

3. 对现实自我评价过低，理想自我远远高于现实自我，经过努力仍无法拉近距离，或者虽然距离不大，但缺乏驾驭自我的能力，不能努力去实现理想自我的属于自我扩张型。（　　）

## 四、简答题

1. 自我意识的作用体现在哪些方面？
2. 大学生自我意识的发展有什么特点？
3. 大学生如何正确认识自我意识？

## 五、拓展题

结合自身实际情况，运用简洁、得体的语言或文字勾画自我形象。通过画“自画像”，进一步认识自己，展示一个“内心的我”。

# 项目四

# 人际交往

## 项目导言

社会和谐是中国特色社会主义的本质属性，是实现国家富强、民族振兴、人民幸福的重要保证。建立和谐的人际关系，是构建社会主义和谐社会的目标和主要任务。人际关系的好坏不仅直接影响人们的心理健康状态，而且影响人们的生活质量和事业成败。可以说，人际交往能力已成为大学生最重要的基本素质之一。在大学校园里建立良好的人际关系，形成一种团结友爱、朝气蓬勃的环境，将有利于大学生形成和发展健康的个性品质。

## 任务一 认识人际交往

### 任务目标

**【知识目标】**

1. 了解人际交往的意义。
2. 理解人际交往的发展阶段。
3. 掌握大学生人际交往的特点。

**【能力目标】**

1. 能够调整自己的情绪。
2. 能够建立相互信任与彼此接纳的人际关系。
3. 能够掌握处理人际冲突的方法并加以实践。

**【素质目标】**

1. 以尊重、开放的态度面对人际交往，用平和的心态进行人际交往，使自身在人际交往的活动中得到升华。

2. 努力建立和谐的人际关系，为构建社会主义和谐社会贡献力量。

## 案例导入

小武是一名大三学生，学生会干部，学习成绩优秀，但人际关系较紧张，不仅与寝室同学相处不好，而且无法与班上的大部分同学正常交往。在同学们心目中，他是一个清高、傲慢的人，难以接近，虽然优秀，但对他的其他方面则不敢恭维。他本人长期坚持的做人准则就是：我行我素，万事不求人。时间一长，同学们都不愿意与他交往，他的人际关系越来越差。小武也对自己的人际关系状况十分不满意，感到孤独、没有归属感。有时孤独感令他窒息，他感到焦虑甚至恐惧，但不知如何改善现状，因为他并不认为自己有问题。

问题：

你认为案例中的小武存在的问题是什么？这些问题产生的根源是什么？

## 相关知识

### 一、人际交往的含义及意义

人际交往也称人际关系，是指在人与人的交往活动中所发生的直接的、可感知的心理关系。人际交往表现为人与人之间的心理距离，反映着人们寻求满足需要的心理状态。人是社会性动物，不能离开群体而单独生存。在社会生活中，人们几乎每天都要和他人打交道。有人估计，一个人每天除 8 小时睡眠以外，其余 16 个小时中有 70%的时间是在进行人际交往。可以说，人际交往构成了人生的主要内容，一个人是在复杂的人际交往中不断成长与发展的；事业成功、生活幸福也是以人际交往的成功为前提的。

人际交往的具体意义主要表现在以下 4 个方面。

1）满足社交需求。人是社交动物，每个人都有着不同的社交需求。人际交往能够满足这些需求，让人们感到归属感、安全感和被认可感。在日常生活中，人们通过与家人、朋友、同事、邻居等人群进行交往，建立起亲密的人际关系，让生活更加丰富多彩。

2）提高沟通能力。人际交往是一种互动和沟通的方式，能够帮助人们提高沟通能力。在与不同人群的交往中，人们需要不断了解不同的交际方式和方法，掌握正确的沟通技巧，从而更好地理解对方的需求和观点，达到良好的交际效果。

3）影响个人成长。人际交往对个人青春期和成长过程具有重要的影响，无论是在精神上还是在生理上，它都能够促进思想的交流和身体的发展。在人们的成长过程中，人际交往能够让人们从不同的角度了解世界、了解自我，学会解决问题和应对挑战。

4）提高职场竞争力。在职场中，人际交往能力是非常重要的一环。具备较强的沟通技巧和交往能力，不仅能够提高工作效率和质量，还能够带来更多的机会、更大的发展空间和更高的职业成就。因此，拥有良好的人际交往能力对于职场竞争力的提升至关重要。

总之，人际交往的意义非常广泛，不仅可以让人们感受到社交的快乐，还能够提高个人成长、沟通能力和职场竞争力。因此，大学生应该积极地去参与、交流、分享、学习，在不断实践中提高自己的交往水平。

## 二、人际交往的发展阶段

人际关系的建立，是随着人际交往的发展，由浅入深、由表及里的渐进过程。从人与人产生初步连接到交往双方感情深入、建立稳定的人际关系，要经历一系列的发展阶段。从人际交往的依赖性来看，从人与人零接触、单向或双向注意、表面接触到交往双方轻度卷入、中度卷入、深度卷入，人与人之间相互作用、相互依赖的程度在不断提高。良好的人际关系的发展，一般经过 4 个阶段：定向阶段、情感探索阶段、情感交流阶段、稳定交往阶段。

### 1. 定向阶段

在人际交往中，人们对交往的对象具有很高的选择性。进入一个交往场合时，人们往往会选择性地注意某些人，而对另外一些人视而不见，或者只是礼貌性地打个招呼。对于注意到的对象，人们会进行初步的沟通，谈谈无关紧要的话题，这些活动就是定向阶段的任务。在这个阶段，人们只有表层的自我表露，如谈论自己的职业、工作、对最近发生的新闻事件的看法等。

### 2. 情感探索阶段

如果在定向阶段双方有好感，产生了继续交往的兴趣，就可能有进一步的自我表露，如工作中的体验、感受等，并开始探索在哪些方面双方可以进行更深的交往。这时双方有一定程度的情感卷入，但是还不会涉及私密性的领域。双方的交往还会受到角色规范、社会礼仪等方面的制约，比较正式。

### 3. 情感交流阶段

如果在情感探索阶段双方能够谈得来，建立了基本的信任感，就可能发展到情感交流阶段，彼此有比较深的情感卷入，谈论一些相对私人性的问题，如相互诉说工作、生活中的烦恼，讨论家庭中的情况等。这时，双方的关系已经超越了正式规范的限制，比较放松，即使有不同意见，也能够坦率相告，没有多少拘束。

### 4. 稳定交往阶段

如果能够在一段时间内顺利进行情感交流，人们就有可能进入更加亲密的阶段，即稳定交往阶段。在这一阶段，双方成为亲密朋友，可以分享各自的生活空间、情感、财物等，自我表露更深、更广，相互关心也更多。一般来说，能够达到这种境界的关系实属不易，这也就是人们常说的“人生得一知己足矣，千古知音最难觅”。

人际关系可以建立在任何一个阶段上，是否从一个阶段发展到下一个阶段，取决于关系的双方，只有双方都愿意时这种发展才有可能。在建立一个新的人际关系时，人们不应该过快地超越第一阶段和第二阶段。在所有的人际关系中，每一方对来自对方的反馈保持敏感度是很重要的。由于第三阶段首次出现自我袒露，所以在第二阶段向第三阶段发展时特别敏感，如果一方坦白得太多太快，另一方可能感觉不舒服，以至于不愿意把相互关系推进到下一个阶段。

人与人的交往阶段不是一成不变的，需要具体情况具体分析。在实际生活中，短期的人际关系往往会影响人们表层的、具体的某些行为和习惯，难以影响深层的价值观层面；长期的人际关系会带来情感上的相互依赖，对交往双方的影响也会更为深远、持久。大学生需要在人际关系中保持理性和觉醒，做到既能顾及自己的需求和期待，又能顾及对方的需求和期待。

## 三、大学生人际交往的特点

微课：大学生人际交往特点与主要问题

### 1. 交往愿望强烈

大学生随着知识的增长和心理的逐步成熟，成人感也日益增强，加之进入了一个全新的人际环境，能自觉意识到良好的人际关系对于学习和生活的重要性。他们不愿意把自己封闭在一个狭小的个人圈子里，而是迫切希望别人了解自己，渴望得到他人的尊重和承认，也急于了解他人和社会。因此，大学生对于人际关系的建立抱有积极良好的态度。

### 2. 交往目的多样

随着社会的发展变化，大学生在交往目的上越来越理性化。选择什么样的人交朋友，并不是纯粹出于交流情感和志同道合，而是涉及衣食住行、学习工作、课余生活等多方面。例如，男生在与同性朋友的交往上，娱乐目的较强，女生则多从相互帮助的目的出发；在与异性朋友的交往上，男生更注重安全、助人和自我表现，而女生在自我中心方面表现得更明显。

### 3. 交往范围扩大

进入大学后，大学生的生活空间大大扩展，与家长、教师的联系减少，交往重点从注重纵向交往转向扩大横向交往，即转向同龄人，并且不再局限于同班同学的交往，而是通过学生干部群体、学生活动、社会实践活动等结识更多同系外系的学生，甚至外校的学生。他们还希望获得其他社会各方面的资源，与不同背景、不同阶层、不同行业的人建立联系，从而得到更多信息。

### 4. 交往方式多元

现代大学生的交往已普遍使用现代化的通信设备、交往工具、交往场所等，交往手段有了很大发展。这也使大学生的人际交往变得更加方便、快捷，交往距离更远，交往范围更广。除了面对面的交往，网络也为大学生提供了广阔的交往空间。大学生可以通过网络建立新兴的人际交往方式，如QQ、微博、微信、BBS、网络游戏等，通过网络扮演不同的角色，宣泄情感，接触全国乃至国外的网上朋友。

### 5. 交往过于理想化

虽然现代的通信技术为大学生提供了多元、快捷的交往方式，但不可否认的是，大学生的活动范围仍主要局限在校园内，接触的对象仍然以同学和老师居多，交往的主要目的是交流思想、联络感情、探讨学习、抚慰鼓励、排遣烦恼等。因此，大学生的人际关系相对比较简单，对美好未来充满向往和自信。另外，大学生处于爱幻想的年龄，由于心理尚未完全成熟、社会阅历有限、思想比较单纯，也由于家庭、社会及客观环境的限制，大学生不可能全面地接触社会，全面地了解现实的“人”，易产生理想化的思维定式。例如，有些大学生在交往的过程中，首先在自己的头脑中塑好一个“模型”，然后根据这个“模型”到现实中寻找朋友和知己。

知识窗

**皮格马利翁效应**

传说远古时候，塞浦路斯王子皮格马利翁喜爱雕塑。一天，他成功塑造了一个美女的形象，爱不释手，每天以深情的眼光观赏不止。看着看着，美女竟真的活了。

心理学家罗森塔尔和同事到一所小学从1～6年级中各选3个班，在学生中进行了一次煞有介事的“发展测验”。然后，他们以赞美的口吻将有优异发展可能的学生名单通知有关教师。8个月后，他们又来到这所学校进行复试，结果名单上的学生成绩有了显著进步，而且性格更为开朗，求知欲望强，敢于发表意见，与教师关系也特别融洽。实际上，这是心理学家进行的一次期望心理实验。他们提供的名单纯粹是随便抽取的。他们通过“权威性的谎言”暗示教师，坚定教师对名单上学生的信心，虽然教师始终把这些名单藏在内心深处，但掩饰不住的热情仍然通过眼神、笑貌、音调滋润着这些学生的心田。实际上教师扮演了皮格马利翁的角色。学生潜移默化地受到影响，因此变得更加自信，奋发向上的激流在他们的血管中荡漾，于是他们在行动上就不知不觉地更加努力学习，结果就有了飞速的进步。

## 任务实施

### 一、明确任务目标，落实训练任务

1）学习人际交往知识，学会运用互动的沟通方式交往。

2）提高建立相互信任与彼此接纳的人际关系的能力。

### 二、开展“信任之旅”活动，记录心理感受

**【活动项目】**信任之旅。

**【活动目的】**

1）体验信任与被信任的心理感受。

2）学习非言语情境下的合作活动。

**【活动方法】**

1）选择好盲行路线，最好的道路不是坦途，而是要有阻碍，如上楼、下坡、拐弯，室内室外结合。每人准备一个眼罩（或蒙眼睛用的布条）。

2）学生两人一组，一位做“盲人”，一位做向导。

3）“盲人”蒙上眼睛，原地转 3 圈，暂时失去方向感，然后在向导的搀扶下，沿着选定的路线，绕室内外活动。期间不能讲话，只能肢体接触给同伴提供指导，共同完成特定距离。

4）可以互换活动角色进行游戏。

## 三、分享活动体验，感悟心理成长

“信任之旅”活动结束后，将全班学生分成若干组，每组 8～10 人进行小组讨论。

## 任务评价

项目四任务一评价表

<table>
<tr><th colspan="6">自我评价</th></tr>
<tr><th colspan="2" rowspan="2">主要内容</th><th colspan="4">自我评价等级（在符合的情况下面打“√”）</th></tr>
<tr><th>全部能够做到</th><th>大部分（80%）能够做到</th><th>基本（60%）能够做到</th><th>没有做到</th></tr>
<tr><td colspan="2">了解人际交往的意义</td><td></td><td></td><td></td><td></td></tr>
<tr><td colspan="2">理解人际交往的发展阶段</td><td></td><td></td><td></td><td></td></tr>
<tr><td colspan="2">掌握大学生人际交往的特点</td><td></td><td></td><td></td><td></td></tr>
<tr><td colspan="2">能够调整自己的情绪</td><td></td><td></td><td></td><td></td></tr>
<tr><td colspan="2">能够建立相互信任与彼此接纳的人际关系</td><td></td><td></td><td></td><td></td></tr>
<tr><td colspan="2">能够掌握处理人际冲突的方法并加以实践</td><td></td><td></td><td></td><td></td></tr>
<tr><td rowspan="4">自我总结</td><td>我的优势</td><td colspan="4"></td></tr>
<tr><td>我的劣势</td><td colspan="4"></td></tr>
<tr><td>我的努力目标</td><td colspan="4"></td></tr>
<tr><td>我的具体措施</td><td colspan="4"></td></tr>
<tr><th colspan="6">教师评价</th></tr>
<tr><th colspan="2" rowspan="2">主要内容</th><th colspan="4">教师评价等级（在符合的情况下面打“√”）</th></tr>
<tr><th>全部能够做到</th><th>大部分（80%）能够做到</th><th>基本（60%）能够做到</th><th>没有做到</th></tr>
<tr><td colspan="2">了解人际交往的意义</td><td></td><td></td><td></td><td></td></tr>
<tr><td colspan="2">理解人际交往的发展阶段</td><td></td><td></td><td></td><td></td></tr>
<tr><td colspan="2">掌握大学生人际交往的特点</td><td></td><td></td><td></td><td></td></tr>
<tr><td colspan="2">能够调整自己的情绪</td><td></td><td></td><td></td><td></td></tr>
<tr><td colspan="2">能够建立相互信任与彼此接纳的人际关系</td><td></td><td></td><td></td><td></td></tr>
<tr><td colspan="2">能够掌握处理人际冲突的方法并加以实践</td><td></td><td></td><td></td><td></td></tr>
<tr><td>评语</td><td colspan="5">教师签名：</td></tr>
<tr><td>建议</td><td colspan="5"></td></tr>
</table>

# 任务二 明确大学生人际交往的类型、影响因素及心理调适

## 任务目标

**【知识目标】**

1. 了解大学生常见的人际交往类型。
2. 理解大学生人际交往的影响因素。
3. 掌握大学生人际交往中的心理问题的调适方法。

**【能力目标】**

1. 能够识别大学生中常见的人际交往心理问题。
2. 能够将大学生人际交往中的心理问题调适方法应用到日常生活学习中。

**【素质目标】**

1. 增强在遇到人际交往问题时的求助意识。
2. 注重他人价值，学会接纳并支持他人。
3. 提高沟通与表达能力。

## 案例导入

小李是来自北方的一名大一新生，性格内向，本来对大学满怀憧憬的她在报到的第一天就情绪低落，因为她从未住过校，现在要和 5 名同学同住，很不习惯。更让她难以忍受的是，这 5 名室友都是南方人，聊天时她们习惯用方言，自己听不懂，很多时候她们都聊到深夜，自己不仅插不上话，还被吵得难以入睡。小李觉得自己和室友不是一类人，于是就开始独来独往并减少在宿舍的时间。时间长了，她发现室友们在一起有说有笑，一起吃饭，一起上课，似乎当她不存在。小李感到非常失落与孤独，其实她也想和室友们交朋友，可每次都觉得她们刻意与自己保持距离，很难接近，而且每次回宿舍看到她们在聊天说笑时，觉得是在嘲笑、议论自己。因此她晚上熄灯前才回去，以减少与室友在一起的时间。她找辅导员表明想调换宿舍，但未被批准。她开始失眠，上课精力不能集中，也没食欲，最后病倒了。室友们将她送到医院，轮流照顾她，其他同学买来水果、鲜花来看望她。她感动得哭了，她没想到平时让自己反感的室友像亲人一样照顾自己，她把以前自己内心的苦闷全部说了出来，才知道一切都是自己想象的，室友们愿意与她做朋友，只是室友们觉得她喜欢独处，不太愿意与人交往，却没有想到小李其实是非常渴望交往的。

问题：

案例中的小李在人际交往上出现了哪些问题？如何解决这种不良人际交往产生的问题？

## 相关知识

### 一、大学生人际交往的常见类型

相关调查显示，约有 23%的大学生在人际交往中存在一些问题，并为此而困惑、苦恼或抑郁。总体来看，大学生人际交往有如下几种类型。

#### 1. 知音难觅型

人际交往属于知音难觅型的大学生能与人正常交往，人际关系也不错，但自感缺乏能够心心相印、倾诉衷肠的知心朋友，因此时有孤独之感。原因有 3 个：①客观条件所限，毕竟“人生难得一知己”，要想寻觅一个真正的知音实非易事；②和自身的认识水平有关，有的人在交往中要求过高，会发出“知音难觅”的感慨；③交往者自身人格上的不足会影响与他人深交，使其难以找到知心朋友。

#### 2. 个别不适型

人际交往属于个别不适型的大学生与多数人交往良好，与个别人（可能是室友、同学或父母等与自己关系比较近的人）交往困难。由于与这些人相处不好，常会影响情绪，成为“心病”。之所以如此，一方面是因为他们自身的认识障碍，有许多“应该”或“不应该”的不合理信念，当别人与自己观点不一致时，总是试图改变对方；另一方面是因为他们自身存在一些人格上的缺陷和不足，如自卑、自我中心、易激动、敏感多疑等。

#### 3. 平平淡淡型

人际交往属于平平淡淡型的大学生能与他人交往，但总感到与人相处的质量不高，缺乏影响力，没有关系比较密切的朋友，多属于点头之交，难以保持和发展良好的人际关系。因此，这类大学生常会感到空虚、迷茫、失落。这类大学生往往缺乏较强的交往能力，无法使交往深入，只能停留在浅层交往水平。

#### 4. 交往困难型

人际交往属于交往困难型的大学生虽然渴望交往，但自身交往能力有限、方法欠妥或个性缺陷、交往心理障碍等，致使交往不尽如人意，很少有成功的体验。这类大学生往往感到苦恼，很希望改变社交状况。

#### 5. 社交恐惧型

人际交往属于社交恐惧型的大学生对人际交往特别敏感、害怕，极力回避与人接触，不得不交往时则紧张、恐惧、心跳加快、面红耳赤。为此，这类大学生常陷入焦虑、痛苦、自卑中，严重影响身心健康和日常生活。其原因主要是出于某种顾虑，缺少相应的知识、社交技能和经验，或者因遭遇某种身心创伤而产生对自己的不信任。

### 6. 拒绝交往型

人际交往属于拒绝交往型的大学生为数较少，他们不愿与人交往、自我封闭、孤芳自赏，往往存有某种怪癖。

比较而言，前四类属于一般社交不适，所占比例较高，通过自我调节和改善可以克服；而后两类属于严重社交障碍，比例虽小，但对身心健康危害很大，需要进行专门的心理治疗。

## 二、大学生人际交往的影响因素

微课：大学生人际交往影响因素与心理效应

良好的人际交往能力及良好的人际关系是人们生存和发展的必要条件。大学生作为一个特殊群体，面对激烈的竞争和日益强大的社会心理压力，认识和正确处理大学生人际交往中存在的问题具有极其重要的意义。

影响大学生人际交往的主要因素如下。

### 1. 心理因素

有的大学生到了大学以后，发现“高手如云”，自己在好多方面不如别人，这时候心理上就会有落差，怕别人瞧不起自己。如果不能及时调整心态，就会形成由嫉妒与自卑心理造成的人际交往障碍。有些大学生过分自信，自高自大，瞧不起别人，认为自己无论是在家庭、学习上，还是在气质、长相上，都高人一等。他们高高在上、孤芳自赏，常常以自我为中心，拒人以千里之外。如果这类大学生在言行上表现不当，就会引发与同学之间的矛盾甚至导致悲剧发生。

### 2. 性格因素

性格是一个人最鲜明的、最重要的、区别于他人的个性心理特征的总和，是人在生活中所形成的对周围现实的一种稳固的态度及与之相应的习惯了的行为方式。众多调查研究表明，性格差异是最有可能引起大学生冲突的原因。性格不同，大家对同一件事情的态度和看法也会不同，性格外向的大学生可能因为性格外向，说话、做事不注意别人的感受，认为自己的观点绝对正确，并且强迫别人接受自己的观点，却不知无意中中伤了对方；性格内向的人大多在人际交往方面表现得沉默寡言、不善言辞，即使被别人伤害，也能忍则忍，但矛盾就会逐渐积累起来，一旦有一个导火线，就会引发更大的矛盾。

### 3. 经济因素

大学生来自不同的地区、不同的家庭，地域与家庭的差异可能带来贫富差距，这种经济上的差距会让来自贫困家庭的大学生产生自卑心理，他们会自动疏远一些家境较好的大学生，以维持自己的自尊心。如果这种关系处理不好，就会给大学生的心理造成伤害，影响他们的发展。

### 4. 卫生因素

不同的大学生有着不同的成长环境，也养成了不同的卫生习惯。例如，有的人非常注重环境卫生及个人卫生，但有的人的卫生习惯较差，如不叠被子、乱扔衣服等。卫生习惯很好的大学生难以忍受卫生习惯较差的大学生，也不愿意整天全由自己打扫寝室，因此发生人际冲突是必然的。

#### 5. 生活习惯因素

由于大学生成长的环境不同，养成的生活习惯也不同，有的是一些不良习惯。例如，有的人从来不打热水，一直用室友的热水；有的人喜欢通宵玩网络游戏；有的人整夜躺在床上打电话。这些不良的生活习惯会极大地影响其他人的学习和生活，长此以往，会使同学间的关系变得紧张。

#### 6. 能力因素

良好的人际关系需要一定的交往能力，有的大学生并不了解交往的知识和技巧，与人交往的过程中就会显得木讷或者过于生硬、夸夸其谈。这样就难以保持和发展良好的人际关系。还有个别大学生对人际交往特别敏感、害怕，极力回避与人接触，认为自己是一个毫无趣味的人，并认为别人也会这么想，无法回避交往时就会特别紧张，心跳气喘、面红耳赤，两眼不敢正视对方；在与人交谈时显得语无伦次、词不达意。尤其在人多的场合或者在集体活动中更感到恐惧，不敢和人打交道，不敢表现自己，严重的可导致社交恐惧症。

总的来说，影响大学生人际交往的首要因素就是性格因素，如孤僻、内向、自私、自我中心、自负、虚伪、多疑、嫉妒的性格特征是影响交往的主要因素。其次是能力因素，许多大学生是因社交经验缺乏、不会与人交往而造成交往困难的。

## 三、大学生人际交往中不良心理的调适

大学生在人际交往中，常见的心理有自卑心理、孤独心理、嫉妒心理、恐惧心理和猜疑心理。陷入不良的心理状态，会对人际交往产生负面影响，需要及时地进行调适。

### （一）自卑心理的调适

#### 1. 提高自我评价能力，正确地认识和接纳自己

要消除自卑心理，必须学会多方面、多途径地了解和认识自己，不仅要善于发现自己的长处，肯定自己的成绩，也要容忍和接纳自己的短处，并在此基础上，正确地看待别人。现实生活中十全十美的人是不存在的，而短处人人皆有，并且有些短处是后天无法补救的，或只能做有限程度的改善，如外貌、身高。在这种情况下，我们应当坦然接受那些缺陷，而不必遮遮掩掩、自寻烦恼，更不必自惭形秽，而是要集中精力去发展和完善自己，因势利导，以己之长补己之短。

#### 2. 尽量弥补自己的不足，正确地与他人比较

自卑的人往往以己之短比人之所长，结果越比越泄气，越比越自卑。正所谓“尺有所短，寸有所长”，虽然一个人的身高、长相是先天的，很难改变，但能力、特长是可以通过后天努力获得和提高的。例如，别人的篮球打得好、歌唱得好，而自己的身材、嗓音达不

到，也不必灰心，可以选择练习书法、绘画、写作等，只要持之以恒，就可以成功。如果能在书画比赛中获奖，在报纸、刊物上发表自己的文章，则不仅能给自己增添乐趣和信心，也能赢得他人的赞誉。

### 3. 进行积极的自我暗示，提升信心，循序渐进，进行实践锻炼

自卑心理往往是自信不足的表现。在交际场合绝不能消极地自我暗示：我不行！万一失败了怎么办？要给自己积极的心理暗示：我行！我一定能成功！这样能够不断提升自己的信心，鼓起交往的勇气。此外，自卑心理往往产生于表现自己的过程中，由于受到挫折而对自己的能力发生怀疑。要消除这种怀疑，就要学会在交往实践中适当地表露自己的才能。可以先从力所能及、把握较大的事情开始，逐渐积累信心。若自卑心理较强，则开始时不妨先找对自己比较热情、容易交往的人交往；然后慢慢提高交往难度，同自己原先不敢接近的人进行交往。这样循序渐进地进行实践锻炼，自卑心理就能逐渐得到改善乃至消除。

## （二）孤独心理的调适

### 1. 相信自己，调整自我

面对全新的大学生活，大学生要及时实现身份角色的认同和转换，悦纳自己，既承认和接受现实的自己在思想观念、性格品质、行为方式等方面存在的不足，又充分看到自己的优点和长处，肯定自己，逐步树立自信心和进取心，不因暂时的不适应而手忙脚乱、不知所措，甚至轻易怀疑自己的能力。通过不断地自我调整，培养对孤独的抵御心理和抵御能力，使自己从孤独的阴影中走出来，赋予生活以明快的色彩。其实孤独并不一定是坏事，虽然长期或严重的孤独感会对大学生日常的学习、工作、生活产生负面影响，但短暂的孤独感会使人进入一种自我警觉的状态，成为自我反省的报警器。有的大学生不能正确认识孤独，一旦有此感觉就愈发封闭自己，陷入恶性循环的困境中，这是不可取的。

### 2. 改变态度，变消极应付为积极主动

孤独者面对问题时通常采取退避、自我接纳等消极的应付策略，要想改变这种被动状态，就要改变社交观念，不把交往看作浪费时间、耽误学习的无意义之事，而是将其看作扩展视野、促进与丰富自己的业余生活、培养和提高自己的交际能力、改变自身孤立无援的独处环境、增强心理健康的必要手段和有力途径。学会主动交往，通过积极主动地与他人沟通交流，获得他人的亲近与信任，有效地消除同学间的情感隔膜，使大家成为互相关心、互帮互助的好朋友，这有助于大学生自身的学业和以后事业的发展。所谓“在家靠父母，在外靠朋友”，说的就是这个道理。

### 3. 培养广泛的兴趣，走出孤独

大学生的兴趣犹如知己，爱好胜似伴侣。一个有着广泛兴趣爱好的人，在生活中是不会有“举目皆陌人，顾影独自怜”的孤独感的。如今，大学日益重视校园文化建设和第二课堂的开辟，科研学术活动、体育文娱活动、社会实践活动等层出不穷，还有由兴趣爱好相同的大学生自愿组织起来的业余活动团体，如诗社、表演社、合唱团、摄影集邮协会、

轮滑协会、舞蹈协会、棋类协会、健身协会等，这些活动为大学生获取知识、提高本领、增强才干提供了良好条件，也为培养大学生的各种兴趣奠定了基础。大学生应融入朝气蓬勃的大学生群体中，积极参与集体活动，自我教育、自我发展，走出孤独。

### （三）嫉妒心理的调适

#### 1. 认清嫉妒的危害

从小处看，嫉妒心理伤人伤己。嫉妒不仅给自己与同学的相处带来阴影，而且给他人的成长道路设置不必要的障碍，破坏良好的人际关系。从大处看，嫉妒心理损害集体与社会。嫉妒使得社会整体利益因个体的摩擦而产生不必要的损失和内耗，腐化社会风气。如果能清醒地认识嫉妒所造成的这些危害，行动上就会加强与之决裂的自觉性，这样再去克服和消除嫉妒心理和行为就会容易得多。

#### 2. 正确地认识自己

嫉妒有两种：一种是自己不想进步，也不许他人进步，一旦他人进步，就产生嫉妒心理，这种嫉妒应通过确立正确的人生目标来加以解决；另一种是自己想进步，但不想看到他人进步，于是产生嫉妒心理，克服这种嫉妒的关键是要正确地认识自己，同时正确地看待他人的能力和长处。要在有自知之明的前提下，找出自身与他人的差距和不足，并坦然承认这种不足。要意识到，即使天赋再好、主观再努力的人，也不可能样样都强于或优于他人。因此，某些方面他人领先自己，这是正常的。当他人确实在某一方面强于自己时，要虚心接受，并向他人学习，努力赶上他人。

#### 3. 保持良好的心态

具有嫉妒心理的人往往以私利为中心，患得患失、心态不和。因此，要杜绝和消除嫉妒心理，应保持平和的心态，注意培养自己开阔的视野和无私的情操。多与人坦诚地沟通，增进相互了解和理解。当自己的目标和别人的目标一致，而别人已超过自己很远时，可以尝试改变目标，换一个方向去努力，或许会获得和别人一样理想的结果。要善于转移注意力，不要总是把目光盯在别人的优点和长处上，要知道在任何一个群体中，总有相对优秀和相对落后之人，若经努力确实追赶不上，暂时也不必强求。

#### 4. 学会“换位思考”

俗话说“将心比心”，一旦嫉妒之心涌起，就可以尝试“换位思考”法，设身处地地站在别人的位置，想想自己处在被嫉妒、被冷落的地位时会有什么感受，就能很快明白“己所不欲，勿施于人”的道理。从情感的体验上加以抑制，将对他人的嫉恨转变为自身的奋发图强，将消极的摩擦阻力转变为积极的竞争动力，不失为摆脱嫉妒的妙方。

### （四）恐惧心理的调适

#### 1. 树立交往的信心

对自己要有正确的认识，过于自尊和盲目自卑都是不对的，事事处处得体、对自己求全责备也没有任何必要。要明确自己的优势，不断告诉自己“天生我材必有用”，自己也有别人没有的“闪光点”，没有必要去羡慕、惧怕别人，别人能做到的，自己也能做到。当勇敢地迈出第一步时，你可能感到紧张，这时，应想到紧张羞怯并不等于失败，胜利者比失败者多的往往就是一份勇气。当大胆尝试与人交往时，你会感到现实要比想象中的简单、容易得多。

### 2. 多渠道、积极主动地锻炼自己

多参加体育、文艺等集体活动，尝试主动与各种各样的人打交道，训练自己与不同性格、不同气质、不同年龄的人打交道的胆量与能力，在各种场合下鼓励自己大胆讲话，勇于发言。当学校或学院举行聚会、联谊等活动时，要善于寻找机会与周围的人攀谈。当处于羞怯紧张或尴尬的气氛中时，不要担心别人是否会在意，可用玩笑、幽默、自嘲来自我解脱。如果把注意力集中到你所关注的人或事上，就会渐渐忘记自己的不自在。在不断交往的实践过程中，你就会逐渐消除羞怯和恐惧之感，使自己成为开朗、乐观豁达的人。

### 3. 提高克服恐惧的能力

要想提高克服恐惧的能力，可做以下尝试：两脚平稳站立，然后轻轻地把脚跟提起，坚持几秒后放下，每次反复做 30 下，每天这样做两三次，可以消除心神不定的感觉；恐惧使人呼吸急促，做数次深长而有节奏的呼吸，可以使紧张心情得以缓解；到人多的地方，让不断过往的人流在眼前经过，试图给人们以微笑；不论是正式的还是非正式的聚会，与别人在一起时，开始时不妨手里握住一样东西，如一本书、一块手帕或其他小东西，这样一方面可以掩饰自己的紧张，另一方面可以营造一种随意、轻松、和谐的氛围；出于礼貌，与人说话时要看着别人的眼睛，刚开始的时候你可以尝试看别人 1～2 分钟，以后每次增加几分钟，渐渐地你就能做到毫无畏惧地与别人对视而不会回避。

## （五）猜疑心理的调适

### 1. 培养客观理智的人际认知方法，切忌感情用事

对他人和客观事物的认识要力求全面、公正、客观，切不可主观臆断。当出现猜疑念头后，要督促自己去寻找证据。如果疑点很多，证据实在、确凿，就应以诚恳的态度，鼓足勇气找对方坦率交换意见；如果证据不足，主观推测、演绎过多，甚至带有很强的想象色彩，就应尽快否定自己的猜疑，用暗示法提醒自己不要想得过多。

### 2. 加强沟通，学会相信别人

猜疑心有时是在相互不了解的情况下产生的。如果能够在一定时间内认真观察、了解他人，把握其性格特点、处事方法等，就不会无端去怀疑别人。就算出现了值得怀疑的事，也不应马上乱猜测，而要主动与你所怀疑的对象多接触、多沟通交流。其实，有时候你的怀疑很可能只是因听信别人的流言蜚语而产生的。因此，通过沟通加深信任对于猜疑的消除是很有必要的。

### 3. 学会"冷处理"

工厂里做一把锤子，成型以后，烧得通红，如果马上放入水中冷却，这把锤子就会硬而不韧；反之，出炉以后让它在空气中慢慢降温，结果是既硬又韧。如同此理，当猜疑之心出现后，应先将心情平复下来，将事情"冷处理"。在生活中常有这样的情况，等一段时间过后，真相大白，曾经所猜疑的人和事早已不值一提或纯属子虚乌有。

## 任务实施

### 一、明确任务目标，落实训练任务

1）识别与调适大学生中常见的人际交往心理问题。

2）注重他人价值，接纳并支持他人。

3）学习人际交往中的对等效应。

### 二、开展"爱在指间"活动，记录心理感受

**【活动项目】**爱在指间。

**【活动目的】**了解人际交往中的对等效应。

**【活动方法】**

1）将团体成员分成相等的两组，一组成员围成一个内圈，再让另一组成员站在内圈学生的身后，围成一个外圈。内圈成员背向圆心，外圈学生面向圆心，即内外圈的学生两两相视而站。

2）当组织者发出"手势"的口令时，每个成员向对方伸出1～4个手指：伸出1个手指表示"我现在还不想认识你"；伸出2个手指表示"我愿意初步认识你，并和你做点头之交的朋友"；伸出3个手指表示"我很高兴认识你，并想对你有进一步的了解，和你做普通朋友"；伸出4个手指表示"我很喜欢你，很想和你做好朋友，与你一起分享快乐和痛苦"。

3）当组织者发出"动作"的口令时，成员就按下列规则做出相应的动作：如果两人伸出的手指不一样，则站着，什么动作都不需要做；如果两人都伸出1个手指，那么各自把脸转向自己的右边，并重重跺一下脚；如果两人都伸出两个手指，那么微笑着向对方点点头；如果两人都伸出3个手指，那么主动热情地握住对方的双手；如果两人都伸出4个手指，则热情地拥抱对方。

4）每做完一组"手势—动作"，外圈的成员就分别向右跨一步，和下一个成员相视而站，跟随组织者的口令做出相应的手势和动作。以此类推，直到外圈的学生和内圈的每位学生都完成一组"手势—动作"为止。

**【记录总结】**

1）你做了几个动作？握手和拥抱的亲密动作各完成了几个？为什么能完成这么多（或为什么只完成了这么少）的亲密动作？

2）当你看到别人伸出的手指比你多时，你的感受是怎样的？当你伸出的手指比别人多时，你的感受又是怎样的？

## 三、分享活动感受，感悟心理成长

从这个活动中你得到什么启示？成员分小组进行讨论：人际交往中可以通过哪些方式来主动表达对他人的接纳、肯定和喜欢？学习发现别人的优点并欣赏，促进相互肯定与接纳。

## 任务评价

项目四任务二评价表

<table>
<tr><th colspan="6">自我评价</th></tr>
<tr><th colspan="2" rowspan="2">主要内容</th><th colspan="4">自我评价等级（在符合的情况下面打“√”）</th></tr>
<tr><th>全部能够做到</th><th>大部分（80%）能够做到</th><th>基本（60%）能够做到</th><th>没有做到</th></tr>
<tr><td colspan="2">了解大学生常见的人际交往类型</td><td></td><td></td><td></td><td></td></tr>
<tr><td colspan="2">理解大学生人际交往的影响因素</td><td></td><td></td><td></td><td></td></tr>
<tr><td colspan="2">掌握大学生人际交往中的心理问题的调适方法</td><td></td><td></td><td></td><td></td></tr>
<tr><td colspan="2">能够识别大学生中常见的人际交往心理问题</td><td></td><td></td><td></td><td></td></tr>
<tr><td colspan="2">能够将大学生人际交往中的心理问题调适方法应用到日常生活学习中</td><td></td><td></td><td></td><td></td></tr>
<tr><td rowspan="4">自我总结</td><td>我的优势</td><td colspan="4"></td></tr>
<tr><td>我的劣势</td><td colspan="4"></td></tr>
<tr><td>我的努力目标</td><td colspan="4"></td></tr>
<tr><td>我的具体措施</td><td colspan="4"></td></tr>
<tr><th colspan="6">教师评价</th></tr>
<tr><th colspan="2" rowspan="2">主要内容</th><th colspan="4">教师评价等级（在符合的情况下面打“√”）</th></tr>
<tr><th>全部能够做到</th><th>大部分（80%）能够做到</th><th>基本（60%）能够做到</th><th>没有做到</th></tr>
<tr><td colspan="2">了解大学生常见的人际交往类型</td><td></td><td></td><td></td><td></td></tr>
<tr><td colspan="2">理解大学生人际交往的影响因素</td><td></td><td></td><td></td><td></td></tr>
<tr><td colspan="2">掌握大学生人际交往中的心理问题的调适方法</td><td></td><td></td><td></td><td></td></tr>
<tr><td colspan="2">能够识别大学生中常见的人际交往心理问题</td><td></td><td></td><td></td><td></td></tr>
<tr><td colspan="2">能够将大学生人际交往中的心理问题调适方法应用到日常生活学习中</td><td></td><td></td><td></td><td></td></tr>
<tr><td>评语</td><td colspan="5">教师签名：</td></tr>
<tr><td>建议</td><td colspan="5"></td></tr>
</table>

# 任务三 探寻大学生人际交往能力的提升途径

## 任务目标

微课：大学生人际交往策略

**【知识目标】**

1. 了解人际交往的心理模式。
2. 熟悉人际交往的原则、尺度相关内容。
3. 掌握人际交往的技巧。

**【能力目标】**

1. 能够在生活中应用人际交往的技巧。
2. 能够建立起相互信任与彼此接纳的人际关系。

**【素质目标】**

1. 理解人与人之间的差异，包容接纳自己与交往对象的缺点与不足。
2. 积极探索适合自己并适应社会的生活状态，感恩生命，感受幸福。

## 案例导入

小谢在读大二的时候，换了新的寝室，但感觉很不适应。与小谢同寝室的同学下了晚自习，经常在寝室一起玩游戏到很晚，而小谢喜欢早睡早起，在作息时间上与其他同学有意见和分歧，甚至发生过争吵。久而久之，小谢就和她们疏远了，上课、吃饭都是一个人，没有真心朋友。

问题：

小谢应该如何正确处理寝室人际关系？作为大学生，在今后的生活中要怎样做才能保持一种和谐的人际关系？

## 相关知识

### 一、端正人际交往的态度

大学生要建立良好的人际关系，必须具备适度的自我价值感和尊严，这样才能理解他人的独特价值并懂得尊重他人。是否具有这种适度的自我价值感，往往会影响人际交往的模式。美国心理学家埃里克·伯恩依据对自己和他人所采取的基本生活态度，提出了4种人际交往的心理模式："我不好-你好""我不好-你也不好""我好-你不好""我好-你也好"。

### 1. “我不好-你好”的心理模式

“我不好-你好”的心理模式在大学生的人际交往中表现为自卑，甚至是社交恐惧。心理学家阿德勒认为，人在生命的初期是依赖周围的人而生存的，与周围的成人相比，儿童常感到自己不行，因而从小就有自卑感。处在心理成熟过程中的一些大学生，尚未完全摆脱儿童时期的那种心理模式，在人际交往中会不同程度地表现出自卑心理，严重影响大学生人际交往心理的正常发展。

### 2. “我不好-你也不好”的心理模式

“我不好-你也不好”的心理模式在大学生人际交往中通常表现为不喜欢自己，也不喜欢别人，看不起别人，也看不起自己。它会导致其人际关系紧张，比较孤僻，并且阻碍大学生的人际交往，也不利于大学生的心理健康。

### 3. “我好-你不好”的心理模式

“我好-你不好”的心理模式在大学生人际交往中通常表现为以自我为中心，总认为自己是对的，而别人是错的，把人际交往中失败的责任推到他人身上，常导致自己固执己见、唯我独尊。这种人际交往心理模式不利于大学生建立良好的人际关系。

### 4. “我好-你也好”的心理模式

“我好-你也好”的心理模式在大学生的人际交往中通常表现为相信他人，能够接纳自己和他人，正视现实，并努力去改变他们能改变的事物，善于发现自己和他人的优点与长处，从而使自己保持一种积极、乐观、进取的心理状态。这种人际交往心理模式是一种成熟、健康的人际交往心理模式，有助于大学生建立良好的人际关系。

## 二、明确人际交往的原则

### 1. 平等原则

平等原则是一条最基本的原则。社会中的人年龄悬殊，分工不同，经历各异，他们交往的原则和方式相对较复杂。但就大学生而言，年龄、经历、文化水平等大体相似，不论来自城市、农村，也不论家庭出身如何，都无尊卑贵贱之分，大学生之间的人际交往应该是平等的。无论何时何地，无论年级高低，任何大学生都应自觉做到平等待人。只有尊重自己和尊重他人，才能保持人际交往各方的平等地位。如果交往各方不是以平等的方式接近，而是以家庭身份、经济背景、品貌才情划分高低贵贱，那么交往各方在相互交往中都不能获得各自的社会需要的满足，相互之间不能发生并保持接近的心理关系，结果只能是彼此疏远。

### 2. 诚信原则

孔子曰：“人而无信，不知其可也。”诚信是中华民族古老的传统，是无形的资本，是成功的基石。无诚则无德，无诚则事难成。只有做到诚信，才能感动他人，取得他人的理解、信任和尊重，增进彼此间的团结和友爱。守信用者能交真朋友、好朋友；不守信用者只能交一时的朋友或终将被抛弃。大学生在交往中要树立诚信意识，说真话、办实事，有约按时到，借物按时还，不乱猜疑，言必行、行必果。答应做到的事情不管有多难，也要千方百计、不遗余力地办到。如果经再三努力而没有实现，则应诚恳地说明原因，不能有“凑合”“对付”的思想。

### 3. 尊重原则

在马斯洛需要层次理论中，把“尊重”放在人们的高级需要中，可见自尊和尊重他人是继满足社交需求后人们更高的自我实现的心理目标。每个人都有自己的人格尊严，并期望在各种场合得到他人的尊重。尊重能够引发人的信任、坦诚等情感，缩短交往的社会需要心理距离。生活的实践告诉人们，“敬人者，人恒敬之”，只有尊重别人的人，才能获得别人的尊重。一般来说，大学生的自尊心较强，因此，大学生在人际交往中尤其要注意尊重的原则，包括尊重别人的人格、权利和劳动成果。大学生在学习和生活中应做到：从态度和人格上尊重同学，不损伤他人的名誉（如不乱给同学取绰号），讲究语言文明、礼貌待人，不开恶作剧式的玩笑，尊重同学的生活习惯，承认或肯定他人的能力与成绩等。

### 4. 真诚原则

美国心理学家安德烈于 1968 年设计了一种表格，列出 555 个描写人品的形容词，让大学生说出最喜欢哪些，最不喜欢哪些，结果学生评价最高的品质是真诚。在 8 个评价最高的形容词中，有 6 个和真诚有关，即真诚、诚实、忠诚、真实、信赖和可靠；而在评价最低的品质中，虚伪居首位。由此可见，真诚在人际交往中的意义和分量。大学生在交往中，要坚持真诚的原则，做到赤诚待人、襟怀坦白，热情关心、真心帮助他人而不求回报，对人、对事实事求是，对不同的观点能直陈己见而不是口是心非，对朋友的不足和缺陷能诚恳批评，既不当面奉承人，也不在背后诽谤人。所谓“以诚感人者，人亦诚而应”，正是这个道理。

### 5. 宽容原则

宽容原则要求在心理上能容纳各种不同特征的人。它并不代表软弱怯懦，反而是一个人乐观自信、意志坚定、胸怀宽广、有度量的表现。宽容有助于扩大交往空间，滋润人际关系，消除人与人之间的紧张和矛盾，为自己赢得更多的朋友。人的性格、特长各有差异，在人际交往中难免产生摩擦和冲突。大学生个性较强，彼此之间接触密切，不可避免地会产生矛盾。如果遇到一些不愉快和矛盾，受到伤害后总是以牙还牙，就必然导致恶性循环。这就要求大学生在交往中学会求同存异、谦让大度、克制忍让。不要固执己见，斤斤计较，不计较对方的态度，不计较对方的言辞，并勇于承担自己的行为责任。

### 6. 理解原则

人人都需要他人的理解，需要社会和他人对自己的选择、自己采取的行为方式给予一种肯定的评价。在人际交往方面，大学生要学会换位思考，努力做到耳聪目明、善解人意，处处理解和关心他人，不仅要细心了解他人的处境、心理、好恶、需求等，还要根据彼此的情况，主动调整或约束自己的行为，尽量给他人以关心、帮助和方便，多为他人着想，处处体恤他人，自己不爱听的话别说给他人，自己反感的行为别强加于他人。“己所不欲，勿施于人”说的就是这个道理。

### 7. 适度原则

交往的时间要适度，大学生的主要任务是学习，要防止因过于强调交往的重要性而投入太多的时间和精力。交往的距离要适度，朋友之间保持一定的距离是很有必要的，只是不同程度的朋友，其距离的大小可以有区别。交往的广度要适度，既不要过广，过广容易“滥交无友”，从而分散精力，影响学习；也不要过窄，过窄则容易陷入狭小的人际圈子而不能自拔，形成排他性，疏远可交的益友，妨碍正常交往。交往的深度要适度，对交往的对象层次要慎重斟酌，是浅交、深交还是拒交，要心中有数。古人云：“近朱者赤，近墨者黑。”交友一定要有原则，益友诚可贵，损友不可交。交往的频率要适度，即使是好朋友，交往也不能过从甚密，有的同学交往，关系好时形影不离；一朝不和，即互相攻击，老死不相往来。唯有保持适当的距离，双方才有新鲜感、愉悦感。另外，要注意把握分寸、尺度，即使是老友之间也要做到说话有分寸，别说过头话，别提非分要求，力求交往中自己的言谈举止文明规范、合情合理。

## 三、把握人际交往的尺度

### 1. 交互尺度

虽然个体都以自我为中心进行人际交往，希望别人能够支持和接纳自己，但是人际关系的基础是相互支持，别人喜欢自己的前提是自己也要承认他们的价值并喜欢他们。人们更喜欢那些同样喜欢自己的人，以达到交往双方情感上的平衡。因此，大学生需要在人际交往中保持主动性，主动去关注和接纳他人，在他人与自我之间寻求心理上、情感上的平衡和稳定。越接纳他人就越能被他人接纳，切记“爱人者，人恒爱之”。

### 2. 交换尺度

人际交往的本质是社会交换，追求交换的对等性。人们是否喜欢某个人取决于与对方交往时对成本及收益的评价，目的是希望得到的大于或者等于失去的。如果得到的大于失去的，就会继续交往，并且会对这段关系持积极的评价；如果一段关系中失去的多、得到的少，这段关系就可能会中断。因此在人际交往过程中不能一味地索取而不付出，否则难以维持稳定的人际关系。

产生交换的依据是个人的自我需求，不仅包括物质交换，而且包括信息、情感、服务、赞许、声望等的交换。因此有时候也会出现这种情况，有些人乐于在一段关系中一味地付出，这是因为他们体验到的关系满意度很高，满意度其实也是收益的一种。

大学生要遵循互惠互利、公平交换的尺度，力求在人际关系中实现双赢。同时要不断努力提升自我，让自我在人际交往中是值得被交往的。

#### 3. 自我价值保护尺度

自我价值保护尺度的理论前提是，在人际交往中，人们为了保护自我价值，本能地有一种防止自我价值遭到否定的心理倾向。有研究发现，人们对支持自己的观点和信息记得深、忘得慢，在同样的人际关系中，人们乐意与喜欢自己的人建立稳定的关系。网络社交上的点赞功能就是出于个体自我价值保护需求的考虑。因此大学生要学会赞美他人、支持他人，要锦上添花，而不是落井下石。在与人交往中，不仅仅要展示自己的优点，更要看到别人的长处，要学会赞美别人，用善意来发现每个人身上的闪光点，并且要学会用温和的方式来处理人与人之间的矛盾，要做到既能保护每个人的价值，又能妥善处理人际关系。

#### 4. 情境控制尺度

情境控制尺度是指在确保自我价值的基础上，达到对所处情境的控制，在与人交往中不受威胁、不受限制，不被人牵着鼻子走，保持自我的独立性。情境控制的尺度来自个体安全感和控制感的需求。如果个体对情境把握程度低，就有可能引起焦虑体验。例如，刚进入新的办公环境或者学习环境，由于对周围环境缺乏了解，会有一段时间处于比较紧张的自我防卫状态。

#### 5. 人际吸引水平的增减尺度

在人际交往中，人们对别人的喜欢不仅取决于别人喜欢自己的量，而且取决于别人喜欢自己的水平的变化与性质。人们最喜欢那些对自己的喜欢、奖励、赞赏不断增加的人，最不喜欢对自己的喜欢、奖励、赞赏不断减少的人。背后的原因也是个体对于自我价值保护的考虑。交互尺度是从静态角度来说的，增减尺度则是从动态角度来说的。

### 四、掌握人际交往的技巧

人际交往是一种能力。在人际交往中需要具备一定的技巧，人际交往技巧可以通过学习和训练来提高。下面介绍几种人际交往的技巧。

#### 1. 给人以真诚的赞美

心理学家做过这样一个实验：在某中学选择了一个班级，又在班上选择了一个相貌平平的女孩。心理学家背着她和全班同学约定，以后大家见到她就努力发现她身上的优点，并及时地给她以赞美。半年之后，心理学家再次来到这个班级，对那个女孩进行了考察，结果令人惊奇的是，那个女孩发生了巨大的变化——她容光焕发、神采奕奕，不仅气质和心态都十分好，外貌也变得漂亮出众。这就是赞美的力量。

### 2. 给人以友善的微笑

在与同学的交往中，真诚的微笑往往会给人留下美好而深刻的印象。密歇根大学的心理学家詹姆士·麦克奈认为，有笑容的人在从事管理、教学、经商等职业时会更有成效。美国心理学家卡耐基在《人性的弱点》一书中写道："你的笑容就是你善意的信差。你的笑容能照亮所有看到它的人。对那些整天皱眉头、愁容满面、视若无睹的人来说，你的笑容就像穿过乌云的太阳，尤其对那些受到上司、客户、教师、父母或子女压力的人，一个笑容能使他们心情愉快，觉得这个世界快乐无比。"当然，我们所说的微笑是指真正的微笑。真正的微笑是真诚的、发自内心的，只有这种微笑才能给人以温暖的感觉。

### 3. 记住对方的名字

在人际交往中，若是把对方的名字忘记或写错，就会令自己处于非常不利的地位。事实上，记住对方的名字，说明对方在你心目中是重要的、有地位的、有分量的。这会使对方获得一种被人重视的成就感或被人记住的亲切感，这就等于赞赏了对方、肯定了对方。如果你想得到别人的喜欢，就可以先记住别人的名字。

### 4. 保持适当的交往距离

保持适当的交往距离，是指应有的礼貌和尊敬。有些人一旦与人熟悉，就会丢掉分寸感，进入所谓不分彼此的境界。物极必反，一旦到了这种程度，友情就容易走向反面。因为一旦没有了距离，就会侵入别人的私人空间，给人造成不悦；没有了分寸，就会把一些看似很小但实际上挺重要的问题放到无关紧要的地位，可能增加误会或摩擦。

### 5. 切忌自我投射

自我投射是指内在心理的外在化，即以己度人，把自己的情感、意志等特征投射到他人身上，以为他人也如此。自己想做什么事，就以为别人也同自己一样想做；自己不想做什么事，便认为别人也和自己一样不想做。对自己喜欢的人越看越喜欢，对自己不喜欢的人越看越讨厌，因而就会表现出过度地赞扬和美化自己喜欢的人，过分指责甚至中伤自己厌恶的人。自己对某人有看法，就认为对方跟自己过不去，结果往往对他人的情感、意向做出错误的评价，造成人际交往障碍。大学生在人际交往中，应注意避免自我投射倾向，正确地理解别人。对别人的行为，不要轻率地下结论，应多观察、多了解、多分析，任何时候都不要完全以自己的立场和标准去推断他人，必要时应设身处地地站在别人的立场上想问题，这样才能在人际交往中减少失误。

### 6. 形成良好的交往风度

风度是一个人心理素质和修养水平的外在体现，它能够反映一个人的道德品质、学识教养、人格态度，直接决定个体在他人心目中的形象。大学生应形成以下良好的交往风度。

（1）给人留下美好的第一印象

第一次见面给对方留下什么样的印象是非常重要的，往往是决定双方是否继续交往的关键。一般在首次交往中，最容易引起别人注意的是对方的精神风貌，如长相、面部表情、身体姿态、言语、行为表现、衣着服饰等，这些因素综合在一起构成人们的仪表吸引力。在人际交往中，应尽量使自己的仪表符合当时扮演的角色，即在不同的场合、针对不同的人，伴以不同的表情、姿态、语调。该严肃的时候严肃，该放松的时候放松，衣着要干净整洁，这是获得对方初步好感、给人留下美好印象的有效方法，也是成功交往的第一步。

（2）善于交谈

交谈成功与否不仅取决于交谈的内容，而且取决于交谈的方式、方法。大学生在与别人交谈时应掌握如下一些技巧：谈话时让对方先说，可以显示自己的谦逊，并借此机会观察对方；不要谈论对方的隐私和忌讳的话题，谈话中要显示自己的谦虚，让对方接受；谈话态度要坦诚；在适当的时机可以说一些幽默的话或笑话以活跃气氛；在几个人一起交谈时，不要把注意力集中在一个人身上，要注意平衡等。

（3）学会倾听

学会倾听是一项重要的交往艺术。越是善于倾听他人意见的人，人际关系就越融洽，因为倾听本身就等于告诉对方，他是一个值得倾听讲话的人，表现出对他的尊重，无形之中就会提高对方的自尊心，加深彼此的感情。在倾听对方讲话时，应注意掌握以下一些技巧：精神集中，表情专注，经常与对方交流目光；不停赞许性地点头、微笑，时不时用“哦”“对”“是这样”的词汇，以及重复一些你认为重要的话，表示你在注意倾听，鼓励对方继续讲；在交谈中若有疑问，则可以提出一些富有启发性和针对性的问题，对方会感到你对他的讲话很重视；用自然、真诚的表情呼应对方的谈话，如对方在说笑话时，你的笑声会增加他的兴致。

（4）态度诚恳大方

无论对待什么样的交往对象，都应该持平等、诚恳、大方的态度。如果言不由衷，就会给人留下不好的印象。

（5）适时幽默

人与人之间有时会产生没有恶意的冲突，这时就需要以幽默来化解，以缓解紧张的气氛。在冲突中，当各方存在对立和紧张感时，通过运用幽默，可以打破僵局，缓解紧张的情绪。例如，在团队会议上，当两个成员就某个问题争执不休时，可以插入一个幽默的笑话或故事，引发大家的笑声，达到缓解紧张气氛的效果。笑声能够释放压力，让人们更轻松地面对冲突。同时，笑声还能让人产生亲近感，增加彼此的互动和交流。

## 任务实施

### 一、明确任务目标，落实训练任务

1）端正人际交往的态度，把握人际交往的原则、尺度与技巧。

2）发现并欣赏别人的优点，促进相互肯定与接纳。

### 二、开展“戴高帽子”活动，记录心理感受

**【活动项目】**戴高帽子。

**【活动目的】**理解人际交往中相互肯定的重要性。

【活动方法】

1）5～8 人一组围圆圈坐好。请一位成员坐在或站在团体中央，戴上纸糊的高帽子。其他人轮流说出他的优点及可欣赏之处（如性格、相貌、处事……）。

2）被称赞的成员说明哪些优点是自己以前觉察的，哪些是不知道的。

3）每个成员到团体中央戴一次高帽子。

4）规则是必须说优点，态度要真诚，努力发现他人的长处，不能毫无根据地吹捧，这样反而会伤害别人。参加者要注意体验被人称赞时的感受如何，思考并讨论怎样用心去发现他人的长处，怎样做一个乐于欣赏他人的人。

## 三、分享活动体会，感悟心理成长

小组交流体会并派代表在团体中进行交流。

## 任务评价

项目四任务三评价表

<table>
<tr><th colspan="6">自我评价</th></tr>
<tr><th colspan="2" rowspan="2">主要内容</th><th colspan="4">自我评价等级（在符合的情况下面打“√”）</th></tr>
<tr><th>全部能够做到</th><th>大部分（80%）能够做到</th><th>基本（60%）能够做到</th><th>没有做到</th></tr>
<tr><td colspan="2">了解人际交往的心理模式</td><td></td><td></td><td></td><td></td></tr>
<tr><td colspan="2">熟悉人际交往的原则、尺度相关内容</td><td></td><td></td><td></td><td></td></tr>
<tr><td colspan="2">掌握人际交往的技巧</td><td></td><td></td><td></td><td></td></tr>
<tr><td colspan="2">能够在生活中应用人际交往的技巧</td><td></td><td></td><td></td><td></td></tr>
<tr><td colspan="2">能够建立起相互信任与彼此接纳的人际关系</td><td></td><td></td><td></td><td></td></tr>
<tr><td rowspan="4">自我总结</td><td>我的优势</td><td colspan="4"></td></tr>
<tr><td>我的劣势</td><td colspan="4"></td></tr>
<tr><td>我的努力目标</td><td colspan="4"></td></tr>
<tr><td>我的具体措施</td><td colspan="4"></td></tr>
<tr><th colspan="6">教师评价</th></tr>
<tr><th colspan="2" rowspan="2">主要内容</th><th colspan="4">教师评价等级（在符合的情况下面打“√”）</th></tr>
<tr><th>全部能够做到</th><th>大部分（80%）能够做到</th><th>基本（60%）能够做到</th><th>没有做到</th></tr>
<tr><td colspan="2">了解人际交往的心理模式</td><td></td><td></td><td></td><td></td></tr>
<tr><td colspan="2">熟悉人际交往的原则、尺度相关内容</td><td></td><td></td><td></td><td></td></tr>
<tr><td colspan="2">掌握人际交往的技巧</td><td></td><td></td><td></td><td></td></tr>
<tr><td colspan="2">能够在生活中应用人际交往的技巧</td><td></td><td></td><td></td><td></td></tr>
<tr><td colspan="2">能够建立起相互信任与彼此接纳的人际关系</td><td></td><td></td><td></td><td></td></tr>
<tr><td>评语</td><td colspan="5">教师签名：</td></tr>
<tr><td>建议</td><td colspan="5"></td></tr>
</table>

## 延伸阅读 是面对面社交，还是网络社交

随着互联网的发展，社交媒体在大学生的人际交往中发挥着越来越重要的作用，越来越多的大学生开始深度卷入互联网社交，沉迷虚拟社交带来的“归属感”。

关于社交媒体对大学生人际交往及心理健康影响的研究虽然层出不穷，但未能从积极或消极的角度给出明确定论。有研究发现：更多的社交网络的使用会导致社交圈的缩小、抑郁和孤独感的增加和亲密关系满意度的降低；一个人面对面社交的比例越高，越不容易感到孤独。

此类研究的意义或许已经不再那么重要，因为显而易见的是，人们已经离不开社交媒体，离不开网络社交。网络社交提供给人们的社交途径越来越多，网络社交带来的人际关系也已经成为人们人际关系的重要组成部分。

或许并不能完全证明喜欢网络社交的人就一定更孤独，可能真正重要的是网络社交能否帮助人们扩大面对面社交的比例。网络社交终究只是社交的一种工具，关键在于如何去使用它。如果通过网络认识了兴趣相投的人，并在现实生活中见面互动，那么网络社交就不会让人感到孤独。虽然网络社交扩大了人们交往的数量，但是良好的人际关系不取决于社会交往的数量，而取决于社会交往的质量，人们需要的是更有意义、更亲密、更重要的社会连接。因此，无论是面对面社交还是网络社交，都要努力提升社交质量，进行更有意义的人际互动。

人际关系对每个人而言都是复杂的，但又是必需的社会化过程。没有人是一座孤岛，每个人都必须直面社会中与自己产生交集的形形色色的人。只有经历过、实践过、努力过、反思过，才能得到一套属于自己的人际交往的理论和方法。大学校园是大学生进入社会前的“预备环境”，是可以锻炼社交技能的小舞台。大学生在大学生活中可以试着放开自己，在校园的舞台上多和不同的人交流，以此来获得自己的经验和教训、心得和方法，并将校园内人际关系实践过程中获得的经验迁移应用到以后更为广阔的人生舞台。

## 项目小结

本项目阐述了人际交往的意义、发展阶段及特点等，并从大学生的实际出发，探讨了大学生人际交往中的心理问题及其调适建议，帮助大学生端正人际交往的态度，明确人际交往的原则，掌握人际交往的尺度及技巧，培养和提高人际交往的能力。

## 课后练习

### 一、单项选择题

1. 下面不属于人际交往的技巧的是（　　）。

A. 给人以真诚的赞美　　B. 给人以友善的微笑

C. 记住对方的名字　　D. 保持很远的交往距离

2. 大学生可以通过网络建立新兴的人际交往方式，如QQ、微博、微信、BBS、网络游戏等，接触全国乃至国外的网上朋友。这反映了大学生人际交往的（　　）的特点。

A. 交往愿望强烈　　B. 交往目的多样

C. 交往范围扩大　　D. 交往方式多元

3. 孔子曰："人而无信，不知其可也。"这句话体现了人际交往中的（　　）原则。

A. 平等　　B. 真诚　　C. 诚信　　D. 尊重

4. 诗句"人生得一知己足矣，千古知音最难觅"描写的是人际交往的（　　）阶段。

A. 定向　　B. 情感探索

C. 情感交流　　D. 稳定交往

5. 下列不属于美国心理学家埃里克·伯恩依据对自己和他人所采取的基本生活态度，提出的4种人际交往的心理模式的是（　　）。

A. "我不好-你好"　　B. "我不好-你也不好"

C. "我好-你不好"　　D. "我好-你也不好"

### 二、填空题

1. 人际交往的具体意义主要表现在________、提高沟通能力、________、提高职场竞争力4个方面。

2. 影响大学生人际交往的因素包含________、________、经济因素、________、生活习惯因素、________6个方面。

### 三、判断题

1. 良好的个性品质是顺利进行人际交往的重要条件。（　　）

2. 提高自我评价能力，正确认识和接纳自己，能够调适自卑心理。（　　）

3. 人际关系的建立，是随着人际交往的发展，由浅入深、由表及里的渐进过程。（　　）

### 四、简答题

1. 人际交往的发展阶段有哪些？

2. 正确处理人际关系的原则有哪些？

3. 大学生中常见的人际交往心理问题表现在哪些方面？

4. 大学生人际交往的特点有哪些？

## 五、拓展题

在小组中以数字为准，单双号搭配组成二人小组，分饰施方与受方，由受方请求施方为他做件事，如“请你为我唱首歌”等各种可行合宜的事，在接受帮助后，受方必须表示感谢。然后角色互换轮流。

**讨论：**

1）当你帮助别人时，你的感受如何？当你接受别人的帮助时，你的感受又如何？

2）你如何向他人表达谢意？

# 项目五

# 情 绪 管 理

## 项目导言

情绪作为一种特殊的心理现象，总是伴随着其他的心理活动，无论人的所思所想还是所作所为，都会以一定的情绪作为心理背景。情绪对一个人的心理成长和发展有着极大的影响。它就像空气时刻伴随着我们，也正是因为有了喜、怒、哀、乐等不同的情绪体验和情感表现，我们的生活才显得缤纷多彩。

人们每时每刻都处在一定的情绪状态下。经常可以听到一些大学生这样谈论他们的情绪体验：当热情高涨时，满怀自信，似乎世界上没有攻不下的难题，觉得干什么都得心应手，看什么都赏心悦目；当情绪低落时，似乎任何东西都在和自己作对，觉得自己无能笨拙，干什么都不顺手。这就是不同的情绪在起作用。对于在校大学生来讲，管理情绪、调节情绪、驾驭情绪、做情绪的主人，不仅是维护身心健康的需要，还是自我发展和人格成熟的条件。

## 任务一 认 识 情 绪

### 任务目标

微课：大学生情绪管理——情绪概述

【知识目标】

1. 了解情绪的含义及分类。
2. 熟知情绪的功能。
3. 明晰情绪对大学生的影响。

【能力目标】

1. 能够准确描述自己的情绪。
2. 能够正确认识、接纳自己的情绪。
3. 能够识别和觉察他人的情绪。

【素质目标】

1. 树立自信心。
2. 培养积极健康的心态。

## 案例导入

小李是个热衷于户外野营的大学生，在假期经常和志同道合的朋友们一起相约露营。他购买了多套心仪的露营装备，准备在国庆节和朋友一起出行。没想到，国庆节期间天气异常，阴雨绵绵，极速降温。小李母亲不允许他出去露营，小李为此在家里郁郁寡欢，感觉做什么都提不起兴趣。

问题：

什么是情绪？案例中的小李情绪的来源是什么？

## 相关知识

### 一、情绪的含义及分类

#### （一）情绪的含义

“情绪”一词经常出现在人们的生活中。例如，我们为取得好成绩而高兴得开怀大笑；我们为灾难中的人们伤心落泪；遭受挫折、经历打击和遭遇委屈的时候，我们会悲观、难过……这些感受就是我们通常所说的情绪。

一直存在的情绪总是同人的需要和动机有着密切的关系。当人的某种需要得到满足或目的没有达到时，将会产生愉快或者难过等感受。因此，从一般意义上讲，情绪是指人们在内心活动过程中所产生的心理体验，或者说，是人们在心理活动中对客观事物的态度体验，是人脑对客观事物与人的需要之间的关系的反映。情绪是复杂的心理现象，它包括了以下 3 种成分。

##### 1. 主观体验

主观体验包括情绪体验的性质、强度、紧张度、复杂度。根据情绪对人心理活动的效能产生的不同影响，可以区分两种不同性质的情绪体验：积极的情绪和消极的情绪。积极的情绪使人感到愉快，而且能增强活动的动力，提高活动效率。消极的情绪不但使人感到难受，而且会大大削弱活动的动力，降低活动效率。在日常生活中，我们较少体验单一的情绪，常常是几种情绪混合在一起发生。

##### 2. 生理变化

不同性质、不同程度、不同紧张的情绪在发生时，人的内部生理活动会同时发生一些变化。它们是情绪的表现，也可以作为观察、测量情绪变化的客观指标。

### 3. 外部表现

情绪发生时，通常伴随着相应的非语言行为，主要包括面部表情、身体表情和言语表情等，可以从外部直接观察到，这些统称为表情动作。它们是情绪表达的手段，也是了解人情绪的客观指标之一。

（1）面部表情

人的面部表情最为丰富，它是通过眼部肌肉、颜面肌肉和口部肌肉来表现人的各种情绪状态的，是一种十分重要的非言语交往手段。一般来说，眼睛和口腔附近的肌肉是面部表情最丰富的部位。在表现不同情绪时，起主导作用的肌肉有所不同，如惊讶时眼睛和嘴张大，高兴时嘴角上扬，悲伤时眉毛和嘴角下垂。

汤姆金斯假定存在 8 种原始的情绪：兴趣、欢乐、惊奇、痛苦、恐惧、羞愧、轻蔑、愤怒。他还假定每种情绪都是在某种先天性的皮层下神经（丘脑）的控制下出现的一种面部肌肉反应，因而有相应的面部表情的模式，如表 5-1 所示。

**表 5-1 汤姆金斯假定存在的 8 种原始情绪**

| 情绪 | 面部表情的模式 |
|---|---|
| 兴趣 | 眉眼朝下眼睛追踪着看、倾听 |
| 欢乐 | 笑、嘴唇朝外朝上扩展、眼笑（环形皱纹） |
| 惊奇 | 眼眉朝上、眨眼 |
| 痛苦 | 哭、眼眉拱起、嘴朝下、有泪有韵律地啜泣 |
| 恐惧 | 眼发愣、脸色苍白、脸出汗发抖、毛发竖立 |
| 羞愧 | 眼朝下、头低垂 |
| 轻蔑 | 冷笑、嘴唇朝上 |
| 愤怒 | 皱眉、眼睛变狭窄、咬紧牙关、面部发红 |

（2）身体表情

身体表情通过四肢或身体其他部位的变化来表现人的各种情绪状态，头、手和脚是表达情绪的主要部位。人的身体表情是丰富多彩的，如高兴时手舞足蹈，懊恼时捶胸顿足，恐惧时手足无措，自信时昂首挺胸。

（3）言语表情

言语表情是指通过音调、音速和音量的变化来表现各种情绪状态。例如，高兴时语调激昂，音调轻快；悲伤时语调低沉，语速缓慢；愤怒时语言急促而严厉。相同的话用不同的方式讲出来会表现出不同的含义，如“怎么了”可以表示疑问、生气或者惊讶。

面部表情、身体表情和言语表情等，构成了人类的非言语交往方式，心理学家和语言学家称其为体语。人与人之间除了通过语言来进行沟通交流，还可以通过面部、身体动作，以及语音、语调等构成的体语来表达人的思想、情绪和态度。

### （二）情绪的分类

#### 1. 七情说

在我国，自古以来人们通常将情绪按其表现分为喜、怒、哀、惧、爱、恶、欲7种。

#### 2. 基本情绪和社会情绪

（1）基本情绪

基本情绪主要是指与人的生理需要相联系的内心体验。人的基本情绪在幼年时期就已经形成，更多带有先天遗传的因素。人的基本情绪可分为喜、怒、哀、惧4种。例如，喜从程度上可分为愉悦、满意、开心、喜悦、狂喜等；怒从程度上可分为不满、气恼、愤怒、暴怒、狂怒等；哀从程度上可分为遗憾、失望、难过、悲伤、悲哀、哀痛等；惧从程度上可分为紧张、惴惴不安、害怕、大惊失色、草木皆兵等。

（2）社会情绪

社会情绪是指与人的社会性需要相联系的情绪反应，表现为一种较为复杂而又稳定的内心体验。例如，一个人的善恶感、责任感、羞耻感、内疚感、荣誉感、美感、幸福感等，是后天随着人的成长而逐步发展和形成的。社会情绪是在基本情绪基础上形成和发展起来的，同时又通过基本情绪表现出来。在大学阶段，更多的是建立和形成一个人的社会情绪。

#### 3. 情绪状态

不同性质、强度、紧张度的情绪，以一定方式组合起来，在一段时间内形成影响人的整个身心活动的主导情绪，这就是情绪状态。

（1）心境

心境是一种微弱、持久、弥散性的情绪状态，它可以在一段时间内，使人的所有活动带上同样的情绪色彩。造成心境的原因很广泛，涉及个人的生活处境、身体状况、气质、性格，以及天气变化、居住环境等。“人逢喜事精神爽”正是一种愉快心境的表现。

心境由于不强烈，又没有伴随强烈的生理和行为变化，容易被人忽视。实际上，心境持续时间长，弥散于整个心理活动中，它对人的活动效能、生活感受、身心健康都有很大影响。积极向上、乐观的心境，可以提高人的活动效率，使人增强自信，对未来充满希望，有益于健康；消极悲观的心境，会降低认知活动效率，使人丧失信心和希望，经常处于焦虑状态，有损于健康。

（2）激情

激情是一种强烈、短暂、爆发式的情绪状态，如狂喜、愤怒、惊恐、绝望等都属于这种状态。这个生理特征是由于大脑皮层活动的剧烈变化，强烈兴奋或普遍抑制和调节，皮质下活动占优势所形成的。此时，人们很难遮掩内心强烈的情绪体验，总是伴有机体状态的改变和明显的表情动作。

激情也有积极和消极之分。积极的激情与理智、坚强的意志相联系，它能激励人们克服困难，渡过难关。消极的激情对机体的活动具有抑制作用，使人的自制力下降。例如，绝望时目瞪口呆，失去勇气，有时甚至会引起冲动行为，做出一些不该做的事，一旦时过境迁，情绪稳定后，又后悔莫及。

（3）应激

应激是出乎意外的紧迫情况所引起的高度紧张的情绪状态，往往发生于出乎意料的危险情境或紧要关头，如发生火灾、地震时，高考时等。应激时会产生一系列的生理反应。加拿大生理学家塞里指出，在危急状态下的应激反应会导致适应性疾病。有关研究表明，应激会引起一般适应综合征的发生，出现警觉、反抗、衰竭等一系列症状，最终使有机体精疲力竭，抵抗力下降，出现适应性疾病。

应激状态下有积极的反应与消极的反应。积极的反应表现为急中生智，力量倍增，体力和智力充分调动起来，获得超常发挥；而消极的反应表现为惊慌失措，四肢无力，眼界狭窄，思维阻塞，动作刻板或反复出错，正常处理事件的能力大大削弱。如果没有经历过应激状态，一旦遇到出乎意外的紧急情况，就容易手足无措，无所适从。在大学中锻炼自己这方面的能力，将来可以更好地适应生活和工作。但是要注意，如果人长时间地处于应激状态，则对健康是很不利的，有时甚至是很危险的。按照加拿大生理学家谢尔耶的研究，他认为应激状态的延续能够击溃一个人的生物化学保护机制，使人降低抵抗力，以致为疾病所侵袭，甚至因人体能量资源的枯竭而死亡。

### 4. 情感

情感通常分为道德感、理智感和美感。道德感是根据一定的道德标准在评价人的思想和行为时所产生的主观体验，如对国家和社会的责任感。理智感是人在认识客观事物探求真理的过程中所产生的主观体验，如获得新知时的愉悦感。美感是客观事物是否符合个人的审美标准时所产生的主观体验，如敦煌石窟壁画引发的艺术美感。

## 二、情绪的功能

情绪是有机体适应生存和发展的一种重要方式。人们通过各种情绪来了解自身或他人的处境与状况，以适应社会的需要，求得更好的生存和发展。情绪的功能主要包括信号功能、动机功能、组织功能和健康功能。

### 1. 信号功能

情绪具有传递信息、沟通思想的功能，是非言语沟通的重要组成部分，在人际沟通中具有信号意义。情绪的信号功能是个体将自己的愿望、信息、要求、观点、态度通过情感表达的方式传递给他人以影响他人的过程。例如，点头微笑一般表示赞赏和认可；皱眉、摇头、摆手一般表示否定和不认同；面色铁青一般表示愤怒或者不开心等。

除借助言语进行交流外，人们还通过情绪的外部表现——表情来传递和表达自己的思想及意图。在社会交往中，表情可以起到信号传递和交流的作用，是一种非言语性沟通交流方式。在很多特定社交场合中，当人们的思想、意愿、态度、观点因时空限制或语言无法充分表达时，人们就可以借助表情将其准确而微妙地表达出来，达到“此时无声胜有声”的效果。心理学研究显示，在人们的日常生活中，仅有7%的信息是由言语传递的，其余93%的信息都是通过非言语传递的。在非言语传递的信息中，有55%的信息是通过面部表情、身体表情和手势表情等进行传递的，还有38%的信息则是借助音调的高低进行传递的。例如，当有学生听课走神时，老师的一个眼神就可以传递提示和警醒的信息。另外，在日常生活中，人们还可以通过“察言观色”，即通过对他人表情的认知，来了解他人对某人某事的看法，这也是情绪信号功能的具体体现。

### 2. 动机功能

情绪的动机功能表现为情绪所具有的激励作用，具体来说，动机功能是指情绪对人们的行为起到的发动、促进和调控的作用。当个体拆开新买的手机，正想跟朋友炫耀一番时，突然发现屏幕有条深深的划痕，这时个体会感到非常生气，于是飞快地跑去商店要求退货。这里，如果个体意识到“因为我非常生气，所以我才会做出这种行为”，那么个体就可以知道，这里的情绪实际上成了驱动其行为的动力。从这种角度而言，情绪的动机功能是通过唤醒个体对于正在经历或想象中事件的行动来进行体现的，进而引导和维持个体行为以达到特定的目标。例如，当个体爱上弹吉他时，个体就会全力以赴将时间和精力投入吉他练习中，直到个体能够弹奏出优美的旋律。从动机功能而言，情绪可以驱使个体进行某种活动，也能阻止或干扰个体正在进行的活动，即具有增力作用或减力作用。例如，愉快、欣喜、自信等积极的情绪体验具有增力作用，可以提高人们活动的积极性和效率；而抑郁、焦虑、自卑等消极的情绪体验具有减力作用，会阻止活动的进程并降低人们活动的积极性和效率。此外，同一种情绪也可能既具有增力作用，又具有减力作用。例如，悲痛可以使人意志消沉，但也可能使人化悲痛为力量。

### 3. 组织功能

情绪对心理活动具有组织功能。一般而言，积极情绪对心理活动起到协调、组织和促进作用，而消极情绪对心理互动起到瓦解、破坏和阻碍作用。有研究发现，情绪影响认知操作的效果取决于情绪的性质和强度。中等唤醒水平的积极情绪为认知活动提供最佳的情绪背景，而过高或过低的情绪唤醒都不利于认知操作。

耶克斯-多德森定律说明了情绪与认知操作效率的关系，不同情绪水平与不同难度的操作任务相关。心理学家耶克斯-多德森通过实验发现，随着任务难度的增加，动机最佳水平有逐渐下降的趋势，呈现出一条倒“U”形曲线。一般情况下，随着情绪唤醒程度的增强，个体积极性、主动性，以及克服困难的意志力也会随之增强，能力发挥的效率会逐渐提高。当唤醒水平为中等时，能力发挥的效率最高；而当唤醒水平超过一定限度时，过度的唤醒水平反而会使能力发挥的效率不断下降，对能力的发挥产生阻碍作用。

### 4. 健康功能

众所周知，情绪对个体身心健康会产生重大的影响。积极的情绪有助于个体的身心健康，能使个体的免疫系统和体内化学物质保持平衡状态，可以提高个体对疾病的抵抗力；而消极的情绪则会损害个体的身心健康，严重时还容易引起身心疾病。我国古代医书《黄帝内经》中记载“怒伤肝，喜伤心，思伤脾，忧伤肺，恐伤肾”。现代临床医学研究也证实，当个体长期处于消极或紧张等不良情绪状态时，可能会引发多种身心疾病，如溃疡、偏头痛、高血压、哮喘、月经失调、神经性皮炎等。同时，情绪变化也必然伴随个体内脏活动和内分泌腺活动的变化，当蹙眉、怒目、咬唇、切齿、掩面时，相应地，身体内部也会出现“翻江倒海”般的反应。例如，当人们处于愤怒情绪时，呼吸急促，心跳加速，血管收缩，血压升高；当人们处于悲伤情绪时，肠胃蠕动下降，消化液分泌减少，食欲锐减。就像胡夫兰德所言：一切对人不利的影响中，最能使人短命夭亡的是不好的情绪和恶劣的心境，如忧虑、颓丧、惧怕、贪求、怯懦……

## 三、情绪对大学生的影响

在我们的生活中，情绪不是一种毫无目的、没有任何意义的伴随体验。相反，它们是在适应外界变化的过程中产生的，是具有重要作用的工具。大学生正处于青春期，他们在诸多矛盾、冲突中成长，难免会产生各种情绪，大学生要认识到情绪对自身的影响，正确认识情绪，有效管理情绪。

### 1. 情绪对大学生人际关系的影响

情绪在人际关系中起着信号、表达和感染作用，是人际交往的重要手段。情绪智力的高低直接影响人际关系的亲疏程度、深浅程度和稳定程度。对自我情绪的认知、表达和调控，对他人情绪的觉察和把握，有助于大学生处理好人际交往问题，建立和谐的人际关系。

由于情绪具有感染力，所以大学生拥有的乐观、热情、自尊、自信等良好情绪特征，能够拉近彼此间的心理距离，容易形成良好的人际关系；而自卑、情绪压抑、喜怒无常的大学生，往往不能与他人正常相处，使人疏远。

良好人际关系的建立和维持，离不开有效的人际沟通。人们只有清楚、准确地了解自己的情绪，才能根据外部环境的要求，有效地调整自己的情绪状态，更好地向他人表达自己的情绪，完成有效的沟通，为良好人际关系的建立、维系和发展奠定基础。

### 2. 情绪对大学生学习的影响

大学生的主要任务是学习，情绪影响一个人的潜能开发、工作和学习效率。良好的情绪往往使大学生乐于行动，有兴趣学习、工作和活动，有助于开阔思路、集中注意力、富有创造性。一般而言，精神愉快、心情舒畅、紧张而轻松是思考和创造的最佳状态，唯有如此，大学生才能有效地进行智力活动。心理学研究表明，焦虑程度与学习绩效的关系呈现倒“U”形，即适度的焦虑能使大学生取得最佳的学习效率，焦虑程度过高或过低，均难以取得优异的学习成绩。例如，有的学生在考试时过分紧张，结果出现“晕场”现象；有的学生对考试采取不以为然的态度，结果考试成绩也不好。

20 世纪 70 年代以来，心理学学者进行了关于具体情绪对认知过程影响的实验。研究表明，被试在愉快的情绪下学习背诵单词之后，他们在愉快中回忆的单词比在悲伤中回忆的单词量大。一项让被试回忆童年的事件的实验表明，处于愉快情绪中的回忆量比曾经引起痛苦的事件的数量要多。

由此可见，情绪与大学生潜能的开发及学习效率密切相关。良好的情绪是大学生乐于学习、工作和参与活动的催化剂，有助于集中注意力、开阔思路、发挥创造性。

### 3. 情绪对大学生身心健康的影响

关于情绪状态对身心的影响，自古就有不少谚语和论述，足以引起人们的重视。例如，“心宽体胖，多愁多病”“笑一笑，十年少；愁一愁，白了头”；《黄帝内经》中指出：“故喜怒伤气，寒暑伤形。暴怒伤阴，暴喜伤阳。……喜怒不节，寒暑过度，生乃不固。”如果一个人过度愤怒、恐惧、焦虑、忧愁、悲伤、痛苦等，就会使他的心理活动失去平衡，导致神经活动的机能失调，判断能力降低，甚至丧失理智，使正常行为瓦解，造成机体的病变。

良好的情绪不仅使大学生对生活充满希望，对自己充满自信，而且能使其增强求知欲、富有创造力、拓宽爱好范围、建立良好的人际关系，促进大学生的全面发展。与此相反，不良的情绪是人身心健康的大敌。突然而紧张的情绪会抑制大脑皮层的活动，破坏大脑皮层的兴奋和抑制的平稳，使人的意识范围狭窄、判断力减弱，失去理智和自制力。因此，积极而正常的情绪也是保持心理平衡与身体健康的条件。

**情绪与养生**

健康公式：健康=合理膳食+适量运动+戒烟戒酒+心理平衡。

养生八戒：一戒疑，二戒妒，三戒卑，四戒傲，五戒躁，六戒愁，七戒慎，八戒悲。

### 4. 情绪对大学生创造性思维的影响

当代社会进入知识经济时代，这是一个充满机遇和挑战、极具活力的时代，知识更新速度越来越快。这就要求大学生不仅要有学习、储存新知识的能力，还要有可贵的开拓精神和创新能力，具有创造性思维。

在大学生进行思维活动时，情绪智力起到了“激发器”的重要促进作用。首先，情绪对思维活动具有选择和引导功能。情绪信息浸入认知、思维过程中，会影响对信息注意的方向，使人的内驱力放大，动机增强，从而推动思维活动的进行。其次，情绪对思维活动具有促进和支持功能。一般情况下，愉快而稳定的情绪，有利于调节脑细胞的兴奋和血液循环，能使人的大脑处于最佳活动状态，思路开阔，促使个体从多个角度进行思考，灵活性增强，记忆力和判断能力提高。

### 5. 情绪对大学生人格塑造的影响

人格是个人素质的重要组成部分，是其行为的倾向性，是人在社会化过程中形成的具有个人特色的身心组织。根据“大五”人格模式，情绪控制性是个体人格的主要组成部分之一。健全人格的情绪控制性特征变现为：情绪理性化，冷静，脾气温和，有满足感，与别人相处愉快。这不仅体现了情绪与人格密切相关，还潜含着提高情绪管理能力对人格发展的重要意义。大学阶段正是人格发展、重组、完善的重要时期，无数的科学研究和生活实例表明，不良情绪是人格缺陷和人格障碍的重要诱因，对情绪有效调节和控制能使个体保持良好、积极、稳定的情绪，有助于培养乐观向上、积极进取、百折不挠的良好品质；对自己及他人情绪的认知和理解则会有助于培养真诚友好、宽厚大度、善解人意等良好品质。如果任由不良情绪泛滥，则个体人格必将出现缺陷和障碍。

## 任务实施

### 一、明确任务目标，落实训练任务

1）认知情绪、情感的内涵。

2）通过感受训练，提高情绪管理能力。

### 二、开展“彩绘心情与天气预报”活动，记录情绪信息

**【活动项目】**彩绘心情与天气预报。

**【活动目的】**懂得情绪调控的重要性，学习了解自己的情绪，并注意自己在情绪的理解与表达中存在的问题，提高情绪管理能力。

**【活动方法】**

#### 1. 彩绘心情

1）将全班学生分成若干组，每组 8～10 人。

2）发给每组一盒彩笔，每人选择自己想用的彩笔，画出自己的心情。无任何限制，只要认为能代表自己的心情即可。

3）画好后，每人在小组中与组员分享自己的画，并给自己此时或今天的情绪评分，评分标准是：0 分表示情绪很差，5 分表示情绪一般，10 分表示情绪极好。

#### 2. 天气预报

每位学生轮流模拟天气预报员进行“一周天气预报”。在 3 分钟时间内，用天气预报的形式把自己这一周的心情变化描述出来，越详细越好，说明情绪变化的原因，并尽可能带有个人特色。例如周一，本人王小花同学天气晴朗，平静无事，除了晚上 10 点左右在宿舍与张小米同学略有冷暖空气对流，造成局部小雨；周二，上午阳光明媚，感染周围的张小米同学、陈小东同学都出现难得一见的晴朗天气，但下午的时候由于受到化学测验的 9 级台风突击影响，温度急剧下降，据专家推测这股台风在本周五公布测验成绩时还将演变成 12 级飓风，伴随父母寒流及小花暴雨；周三，听说班级篮球队失利，王小花同

学心脏地区遭受4.3级地震，整个下午都乌云密布，连张小米请吃肯德基也不能改变这股低气压的肆虐……

## 三、分享活动感受与生活经历，感悟心理成长

所有学生完成活动后小组讨论与分享：

1）你是否能从其他组员的“彩绘”“天气预报”中得到关于他们情绪变化的信息？

2）你在生活中是如何表达自己的情绪的？有没有希望跟大家分享的小故事？

3）你还有什么表达情绪的好方法吗？

## 任务评价

**项目五任务一评价表**

| 自我评价 | | | | | |
|---|---|---|---|---|---|
| 主要内容 | | 自我评价等级（在符合的情况下面打“√”） | | | |
| | | 全部能够做到 | 大部分（80%）能够做到 | 基本（60%）能够做到 | 没有做到 |
| 了解情绪的含义及分类 | | | | | |
| 熟知情绪的功能 | | | | | |
| 明晰情绪对大学生的影响 | | | | | |
| 能够准确描述自己的情绪 | | | | | |
| 能够正确认识、接纳自己的情绪 | | | | | |
| 能够识别和觉察他人的情绪 | | | | | |
| 自我总结 | 我的优势 | | | | |
| | 我的劣势 | | | | |
| | 我的努力目标 | | | | |
| | 我的具体措施 | | | | |
| 教师评价 | | | | | |
| 主要内容 | | 教师评价等级（在符合的情况下面打“√”） | | | |
| | | 全部能够做到 | 大部分（80%）能够做到 | 基本（60%）能够做到 | 没有做到 |
| 了解情绪的含义及分类 | | | | | |
| 熟知情绪的功能 | | | | | |
| 明晰情绪对大学生的影响 | | | | | |
| 能够准确描述自己的情绪 | | | | | |
| 能够正确认识、接纳自己的情绪 | | | | | |
| 能够识别和觉察他人的情绪 | | | | | |
| 评语 | 教师签名： | | | | |
| 建议 | | | | | |

# 任务二 分析大学生情绪的特点及不良情绪

## 任务目标

**【知识目标】**

1. 了解大学生情绪的特点。
2. 熟悉大学生常见的不良情绪。

**【能力目标】**

1. 能够正确认识自己的情绪。
2. 能够识别大学生常见的不良情绪。

**【素质目标】**

1. 树立不良情绪调节意识。
2. 提高调节情绪的能力，保持良好情绪状态。

## 案例导入

小张是大二学生，初中、高中时成绩优秀，为人热情友善，受到老师器重，同学也喜欢他。进入大学之后，优秀的同学太多了，小张心里渐渐开始比较，但越比较就越自卑，觉得大家看不起自己，经常晚上自己在被窝里哭泣。一个周末，舍友邀请小张一起去购物，小张突然发怒，大声责骂舍友无所事事，浪费生命，最终不欢而散。自此之后，小张和舍友的冲突经常发生。

问题：

案例中的小张正陷于什么情绪？大学生中常见的不良情绪有哪些呢？

## 相关知识

### 一、大学生情绪的特点

#### （一）大学生情绪的一般特点

大学生的情绪发展，既有青少年的激情，又有成年人的成熟，也有丰富多变、相对不稳定的特点。大学生的社会地位、知识水平、心理发展特点及生理状况与社会文化的紧密联系，使大学生的情绪带有自己的特色。

美国心理学家霍尔在其《青春期》一书中指出，青春期是“狂风骤雨”时期。虽然对这一观点存在着不同的看法，但是大多数心理学家倾向于认同青春期是一个动荡紧张的时期，也是人生的“心理断乳期”。处于这个阶段的大学生经常关注自我，情绪波动起伏较大，情绪体验丰富。大学生情绪活动的特点主要包括以下几点。

### 1. 丰富性和复杂性

处于青春期的大学生的情感最丰富、最强烈，有着丰富而又复杂的情感世界。高级社会情感逐渐成熟是大学时期的重要心理变化，自我意识不断发展，各种社会的高层次需要不断出现且强度逐渐加强，这一发展在情绪上表现为情绪活动的对象、内容增多。大学生通过各种校园活动和社会实践了解社会，学习道德规范，对自己的身份、价值、志向等方面有了更加深入的思考，道德感、集体感、爱国感、理智感、美感等高级情感活动在大学时期开始对其生活产生明显的影响，左右其情绪反应。例如，大学生确立了道德、正义观念，当出现与之不符的行为或观念时，他们通常会感到自己有过错，进行严厉的自我谴责，情绪体验极其痛苦。

同时，大学阶段也是大学生面临许多重大选择的时期，他们常常会呈现出一种矛盾而复杂的情绪状态。例如，希望自己独立和希望依赖他人的需要同时存在；对自己既不满，又不知如何改变；既希望得到他人的理解，又不愿意接受他人的关心。

### 2. 外显性和内隐性

大学生对外界刺激反应迅速、敏感，比起成年人更外露和直接；但比起中小学生，大学生会掩饰、隐藏或抑制自己的真实情感，表现出内隐、含蓄的特点。一般而言，大学生的很多情绪是一眼就能看出的，如考试得第一名或赢得一场球赛，马上就能喜形于色。但由于自制力的逐渐增强，以及思维的独立性和自尊心的发展，他们情绪的外在表现和内心体验并不总是一致的。例如，对学习、交友、恋爱和择业等具体问题，他们往往深藏不露，具有很强的内隐性。

### 3. 易于心境化

大学生的情绪活动一旦被刺激引发，即使刺激已经消失，情绪状态有所缓和，但其持续影响的时间也较长，会转化为心境，对今后的活动产生广泛、持久的影响。大学生的许多不良情绪，如焦虑、抑郁、自卑等都具有这种心境化的特点。大学生情绪心境化还与大学生想象丰富的特点有关，大学生富于理想化，遇事爱幻想。想象对情绪反应的程度、持续时间都有催化作用。

### 4. 稳定性和波动性

大学生由于知识结构的完善、生活经验的积累和认识水平的提高，情绪情感日趋稳定，对人和事物的情绪情感反应持续时间较长些。但是，因为人生阅历尚浅，价值观和人生观还没有完全定型，大学生的情绪活动表现出很大的波动性。情绪上的喜怒无常是大学生的常见现象，待风平浪静之后，可能就是暴风骤雨。大学生的情绪容易从一个极端走向另一个极端，情绪特点呈现不稳定性。男女大学生在情绪稳定性方面存在一定的差异，女大学生的情绪波动受生理特点的影响比较明显。研究表明，由于月经周期的变化，女性体内的荷尔蒙含量也会发生变化，这种变化会影响到女大学生的情绪发生波动。

#### 5. 两极性

情绪的两极性是指情绪中肯定与否定、积极与消极、紧张与松弛、激动与平静等两极特征。两极性主要表现在强度、形式的相互转化上。在每一对相反的情绪中间存在着许多程度上的差别，表现为情绪的多样化形式。构成肯定或否定这种两极的情绪，并不绝对互相排斥。客观事物是复杂的，一件事物对人的意义也可以是多方面的，因此，处于两极的对立情绪可以在同一事件中同时或相继出现。

大学生情绪的两极性突出表现在易出现强烈的极端情绪，即高度的兴奋、激动、热情，或是极度的愤怒、泄气、绝望。因此，大学生的情绪既易出现活泼、愉快、奋发向上等积极倾向，也易出现低沉、悲观、颓废、沉沦等消极倾向，而且常常是稍遇刺激就即刻爆发，导致偏激的情绪和极端的行为方式。这种强烈的两极性表现往往很难受到理性的控制。另外，大学生的情绪还极易波动变化，即容易在两种极端性情绪之间迅速转化。因此，他们在客观刺激面前，常常表现出时而激动，时而平静。大学生常常对喜爱的对象表示热衷，对信服的人表露出钦佩和羡慕，对取得的成就表示欢欣鼓舞，对不平之事表示愤慨，因此心理学家称大学生所处的青年期是“疾风怒涛”的时期。

#### 6. 冲动性与理智性并存

大学生在外界刺激下很容易产生冲动性情绪和行为，表现得容易感情用事，大学生中发生打架斗殴事件大多是由小事引起的。由于对新事物比较敏感，加上精力旺盛，虽然具有一定的理智和自我控制能力，但做事情往往不计后果，表现为对外部环境或他人的不满，情绪活动一旦失控，语言、行动极富有攻击性，往往造成可怕的结果。例如，集体斗殴、离家出走、因感情挫折而自杀等都与大学生情绪的冲动相关。另外，大学生的理智、自控能力已经得到较高程度的发展，多数情况下能够理性地思考问题，能够进行自我约束和调节。大学生具有较高的文化修养，具备反省自身弱点的能力和控制自己情绪变化的能力。有理智的大学生在面对不良的情绪波动时，能主动地寻找引起情绪波动的原因，并不断地调节自己的情绪状态，避免情绪波动造成的不利影响。

### （二）大学生不同群体的情绪特点

大学生的情绪是一个由不成熟到成熟、由简单到复杂、由单纯到丰富的渐进过程，但在不同的大学群体中，呈现出不同的情绪特点。

#### 1. 性别差异

女生的情绪特点包括热情开放、富有激情和幻想、敢想敢做，但容易出现抑郁、焦虑、多愁善感等不稳定情绪。男生的情绪状态要比女生相对趋向稳定，主动性和敢为性强，更有独立性和刚毅性，但当情绪冲动时，也容易出现情绪失控、行为过激。

### 2. 生源差异

来自农村的学生朴实、好学、意志力强，但由于进入大城市生活，会形成一定的心理反差。不少农村的学生是抱着毕业后在城市发展的想法来到高校的，有的学生还面临着经济负担，这些都会造成其自卑、焦虑、忧郁、心理压力过大等情绪问题。城市学生在情绪特点上，更加开朗、乐观、自我适应性强，但同时出现的问题是，由于在家庭中备受关注，一些学生责任意识淡薄、学习缺乏动力、心态浮躁。

### 3. 年级差异

一般而言，大一新生对很多事物有新鲜感，对各种知识领域都充满了疑问与兴趣，对自己的评价往往过于自负，对自我缺乏全面系统的分析，处于不稳定阶段。在经历过最初的适应期之后，大学生会进入情绪波动较大的阶段，突出表现在刚入大学时的新鲜感已经荡然无存，暴露出大学生在大学生活、学业、人际交往等方面所面临的矛盾冲突及造成的情绪困扰。大学生活中期，大学生的情绪自控能力有所增强，他们对大学的生活环境已经基本适应，并具备了一定的情绪自控能力，情绪状态相对比较稳定。到了高年级后，由于面临就业或继续升学的压力与困惑，大学生将面临重要的抉择与转折，此时的情绪状态再次呈现出矛盾性和复杂性。

## 二、大学生的不良情绪

风华正茂的大学生本应是身心健康的一族，但是由于大学生正处在生理、心理及思想变化时期，心理状态及情绪动荡不安，且缺乏社会生活的磨炼，心理承受能力相对薄弱，在各种冲击面前缺乏一定的适应能力，极易导致一些情绪问题的产生。若这些问题没有得到合理有效的控制，就会直接妨碍他们正常的学习和生活。

大学生的不良情绪主要包括以下几种。

### 1. 焦虑

焦虑是十分常见的负性情绪，是一种类似担忧的反应，或是自尊心受到潜在威胁时产生担忧的反应倾向，是个体主观上预料将会有某种不良后果产生的不安感，是紧张、害怕、担忧混合的情绪体验。

焦虑是大学生中常见的情绪状态，当他们在学习、生活、工作各方面遭遇挫折或担心需要付出巨大的努力的事情来临时，便会产生这种体验。大学生的焦虑情绪与人格特点、年龄阶段、生活事件、挫折等因素有关。适应困难、学习考试压力、人际关系紧张、生活困难，以及青春期的冲动与社会禁忌之间的冲突是引起大学生焦虑的重要因素。

### 2. 抑郁

抑郁可能是人在某种特定环境下的正常反应。在大学生中存在较强的压抑感、抑郁感，主要表现为孤独、苦闷、厌倦、迷茫等情绪困扰，其中抑郁最为突出。抑郁是一种复合性负性情绪。在令人忧伤或悲痛的情境中，每个人都有过抑郁的体验。这是日常生活的一部分，正常人常以温和的方式体验抑郁情绪。与一般的悲伤不同，抑郁的体验和反应比单一的负性情绪更为强烈、持久，带给人的痛苦更大。抑郁除产生悲伤外，还合并产生痛苦、愤怒、负罪感、羞愧等情绪，这种复合性是导致负性情绪更强烈及其长期持续的原因。在大学生中抑郁情绪比较常见，并且具有多种形式，有时属于一般的情绪反应，有时属于神经症类，有时则属于严重精神疾病类。

抑郁在行为上表现为丧失学习和工作的兴趣及动力，反应迟钝，无精打采，拒绝交际，回避朋友，并伴随食欲减退、失眠等不良反应。从外表上看，抑郁者面容忧虑，心事重重，常叹息或哭泣，言语动作迟缓。某些抑郁患者仅仅表现为躯体不适。由于当事人多数不愿与人沟通，如果不加以关注，其消极的抑郁情绪体验通常不为外人所察觉。

一般来说，处于抑郁状态的人如果能对自身遭遇有正确的认识并做出恰当的分析，对自身行为的控制与调节符合社会常规，并有一定的自信与自尊，虽有忧郁体验但无异常行为，就属于正常情绪反应。

大多数学生都有过抑郁情绪，但体验的时间比较短暂，时过境迁也就消失了。但其中也有少数学生容易长期处于抑郁状态，导致抑郁精神症的出现。如果抑郁状态使人对自身处境不能做出如实判断，并产生偏离社会常规行为，如由于过度压力感而情绪低落或绝望，失去兴趣和责任感而不能正常工作，甚至产生回避社会和企图自杀等极端意念和行为，则均属情绪异常。

抑郁情绪的最坏结果是自杀。当事人长期受严重抑郁情绪困扰，人生态度低沉悲观，极度自卑，部分人会表露自杀意念。研究表明，抑郁症候群与自杀之间存在着明显的正相关，相当多的抑郁症患者有自杀意念，较多的严重抑郁症患者采取过自杀行为。因此，抑郁情绪是评定自杀危险性的重要指标。对于大学生长期表现出的悲观、绝望情绪尤其是曾经表露过自杀念头或有过自杀行为者，应该予以及时的关注，并积极向专业机构和专业人员寻求帮助。

知识窗

### 抑郁的症状指标

抑郁以心境低落为主要特征且至少持续两周，在此期间至少有下述症状中的4项。

1）兴趣丧失、无愉快感。

2）精力减退或具有疲乏感。

3）精神运动性迟滞或激越。

4）自我评价过低、自责，或有内疚感。

5）联想困难或自觉思考能力下降。

6）反复出现想死的念头或有自杀、自伤行为。

7）睡眠障碍，如失眠、早醒，或睡眠过多。

8）食欲降低或体重明显减轻。

### 3. 自卑

现代心理学认为，自卑是自我情绪体验的一种形式，是个体由于某种生理或心理上的缺陷或其他原因所产生的对自我认识的态度体验，表现为对自己的能力或品质评价过低，轻视自己或看不起自己，担心失去他人的尊重的心理状态。

有自卑心理的人经常看不到或很少看到自己的优点和长处，在俯视自我的同时又总是仰视他人，常常拿别人的优点、长处比自己的短处与不足，表现为看不起自己、不喜欢自己、不容忍自己，一味地抱怨、指责、否定自己，如“我越来越讨厌自己，在性格、风格、风度、能力方面简直一无是处，不善言辞，不会处理事情，又傻又笨，无才无貌”。

自卑感人皆有之，如果过分自卑，影响大学生正常的学习、工作和生活，就会导致心理疾病。自卑者无论做什么，都首先从精神上、心理上将自己打倒；在工作生活中无论怎样努力，消极的自我暗示始终都在支配、控制自己，影响思维和创造，也影响学习与记忆，最终以失败证明自己的才能低下，形成一种恶性循环。失败引起自卑，自卑导致失败。

大学生自卑心理常表现为害羞、胆怯、不自信，感到焦虑，害怕失败。大学生自卑感的产生有其独特的心理背景。从心理发展过程看，儿童主要依靠他人如家长、老师的价值观念来确定自己的价值，成年人则主要靠自我价值观念指导约束自我行为。大学时期处于从儿童到成人的转变时期，大学生对自己的外貌、能力、个性品质非常关注，但尚未形成准确的自我认识，对自我的评价容易受具体情境影响。

### 4. 愤怒

愤怒是当事物不符合自己的需要和愿望，受到挫折时的情绪体验。愤怒是大学生中常见的一种消极情绪。处于青年时期的大学生，精力充沛、血气方刚，在情绪情感发展上往往容易激动、易动怒。例如，有的因别人的观点或意见与自己相左而恼羞成怒；有的因一时的成功、得意而忘乎所以；有的因暂时的挫折或失败而悲观失望、痛不欲生。这种情绪对大学生的影响是极其有害的。

愤怒的引起取决于挫折障碍被当事人意识的程度。一般来说，当事人遇到挫折时，都会产生一定的不满情绪，但不一定会愤怒。如果人们意识到这种挫折是由于他人的恶意中伤造成的，特别是当事人的自尊受到伤害、人格受到侮辱时，就会产生激烈的愤怒情绪，甚至勃然大怒。

因此，大学生要把握自己的行为，就应该了解愤怒对个人的意义，思索“我为什么生气”“愤怒有什么好处”，时常以这种观点来分析诠释自己的愤怒，使愤怒不至于成为工具性的表达形式。否则，就易出于自我保护而为愤怒找借口或将行为合理化。

### 5. 嫉妒

嫉妒是指他人在某些方面胜过自己引起的不快甚至是痛苦的情绪体验。嫉妒是一种情绪障碍，它扭曲人的心灵，妨碍人与人之间正常的交往。

嫉妒是自尊心的一种异常表现，在大学生中普遍存在。具体表现为：当看到他人的学识、能力、品行、荣誉甚至穿着打扮超过自己时，内心产生不平、痛苦、愤怒等感觉；当别人深陷不幸或处于逆境时，则幸灾乐祸，甚至落井下石，在人后恶语中伤、诽谤。

嫉妒者不能容忍别人超过自己，害怕他人得到自己无法得到的名誉、地位等。在他看来，自己办不到的事，别人也不要办成；自己得不到的东西，别人也不要得到。

嫉妒对人的心理健康不利。一是破坏人际关系的和谐。嫉妒的对象越多，关系冷淡的对象越多。二是造成个人的内心痛苦。一个嫉妒心强的人，常常陷入苦恼中不能自拔，时间长了就会产生自卑心理，甚至可能采取不正当的手段去伤害别人，使自己陷入更恶劣的处境。法国文学家巴尔扎克指出，嫉妒者比任何不幸的人更为痛苦，因为别人的幸福和他自己的不幸都将使他痛苦万分。

### 6. 冷漠

冷漠是一种对外界刺激漠不关心、冷淡、退让的消极情绪体验。某些大学生对学习、活动应付了事、缺乏兴趣，对学习成绩不在意，对同学、集体和社会态度冷淡，对一切无动于衷。尤其是现在网络发达、手机普及，学生在课堂上和人际关系中的冷漠感表现更为凸显。

冷漠是个体受到挫折后的消极情绪反应，反复遭受同一挫折却又无力改变，长时期得不到相应的回报，会出现用逃避、退让、冷淡等方式进行自我保护，进而产生冷淡的反应。原生家庭的生活环境对大学生的情绪与情感的发展有重要的作用，如缺少父母的关爱、家庭矛盾尖锐、家庭暴力、家庭气氛紧张等因素，容易阻碍大学生良好情绪的形成和发展，产生冷漠情绪。还有，性格内向、孤僻、固执，心胸狭隘，思维方式较为片面的大学生容易在受到挫折后产生冷漠的反应。

冷漠状态对大学生的身心产生极大的危害，是个体压抑内心愤懑情绪的一种表现。冷漠表现为表面冷淡，内心却备受孤独、痛苦、寂寞、不满、愤恨的煎熬，充满强烈的压抑感。由于缺少宣泄的途径，巨大的心理能量无法释放，会破坏心理平衡，进而导致心理疾病和心理障碍。

大学生要充分认识到冷漠情绪状态对身心健康的不利影响和对个人发展的危害，积极行动起来，分析自己产生冷漠反应的原因，找出症结所在，并勇于面对。积极乐观地面对生活，打开心灵的阳光之门，融化冷漠的坚冰，体验生活的五彩斑斓，重新扬起充满热情和朝气的笑脸。

### 7. 孤独

孤独又称孤独感，是一种主观的不愉快的内在情绪体验或感受，是指个体实际的人际交往水平未达到期望效果时不愉快的心理体验。孤独感不仅仅会受到客观的及数量上的人际关系的影响，更会受到社会交往满意度等主观的对人际关系评价的影响。根据心理学家埃里克森的人格发展理论可知，获得亲密感、避免孤独感是大学生重要的课题和需求。大学生期望在关系中获得他人的认可与接纳，渴望在友谊和爱情中得到滋养与抚慰，以从中获得激励、自信和归属感。然而由于种种原因，这些需求却经常难以满足，个体就会感到非常痛苦，严重者还会导致心理障碍和行为障碍，甚至出现自残、自杀等极端行为。

孤独感与性别、生源地、家庭教养方式、依恋关系、人格特质、社会支持、自尊、互联网使用情况等多种因素有关，并对人际关系、情绪、主观幸福感体验、精神障碍、行为问题（酗酒、手机依赖等）及自杀倾向等有不同程度的影响。

### 8. 报复

通常，一个人在利益上因另一个人的行为而产生损害，会使前者要求后者做出赔偿或前者会使后者产生同样利益上的损害，人的这种反应被称为报复。大学生的报复心理是指在社交活动中受到挫折者主动攻击给自己造成挫折的人，以发泄自己内心的怨恨与不满。一般来说，性格暴躁、情绪易激动的人容易产生报复心理。

### 9. 自傲

自傲是过高估计自己的一种自我认知。自傲者以自我为中心，表现出很强的优越感，处处表现自己，对自身的长处无限夸大、炫耀自己。对他人容易指责和怪罪，挑三拣四，盛气凌人。例如，一位男生从小学到大学学习成绩一直很好，家境优越，自我感觉良好，但在追求一位女生时被拒绝，这使他遭到沉重的打击，终日深思不得其解，造成精神分裂。

### 10. 烦恼

烦恼人人都有，失恋、考试不及格、同学关系不和、经济拮据等都可能成为大学生烦恼的内容。烦恼是有明确的对象和具体的现实内容的。对于烦恼，重要的不是烦恼本身，而是能否从烦恼中解脱出来。

### 11. 心理不相容

心理不相容是指在人际交往中，因他人不能与自己的观点一致，自己不能引起他人的认同而苦恼焦虑。在心理上有不相容障碍的人，总是将自我束缚在一个狭小的交往范围内，对他人的一些个性特点往往“看不惯”，因而不愿与人交往；在与人交往的过程中，常会因一些在旁人看来微不足道的小事而挑起事端，自伤和气。更严重者，当意见发生冲突时，容易意气用事，情绪激动，甚至会导致矛盾激化，将事情引向极端，做出对别人、对自己都十分不利的事情。因此，心理不相容是大学生交往中的一种极其有害的心理障碍。

## 任务实施

### 一、明确任务目标，落实训练任务

1）了解情绪障碍的危害。

2）学会正确地理解和表达情绪。

### 二、开展“察言观色”活动，记录心理感受

**【活动项目】**察言观色。

**【活动目的】**学会辨识、理解他人的情绪，提高人际沟通能力。

**【活动方法】**

1）将全班学生分成若干组，每组 8～10 人。

2）提供一组人物的各种面部表情：微笑、愤怒、害羞、惊讶、悲伤、紧张、恐惧等。请学生表演出这些情绪让其他学生猜。

3）最会表演和最会猜的学生荣登“龙虎榜”。

## 三、分享活动与生活经历，感悟心理成长

“察言观色”活动结束后讨论与分享：

1）你看到的卡片上显示的是什么表情？

2）你是根据什么判断出这种表情的？

3）在现实生活中，你是否看见过谁出现这样的表情？他（她）为什么有这样的表情？

4）除了根据面部表情，你还可以根据什么判断一个人的情绪？

## 任务评价

**项目五任务二评价表**

| 自我评价 | | | | | |
|---|---|---|---|---|---|
| 主要内容 | | 自我评价等级（在符合的情况下面打“√”） | | | |
| | | 全部能够做到 | 大部分（80%）能够做到 | 基本（60%）能够做到 | 没有做到 |
| 了解大学生情绪的特点 | | | | | |
| 熟悉大学生常见的不良情绪 | | | | | |
| 能够正确认识自己的情绪 | | | | | |
| 能够识别大学生常见的不良情绪 | | | | | |
| 自我总结 | 我的优势 | | | | |
| | 我的劣势 | | | | |
| | 我的努力目标 | | | | |
| | 我的具体措施 | | | | |
| 教师评价 | | | | | |
| 主要内容 | | 教师评价等级（在符合的情况下面打“√”） | | | |
| | | 全部能够做到 | 大部分（80%）能够做到 | 基本（60%）能够做到 | 没有做到 |
| 了解大学生情绪的特点 | | | | | |
| 熟悉大学生常见的不良情绪 | | | | | |
| 能够正确认识自己的情绪 | | | | | |
| 能够识别大学生常见的不良情绪 | | | | | |
| 评语 | 教师签名： | | | | |
| 建议 | | | | | |

# 任务三　探寻大学生情绪管理能力的提升方法

## 任务目标

微课：大学生情绪管理——情绪调控方法 1

微课：大学生情绪管理——情绪调控方法 2

【知识目标】

1. 了解自我放松训练不同方法的内容。
2. 了解乐调与情绪的关系。
3. 熟知不合理的信念的特点。
4. 掌握情绪宣泄法的原则与方式。
5. 理解自我评估法和转移注意法的内容。

【能力目标】

能够在不同情境下运用合理的方法提升情绪管理能力。

【素质目标】

1. 树立情绪管理意识。
2. 培养良好的情绪管理能力。

## 案例导入

在古老的西藏，有一个叫爱地巴的人，他每次生气和人起争执的时候，就以很快的速度跑回家，绕着自己的房子和土地跑 3 圈，然后坐在田地边喘气。爱地巴工作非常努力，他的房子越来越大，土地也越来越广，但不管房地有多大，只要与人争论生气，他都会绕着房子和土地跑 3 圈。爱地巴为何每次生气都绕着房子和土地跑 3 圈？所有认识他的人都感到疑惑，但是不管怎么问他，爱地巴都不愿意说明。

直到有一天，爱地巴老了，他的房地已经很广大，他生气时依旧拄着拐杖艰难地绕着土地和房子走，等他好不容易走 3 圈，太阳都下山了，爱地巴独自坐在田地边喘气。他的孙子在身边恳求他："阿公，您已经年纪大了，这附近地区的人也没有人的土地比您的更大，您不能再像从前，一生气就绕着房子和土地跑啊！您可不可以告诉我您这样做的原因呢？"

爱地巴禁不起孙子恳求，终于说出隐藏在心中多年的秘密，他说："年轻时，我若和人吵架、争论、生气，就绕着房地跑 3 圈，边跑边想，我的房子这么小，土地这么小，我哪有时间、哪有资格去跟人家生气？一想到这里，气就消了，于是我就把所有时间用来努力工作。"孙子问："阿公，您现在变成最富有的人，为什么还要绕着房地走？"爱地巴笑着说："我现在还是会生气，生气时绕着房地走 3 圈，边走边想，我的房子这么大，土地这么多，我又何必跟人计较？一想到这里，气就消了。"

问题：

你平时是采用什么方法控制消极情绪的？

## 相关知识

情绪管理是对个体的情绪进行控制和调节的过程，是指善于把控自我，善于调节情绪，能适可而止地缓解矛盾和事情引起的反应，能以乐观的态度、幽默的情趣及时缓解紧张的心理状态。生活中出现各种消极情绪很正常，做好情绪的管理对身心健康有着重要的意义。不良情绪会妨碍人的身心健康，甚至会影响到生活、学习和工作。因此，我们必须正确认识自己的情绪，有效地进行情绪调适。

### 一、自我放松训练

自我放松训练是用于克服紧张、焦虑的方法，其目的是使身心放松，使生理和心理趋于平衡，使人从烦恼、愤恨、紧张和忧愁等不良情绪状态中解脱出来，达到内心平静与安宁。放松的具体方法有多种，如深度呼吸训练、自我暗示、意象训练和肌肉放松训练等。

#### 1. 深度呼吸训练

深度呼吸训练简便易行，不受场所和时间等条件的限制，行、坐、站、卧都可以进行。这种方法的目的是通过缓慢均匀的深度呼吸，反复进行数遍，使身体各组织器官与呼吸节律发生共振，用感觉体察身体各部位的逐渐松弛、自然，进而达到放松的效果。

#### 2. 自我暗示

自我暗示是运用内心语言或书面语言的形式进行自我调节情绪的方法。这种方法既可用来松弛过分紧张的情绪，使心理平静，也可用来调节身体局部或全身各部分的紧张状态。不仅如此，它对其他情绪问题也同样起作用，并对生理疾病有一定的疗效。此外，该方法还可以用来激励自己的斗志。

采用自我暗示的方法时应注意以下几个问题：暗示的语言要简洁（不多于 5 个字）且积极、肯定；暗示时，意识运用的方式要温和，不要带有强制性；暗示后，就不要再去想暗示语，过一段时间后，可以重新进行自我暗示，暗示语以重复默念 3～5 次为佳；在一段时间内，最好只用一种暗示语或某一特定暗示语。

自我暗示调节的具体方法：首先，发现自己紧张或不舒服的部位，确定紧张或不舒服的症状反应；其次，针对症状反应，发出良好的信息，如“放松”“清静”“别发火”“我能行”等，每次重复 3～5 遍。如果经过一段时间，还感觉到紧张或不舒服，就再重复第二步的过程。

#### 3. 意象训练

意象训练的基本原理就是通过想象轻松、愉快的情境（如大海、山水、瀑布、蓝天、白云等），达到身心放松和情绪舒畅的目的。意象训练的效果取决于想象的生动性和逼真性，意象越清晰生动，放松的效果就越明显。意象训练法不仅能消除疲劳，恢复精力，长时间坚持意象训练，还可以达到开发智力的效果。例如，你可以全身放松，闭上眼睛，静静地观察自己头脑中闪现的每个念头，不要去理它们，任它们来去。你可以想象秋天的天空，你站在高山云巅，仰望湛蓝的天空，显得那么高远，那么幽深。天空中，行云如流水，又仿佛是一片片棉絮，从天际涌出，悠悠然从头顶飘过，又消逝在无尽的远处……你可以重复想象上面描述的情景，渐渐地，一闭上眼睛，你的头脑中便会显现出秋天的景色，一幅动态的、有序的画面。你可以想象自己所喜欢的静态画面，或是蓝天白云，或是绿水青山等。如果你的想象力很好，还可以做进一步的训练，把想象从外界转向体内。这种训练方法可以做几分钟至几十分钟，若能坚持不懈地进行训练，则身体素质和学习效率都会发生很大变化。

#### 4. 肌肉放松训练

肌肉放松训练经常用于对抗紧张、恐惧、焦虑等情绪。它既可以作为一种措施缓解已经产生的紧张情绪，也可以作为一种自我训练方法，逐步增强抵抗和控制紧张状态的能力。

肌肉放松训练的原理是基于这样一个事实：身体肌肉的深度放松状态与情绪紧张状态是一对互相的抑制状态，即在同一时刻在一个人身上这两种状态不可能同时存在，一种状态的出现或加强必然导致另一种状态的减弱或解除。因此，肌肉放松训练就是一套使全身肌肉得到深度放松的训练方法，以放松的状态去对抗紧张的状态，从而达到缓解、消除紧张情绪的目的。

肌肉放松训练的基本程序如下。

1）准备工作。找一间不受打扰的房间，室内整洁，光线柔和，周围没有噪声，身处其中令人舒适、愉快。房间里必须有一张床或一个沙发，或一个比较舒适的靠背椅。开始时，让自己坐在椅子或沙发上，或躺在床上，尽量让自己舒服一些。然后闭上眼睛。

2）放松的方法。分别针对身体的每个肌肉群，先集中注意力，然后使肌肉绷紧，仔细感受并保持肌肉的紧张状态，5～10 秒后，解除肌肉的紧张状态，注意体会肌肉放松时松软、无力、温暖的感觉，用同样的方法逐一收紧并放松全身的肌肉群。

3）放松的顺序。放松的顺序是手臂—头部—躯干部—腿部—脚部。根据需要，对这个顺序可以进行新的排列。

在做放松训练时，肌肉逐一由紧张到放松要保持适当的节奏，要与自己的呼吸相协调。每一组肌肉的练习之间都应有一个短暂的停顿，每次练习都应从头至尾完整地进行。刚开始练习时可能并不容易使肌肉达到深度放松，只有持之以恒，才会见效。一般可以每天练习 1～2 次，每次大约 15 分钟。

### 二、音乐疗法

音乐作为一种艺术，是人的情绪和情感的一种表现方式，曲调和节奏不同的音乐可使人产生不同的情绪体验，因而具有良好的调节情绪的功能。有人对近代音乐的乐调进行了研究，发现乐调与情绪有如下关系。

1）A 阳调：自信、希望、和悦，最能表现真挚的情感，充满对生活的憧憬。

2）A 阴调：女子的柔情似水，有一种伤感和虔诚的情调。

3）B 阳调：嘹亮，表现出勇敢、豪爽和骄傲。

4）B 阴调：悲哀，表现出静静的期待。

5）C 阳调：纯洁、果断、坚毅、沉稳。

6）F 阳调：和悦，略带忏悔、哀悼之情。

7）F 阴调：悲伤、忧愁、曲调哀婉。

8）F 提高阳调：嘹亮、柔和、感情丰富。

9）G 阴调：有时忧愁，有时喜悦。

10）G 阳调：真挚的信仰，平静的爱情，有田园风趣，给人以自然、温馨的感觉。

在国外，音乐疗法已被应用到外科手术和治疗精神病、抑郁症和焦虑症等病症上。例如，忧郁烦恼时可以听《蓝色多瑙河》《卡门》《渔舟唱晚》等轻松愉快的音乐；失眠时可以听舒伯特的《摇篮曲》、门德尔松的《仲夏夜之梦》等乐曲；情绪浮躁时可以听《小夜曲》等宁静清爽的乐曲。每个人都可以根据自己的情绪状况，选择合适的音乐调节自己的情绪和情感状态。

## 三、合理情绪疗法

无论是在生活中，还是在心理咨询室内，合理情绪疗法都是效果非常显著且能稳固地改变负面情绪的方法。

合理情绪疗法又称合理情结疗法，由美国心理学家阿尔伯特·埃利斯于 20 世纪 50 年代创立。它的基本理论主要是情绪 ABC 理论，在情绪 ABC 理论模式（图 5-1）中，A（activating event）是指诱发性事件；B（belief）是指个体在遇到诱发事件之后相应而生的信念，即个体对这一事件的看法、解释和评价；C（consequence）是指在特定情景下，个体的情绪及行为反应。通常人们认为，人的情绪的行为反应是直接由诱发性事件 A 引起的，即 A 引起了 C。情绪 ABC 理论指出，诱发性事件 A 只是引起情绪及行为反应的间接原因，而人们对诱发性事件所持的看法、解释、评价 B 才是引起人的情绪及行为反应的更直接的原因。人们的情绪及行为反应与人们对事物的想法、看法有关。在这些想法和看法背后，有着人们对一类事物的共同看法，这就是信念。合理的信念会引起人们对事物的适当的、适度的情绪反应；而不合理的信念则相反，会导致不适当的情绪和行为反应。

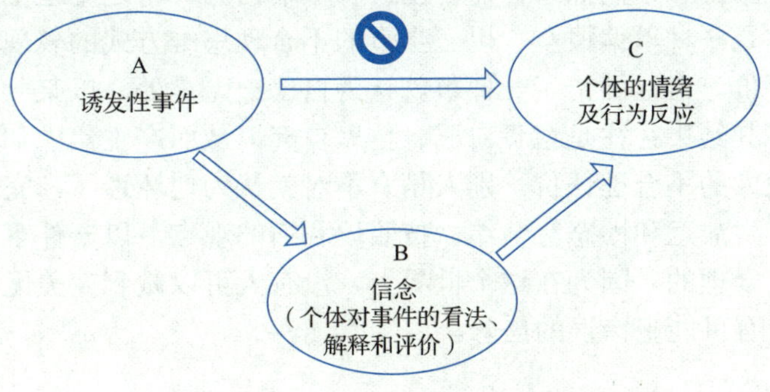


图 5-1　情绪 ABC 理论模式

### （一）不合理的信念的内容

埃利斯认为，不合理的信念主要包括以下 11 条。

1）人应该得到自己生活中每位重要人物的喜爱和赞许。

2）一个有价值的人应该在各个方面都比别人强。

3）有些人是卑鄙的、丑恶的，他们应该受到严厉的指责和惩罚。

4）如果事情非己所愿，那将是糟糕的。

5）不愉快的事是由外在因素所引起的，我们必须控制它。

6）面对现实中的困难和自我所承担的责任是件不容易的事情，倒不如逃避它们。

7）对危险和可怕的事要随时警惕，应该非常关心并不断注意其发生的可能性。

8）人必须依赖别人，特别是比自己强的人，只有这样才能生活得更好。

9）以往的经历和事件常对现在有决定性的影响，而且这种影响永远存在。

10）对于他人的问题应当予以非常的关切。

11）任何问题都应有一个唯一正确的答案。

### （二）不合理的信念的特点

不合理的信念或多或少会在每个人心中存在，概括起来，它的特点是绝对化要求、过分概括化和糟糕至极。

#### 1. 绝对化要求

绝对化要求是指个体以自己的意愿为出发点，认为某一事物必定会发生或不会发生的信念。这种特征通常与“必须”“一定”“应该”这类词联系在一起，如“我必须获得成功”“别人必须友好地对待我”等。这种绝对化要求通常是不可能实现的。因为客观事物的发展有其自身规律，不可能依个人意志而转移。人不可能在每件事上都获得成功，他周围的人及事物的表现和发展也不会依他的意愿来改变。

#### 2. 过分概括化

过分概括化是指由一个偶然事件而得出一种极端信念并将之不适当地应用于不相似的时间或情境中。这是一种以偏概全、以一当十的不合理思维方式的表现。一方面，表现为对自身的不合理评价。自己做错了一件事就认为自己一无是处，以某一件或几件事来评价自己的整体价值，其结果往往是自责自罪、自卑自弃，从而产生焦虑和抑郁等情绪。另一方面，表现为对他人的不合理评价。别人稍有不对就认为他坏透了，完全否定他人，一味责备他人，从而产生敌意和愤怒等情绪。按照埃利斯的观点，以一件事的成败来评价整个人的价值是非常不合理的，因为在这个世界上，没有人可以做到完美无缺，每个人都应该接受自己和他人是有可能犯错误的信念。

#### 3. 糟糕至极

糟糕至极是一种认为如果一件不好的事发生了，将是非常可怕、糟糕，甚至是一场灾难的想法。这将导致个体陷入极端不良的情绪体验（如耻辱、自责自罪、焦虑、悲观、抑郁）的恶性循环中而难以自拔。埃利斯指出，这是一种不合理的信念，因为对任何一件事情来说，都有可能发生比之更好的情形，没有任何一件事情可以定义为是百分之百糟透了的。

糟糕至极常常是与人们对自己、对他人及对周围环境的绝对化要求相联系而出现的，即如果在绝对化要求中认为的“必须”“应该”的事情并非像人们所想的那样发生，他们就会认为事情已经糟糕到了极点，无法接受这一现实，因而就会走向极端。人们必须努力去接受现实，尽可能地去改变这种状况；在不可能改变时，要学会在这种状况下生活下去。

当人们坚持某些不合理的信念，长期处于不良的情绪状态时，最终将会导致情绪问题的产生。因此，合理情绪疗法认为，要改变情绪困扰，不是致力于改变外界事件，而是应该改变认知，通过改变认知，进而改变情绪。

## 四、合理宣泄法

宣泄是将内心不良的情绪体验通过某种方式表达出来，以减轻情绪反应的强度和缩短情绪体验的时间，从而使情绪较快地恢复。过分压抑只会使情绪困扰加重，而恰当宣泄则可以把不良情绪释放出来，从而使紧张情绪得以缓解，使心情轻松。

### （一）情绪宣泄的原则

宣泄情绪时总的原则是：不违法，不违反道德规范，不伤害自己和他人；宣泄消极情绪要适当、适时、适地。具体包括以下几个原则。

1）时限性原则。在发泄情绪时，自己或对方在气头上时最好少说话，也不要等时过境迁再表达，等双方的情绪都稍平静下来再表达。

2）内外向原则。针对不同个体，要用委婉的方式表达，或者严肃、明确地指出问题。

3）一致性原则。表达的情绪要与激起情绪波澜的事件在内容上一致，不可把过去的、与此无关的事情牵扯进来。

### （二）情绪宣泄的方式

情绪宣泄是对自己情绪释放的适应性表达，包括哭喊、写日记等替代表达和直接表达。

#### 1. 替代表达

替代表达是指通过间接表达情绪，使情绪得到释放的一种情绪调节方式。

1）倾诉。可以将自己心中的不满、负面的想法、感受、困惑向家人或好朋友倾诉，这样就会感觉十分轻松，同时自己也能得到解脱。

2）借物宣泄。当受到委屈或感到生气、愤怒时，可以用力捶打被子、枕头、毛绒玩偶等，直至精疲力竭。这样既宣泄了情绪，又不会造成严重后果。

3）有氧运动。有氧运动是指主要以有氧代谢提供运动中所需能量的运动方式，主要涉及一些运动强度不算大、运动量适中、运动中心率不过快、运动后能感受到微汗和舒适的运动项目，如游泳、慢跑、骑自行车、跳绳、快走等。长期坚持有氧运动可以增强心肺功能，提高中枢神经系统的功能水平，从而提高机体对外部环境的适应能力，缓解和消除紧张、激动、易怒、神经质等消极情绪，还可以锻炼毅力，提高免疫力，增强体能和耐力，提高身心健康水平。

4）宣泄室宣泄。现在很多高校心理中心会设有专门的宣泄室，并配备专业的宣泄仪器和设备，如拳击室、涂鸦墙、呐喊宣泄系统、智能反馈宣泄仪等，供在校大学生使用。大学生可以借助情绪宣泄设备，通过击打、呐喊、互动、游戏等方式进行合理的宣泄，进而释放心理压力，缓解情绪困扰，提高生活、学习和工作的质量，达到情绪疏导、减压放松的效果，提升心理素质。

### 2. 直接表达

直接表达是指面对引发情绪的人或物，直接表达自己情绪的一种方式。例如，当受到别人侮辱时，直接通过言语或行为的方式表达自己的愤怒。直接表达情绪有时可以提高问题解决的效率，但是也可能会因方式方法的不恰当、不适宜而引发更大的冲突和矛盾，因此要因时、因地、因人选择合适的方式方法，这样才能取得较好的效果。

## 五、自我评估法

大学生处于自我意识发展的关键时期，事实上，大学生群体的情绪特点与自我意识的发展有关，大学生容易出现的自卑、焦虑、抑郁、嫉妒等各种情绪困扰也与自我认识和自我评价有关。因此，大学生可以通过正确地认识和评价自己，提高情绪管理能力。

运用自我评估法时需要注意以下几个方面。

### 1. 以人为镜

他人就像一面镜子，可以通过与他人的比较，找出自己的位置，更好地了解自己。这种比较虽带有主观色彩，却是评价自己的常用方法。不过在比较时，要寻找环境、心理条件相近的人来比较，这样才较符合自己的实际水平。

### 2. 兼听则明

他人的评价比自己的主观评价具有更强的客观性，如果自我评价与周围人的评价相差过大，则表明自我评价上有偏差，需要调整。但对待别人的评价，也要有认知上的完整性，不应只基于自己的心理需要，只注意某一方面的评价，而应全面听取，综合分析，恰如其分地对自己做出评价和调整。

### 3. 身体力行

如果不能肯定自己是否具有某方面的才能，不妨寻找机会表现一番，从中得到验证。通过自己成功或失败的经验教训来发现自己的特点，在自我反思和自我检查中重新认识自我，认识自己的长处和短处，把握自己的生活方向。当能够正确地评价自己时，不要为自己身上的缺点而苦恼。只有先接纳自己的不足，才有可能改正它；只有先悦纳自我，才能更加完善和发展。

## 六、转移注意法

转移注意法就是把注意力从引起不良情绪反应的刺激情境转移到其他事物上或者从事其他活动的自我调节方法。当处于消极情绪的状态时，可以做一些自己喜欢做的事，把注意力转移到其他方面，这有助于使情绪平静下来，在活动中寻找到新的快乐。一方面，这种方法中止了不良刺激源的作用，防止不良情绪的泛化、蔓延；另一方面，参与新的活动特别是自己感兴趣的活动能够增进积极的情绪体验。

运用转移注意法时又可具体采用以下方法。

1）消遣转移法。通过与他人的散步、聊天等方式转移注意力。

2）繁忙转移法。在个体心态不佳时，有意地安排一些工作任务，使注意力集中在工作上而忘却烦恼。

3）开阔转移法。采用能够开阔个体心胸的方法转移注意力，可以达到调节心态的目的。外出旅行不失为一种有效的方法。旅行最大的好处，就是使一个人的思路打开，塑造人格魅力。

4）心理暗示法。例如，曹操所用的“望梅止渴”法就是一个典型案例，通过本人心理上的暗示，改变当时的状态。

5）改变环境。到自己想去的地方，去能够让人心旷神怡的美丽的地方；去见想见的人，用快乐抵消烦恼；改变生活节奏，迎接新的自我。

# 任务实施

## 一、明确任务目标，落实训练任务

1）理解情绪调控的可训练性。

2）掌握放松训练减压的方法。

3）学会调控和管理情绪。

## 二、开展“冥想放松训练”活动，记录活动体验

**【活动项目】**冥想放松训练。

**【活动目的】**

1）放下压力，体验放松的感觉。

2）学会放松训练减压的方法。

**【活动方法】**

在自己的座位上坐下，以舒服的姿势坐好。双脚微微打开与肩同宽，双臂可在身旁放松。闭上眼睛，倾听内心的声音，你将体验到一种美妙放松的感觉。你会发现全身的肌肉都将完全放松。感觉自己的呼吸，不要刻意用力地呼吸，只要感觉到自己的呼吸变得缓慢而深沉。在吸气的时候，气会被带到腹部下方，你会意识到在你每次吸气时，你的小腹都

会微微鼓起。在呼气时，将所有的气完全呼出，将自己的烦恼也一起呼出。你感到全身非常沉重，一直沉到地板里，感到自己深深地陷入地板里，越来越深。

你感到很平静，全身正在放松，慢慢地呼吸，吸气、吐气、吸气、吐气。你会感到全身非常放松，所有的紧张和压力都消失了，随着你脖子后肌肉的放松而消失，延伸到脊椎下方及整个胸部的肌肉也放松了。你的全身已经放松。你感到手臂和双手非常沉重，松软地摆在两旁。你的双脚延伸到你的脚掌，你感到非常放松。你的全身正渐渐地往下沉，越沉越深，你感到温暖而放松。在你感到下沉的时候放松，越来越放松，放松地倾听自然美妙的声音。

想象你现在站在一个洒满阳光的海滩上。在这里每件东西都沐浴在阳光里，在你的面前就是一望无际的大海，碧蓝色的海水温柔而沉静。湛蓝的天空中太阳洒下柔和的光芒，你看到远处有白色的海鸥在飞翔，它们的歌唱声和海浪声一起组成了大自然的合唱。空气中充满了温暖的阳光，你可以听见海水在你脚边冲刷海岸的声音，一切是那么美好、安静、安详又充满生气，你是自然的一部分。当你在海滩漫步时，你能感觉到细小金黄的沙砾从你的脚趾缝间穿过，你甚至能嗅到湿润的空气中有股淡淡的海咸味。你慢慢地沿着海滩走向一处宁静的港湾，你来到了这个港湾，阳光在海面闪闪发光，你整个人都融入了自然，感到自己很平静安详。在海湾的一角海水清澈见底。

再来看看自己在水中的倒影。在你的心中升起一股暖流，你的脸上浮现出微笑，因为你现在已经抛开了生活的压力，它们已经不再把你压得喘不过气来，你现在是自由的、健康的，可以尽情地享受阳光。尽管你会在生活中遭遇阻碍，却再也没有外在的力量可以掌控你，除非你将掌控权交给它们。现在把自己的心灵想象为一个洒满阳光的海滩，而你正在这个美丽的海滩漫步……漫步……享受宁静与充实。现在你要离开你的海滩，温暖的阳光、金黄的沙滩、湛蓝的大海，都在你的背后慢慢淡化，你回到了你的座位上。现在开始慢慢地恢复你的意识，观察你的呼吸，注意到在你休息的时候，你的呼吸多么平静和缓慢。现在开始刻意地去呼吸，让每次的吸气延长一点、加深一点。当你呼气时，感受到充沛的精力散布在你的全身。

现在要开始活动你的脚掌和脚趾头，然后将你的头从一边转到另一边，睁开双眼，眨眨眼睛来适应光线。现在要伸展你的身体，高举双手超过头部，伸展、伸展、用力地伸展。呼气，开口尽力呼气，这是新的一天，慢慢让自己坐起来，感受平静、安详还深深地留在你身体里面，将会一直留在你心里。

## 三、分享活动体验，感悟心理成长

“冥想放松训练”活动结束后讨论与分享：

1）将全班学生分成若干组，每组 8～10 人。

2）学生分享放松过程中的感受，领悟如“放下压力，放松的感觉如何”“为什么有时候我们总是感觉无法放松”。

3）鼓励学生把活动中的放松方法应用到日常生活中。

## 任务评价

项目五任务三评价表

| 自我评价 | | | | | |
|---|---|---|---|---|---|
| 主要内容 | | 自我评价等级（在符合的情况下面打“√”） | | | |
| | | 全部能够做到 | 大部分（80%）能够做到 | 基本（60%）能够做到 | 没有做到 |
| 了解自我放松训练不同方法的内容 | | | | | |
| 了解乐调与情绪的关系 | | | | | |
| 熟知不合理的信念的特点 | | | | | |
| 掌握情绪宣泄法的原则与方式 | | | | | |
| 理解自我评估法和转移注意法的内容 | | | | | |
| 能够在不同情境下运用合理的方法提升情绪管理能力 | | | | | |
| 自我总结 | 我的优势 | | | | |
| | 我的劣势 | | | | |
| | 我的努力目标 | | | | |
| | 我的具体措施 | | | | |
| 教师评价 | | | | | |
| 主要内容 | | 教师评价等级（在符合的情况下面打“√”） | | | |
| | | 全部能够做到 | 大部分（80%）能够做到 | 基本（60%）能够做到 | 没有做到 |
| 了解自我放松训练不同方法的内容 | | | | | |
| 了解乐调与情绪的关系 | | | | | |
| 熟知不合理的信念的特点 | | | | | |
| 掌握情绪宣泄法的原则与方式 | | | | | |
| 理解自我评估法和转移注意法的内容 | | | | | |
| 能够在不同情境下运用合理的方法提升情绪管理能力 | | | | | |
| 评语 | 教师签名： | | | | |
| 建议 | | | | | |

## 延伸阅读 利用食物调节情绪

有研究显示，某些特定的食品能影响大脑中某些化学物质的产生，从而改善人们的心情。列举如下。

1）全麦面包：食物中的色氨酸能提高大脑中 5-羟色胺的水平，使人产生愉悦的感觉。全麦面包能帮助色氨酸的吸收。在吃富含蛋白质的肉类、奶酪等食品前，先吃几片全麦面包，可以保证色氨酸进入大脑，而不被其他氨基酸挤掉。

2）咖啡：早上喝一杯咖啡会有提神醒脑的作用。咖啡因能使血压暂时性略有升高，并阻断使人感到困乏的化学物质传递。但每天喝 3 杯以上咖啡可能会使人烦躁、易怒。

3）水：每天应喝足够的水，防止因缺水而感到萎靡不振。不能用咖啡或其他含咖啡的饮料代替水。

4）香蕉：紧张与镁缺乏密切相关，生活忙碌的人在食谱中应补充富含镁的食品，如香蕉。

5）橙子和葡萄：每天补充 150 毫克剂量的维生素 C（相当于吃两个橙子），可以使紧张、易怒、抑郁的不良情绪得到改善。

6）辣椒：辣椒中含的辣椒素能刺激口腔神经末梢，使大脑释放出内啡肽，这种物质能引起短暂的愉快感。

7）巧克力：巧克力具有镇定作用，许多女士，尤其是当她们受到经前期综合征或不良情绪困扰时，特别想吃巧克力。

8）牛肉：为了降低胆固醇而忌吃牛肉，往往会引起缺铁，使人感觉疲劳，心情抑郁。实验表明，每天吃 3 盎司牛肉（相当于一只小汉堡包）的人比完全吃素食的人可多吸收 50% 的铁。

## 项目小结

本项目首先介绍了情绪的含义及分类、情绪的功能、情绪对大学生的影响、大学生情绪的特点、大学生常见的不良情绪，然后带领学生探寻了提升大学生情绪管理能力的 6 种方法：自我放松训练法、音乐疗法、合理情绪疗法、合理宣泄法、自我评估法、转移注意法。

## 课后练习

### 一、不定项选择题

1. 大学生情绪活动的特点有（　　）。

①丰富性和复杂性　②冲动性与理智　③外显性和内隐性　④稳定性和波动性

A. ①　　B. ①②　　C. ③④　　D. ①②③④

2. 人类的基本情绪有 4 种，即（　　）。

A. 喜、怒、哀、乐　　B. 喜、恶、爱、恨

C. 酸、甜、苦、辣　　D. 喜、怒、哀、惧

3. (　　) 属于情绪调节中的宣泄方法。

A. 倾诉　　B. 散步　　C. 哭泣　　D. 运动

4. 我国《黄帝内经》中“怒伤肝，喜伤心，思伤脾，忧伤肺，恐伤肾”的说法告诉我们(　　)。

① 表达情绪要适时、适度，学会对自己的情绪负责

② 不要表达任何情绪，以免伤害身体健康

③ 要学会调节和控制情绪，保持乐观积极的心态

④ 情绪是无法调控的，应顺其自然

A. ①③　　B. ②③　　C. ①④　　D. ②④

## 二、填空题

1. ________是一种强烈、短暂、爆发式的情绪状态，如狂喜、愤怒、惊恐、绝望等都属于这种状态。

2. 心理学研究表明，焦虑程度与学习绩效的关系呈现________形，即适度的焦虑能使大学生取得最佳的学习效率，焦虑程度过高或过低，均难以取得优异的学习成绩。

3. ________是指他人在某些方面胜过自己引起的不快甚至是痛苦的情绪体验。

4. 放松的具体方法有多种，如深度呼吸训练、________、自我暗示、________和肌肉放松训练等。

5. 过分压抑只会使情绪困扰加重，而________则可以把不良情绪释放出来，从而使紧张情绪得以缓解，心情轻松。

## 三、判断题

1. 抑郁可能是人在某种特定环境下的正常反应。(　　)

2. 某种情绪体验可能是由人们的错误认知归因导致的。(　　)

3. 情绪是人们在心理活动中对主观事物的情感体验。(　　)

4. 处于青春期的大学生情感最丰富、最强烈，有着丰富而又复杂的情感世界。(　　)

5. 在大学生进行思维活动时，情绪智力起到了“激发器”的重要促进作用。(　　)

6. 冷漠状态对大学生的身心产生极大的危害，是个体压抑内心愤懑情绪的一种表现。(　　)

## 四、简答题

1. 表情属于情绪吗？表情包括哪些？

2. 大学生情绪的一般特点有哪些？

3. 情绪对大学生的影响表现在哪些方面？

4. 提升大学生情绪管理能力的方法有哪些？

## 五、拓展题

下面列出了 4 种基本情绪：喜、怒、哀、惧。请在每种基本情绪后写出表现这种情绪的词语，写得越多越好。

喜：______________________________

怒：______________________________

哀：______________________________

惧：______________________________

# 项目六

# 恋爱心理

## 项目导言

莎士比亚曾说："爱情不是花荫下的甜言，不是桃花源中的蜜语，不是轻绵的眼泪，更不是死硬的强迫，爱情是建立在共同语言的基础上的。"爱情作为人类最基本的感情之一，是一个永恒的主题，从古到今被无数中外文人墨客歌颂和赞扬。黑格尔曾经在《法哲学原理》中指出爱情对人生的重要性，"爱情构成生命的一个重要环节，没有这个环节的生命是残缺的"。

许多大学生从踏进校园开始就向往着一份真诚、甜蜜的爱情。对于处于青春期的大学生来说，爱情既是情感的需求，也是关系其一生幸福的关键问题。爱情可以给大学生带来精神上的激励、情感上的寄托、生活上的充实，但同时，爱情也会使大学生品尝到心酸和苦涩的滋味。因此，大学生应正确认识爱情，树立正确的爱情观，学会正确处理爱情与友谊、爱情与学业、爱情与婚姻的关系，培养爱的能力，从而促进自身健康成长和发展。

## 任务一 认识爱情

### 任务目标

微课：什么是爱情

【知识目标】

1. 了解爱情的含义及大学生恋爱的主要类型。
2. 熟知大学生恋爱的影响因素。
3. 掌握大学生恋爱的心理特征。

【能力目标】

1. 能够识别大学生恋爱的类型。
2. 能够根据实际情况分析影响大学生恋爱的因素。

【素质目标】

1. 树立正确的恋爱观。
2. 培养爱的能力。

## 案例导入

电影《大话西游》讲述了这样一个故事：孙悟空的前世至尊宝在做山贼的时候遇到了自己心仪的女子白晶晶，并经过一系列事件之后与之确认了夫妻关系。然而由于一场误会，白晶晶挥剑自刎，为了救回自己的妻子，至尊宝使用月光宝盒让时光倒流，操作失误导致回到五百年前。回到五百年前的至尊宝遇到了紫霞仙子。在此期间，紫霞仙子爱上了他，但是一心想要救妻子的至尊宝毅然拒绝了紫霞仙子，直到至尊宝发现紫霞仙子留在自己心中的一滴眼泪的时候，才发现自己真正爱的是紫霞仙子。为了救回自己真正爱的人，至尊宝选择变回法力无边的齐天大圣，可是当他为救紫霞仙子戴上金箍的时候，也失去了爱紫霞仙子的权利，最后至尊宝眼睁睁地看着紫霞仙子在自己眼前飘走。

当我们有机会爱的时候，不懂得怎样去爱；而当我们经过岁月的洗礼终于懂得什么是爱的时候，却失去了爱的机会。这就是电影《大话西游》对爱情的阐释。

问题：

结合电影《大话西游》对爱情的阐释，谈一谈你对爱情的理解。

## 相关知识

### 一、爱情的含义

爱情是一个亘古不变的话题。斗转星移，沧海桑田，常谈常新。如果说一千个人眼里有一千个哈姆雷特，那么，在一千个人眼中，就有一千种爱情的样子。

爱情也许是吴越王给夫人吴氏家书中的一句话："陌上花开，可缓缓归矣。"爱情也许是白娘子为救许仙，不惜水漫金山，纵使魂飞魄散，也可满目从容。爱情或许不是郎才女貌的般配，不是你侬我侬的温存，而是共同成长、互相成就。有人崇尚"两情若是久长时，又岂在朝朝暮暮"，但亦有人认为"死生契阔，与子成说。执子之手，与子偕老"。爱情，是平凡生活中细腻温柔的流露，是轰轰烈烈后残酷苍白的无奈，是青葱岁月里笑与泪的挥洒，是情到深处义无反顾的决绝。当你想起他时，应是沧浪滚滚；当你想起他时，应是繁星璀璨；当你想起他时，应是春暖花开。三餐茶饭，四季衣裳，共同造就一个家的地方。

从狭义上来讲，爱情是指男女之间相互爱恋的感情。从广义上来讲，它可以突破性别，不论种族，指人与人之间相互爱恋的感情。它由性爱与情爱共同组成，倾慕+怜惜+性欲=性爱，理想+情操+个性=情爱，性爱+情爱=爱情。

综合各种心理学观点，爱情是男女基于一定的社会关系和共同的生活理想，在各自内心形成的对对方最真挚的倾慕，并渴望对方成为自己终身伴侣的最强烈的情感。

### 二、大学生恋爱的主要类型

当前大学生恋爱的动机呈现多元化的趋势，双方交往不再只是出于对彼此的爱慕或以结婚为目的。有的大学生为了摆脱寂寞，通过恋爱寻求慰藉；有的大学生只是为了证明自身的魅力而恋爱，以此满足自己的虚荣心。大学生恋爱的类型主要分为以下几类。

### 1. 空虚型

部分处在青春期年龄阶段的大学生，正值“心理断乳期”，未能及时通过调整自己来适应大学生活，常有莫名的惆怅感和孤独感。当周围的气氛不能满足这种心理需要时，往往以恋爱的方式向异性伸出求助之手。在外人看来，他们在谈情说爱，其实只不过是在寻找心理慰藉，以排除内心的孤独。这样的恋爱并不是真正的爱情，一般不会稳固，最终还有可能伤害付出真心的一方。

### 2. 友情型

有的恋人是中学或高中同学，本来就有感情基础，双方考上大学后，凭借天时地利发展成恋爱关系。这种恋爱关系发展比较稳定，成功率也较高。

### 3. 浪漫型

浪漫型情侣更多关注的是恋爱中的情感体验，如给对方精心准备礼物，经常一起看电影、旅游等，因此会常常将精力过分投入恋爱中，以致影响了学业和其他社会生活。这一类型的情侣需要注意平衡恋爱与学习的关系，以及恋爱与其他社交活动的关系，不能顾此失彼。

### 4. 理想型

有些大学生缺乏冷静思考，对爱情充满理想色彩，一旦认定某个异性与自己理想中的偶像吻合，就会不顾一切地去追求。这类大学生把爱情理想化，感情比较脆弱，一旦遭受挫折便会非常痛苦，常易导致心理障碍。

### 5. 理智型

理智型恋爱建立在双方充分了解的基础上，把感情融洽、志趣相投、事业成功作为爱情的基础，这种注重事业和精神生活的恋爱，互相尊重，行为大方，感情热烈而举止文明，注重思想上的沟通。这类大学生一般能较好地平衡学习与恋爱的关系，在情感上互相关怀、支持，在学习上彼此督促、鼓励，是一种积极、良好的恋爱状态。

### 6. 功利型

功利型是一种非常势利的实用主义恋爱类型。这种类型的恋爱以对方的门第、家产、地位、名誉、职业、社交能力等为恋爱的前提条件。有的大学生恋爱首先考虑的是对方的物质条件，或毕业所留城市的优势，或看中对方父母或亲戚的名利、地位等。这类大学生往往基于利益关系而谈恋爱，把爱情当作谋取功利的手段，没有真实的爱情可言。

### 7. 网恋型

网络创造的是一个虚拟的世界。首先，网恋双方信息的真实性无法得到保证，包括性别、年龄、职业、婚姻状况等。其次，由于缺乏现实中的实际接触，大学生只是靠自己的直觉和想象来认识对方，在不自觉中赋予了对方很多优点，忽视了可能存在的缺点。如果网友在实际见面时过于冲动，在还没有了解对方真实情况下就不计后果地行事，很有可能导致严重的后果。

知识窗

**分清爱与喜欢**

爱情是人和人之间互相吸引的最强烈形式。爱情与喜欢的不同如下。

1）爱情有较多的幻想；喜欢是由对他人的现实评价唤起的，它不像爱情那样狂热、激烈、迫切，始终比较平稳、宁静、客观。

2）喜欢是一种单纯的情感体验；爱情却与许多相互冲突的情绪有联系。

3）爱情往往与心灵有关，而喜欢则不涉及这方面的需要。

4）爱情是时时想和对方在一起，而喜欢不是。

5）爱情往往和性联系在一起，而喜欢不是。

6）爱情是自私、独占性的，而喜欢不是。

## 三、大学生恋爱的影响因素

大学生恋爱的影响因素是多方面的，其中对大学生恋爱影响较大的因素主要有以下几个方面。

### 1. 生理因素

满足性冲动的生理因素是促使大学生投入恋爱活动的重要诱因。大学生在校年龄一般为17～24岁，生殖系统逐渐成熟，对异性的好奇心理、好感心理和交往心理等也随之加深，形成强烈的恋爱冲动。生理需求的产生，形成了大学生恋爱心理的生理因素。它既是大学生恋爱的生理基础，又是其恋爱心理的变化和形成的重要影响因素。在进行大学生恋爱心理健康教育时，要注重把握该群体生理因素对其恋爱心理、行为及其婚恋观形成的影响。

### 2. 心理因素

大学生恋爱心理除了受到生理本能的驱动，还受到其主观思想和价值观念的影响，即受到其整体心理活动系统的影响。因此，大学生恋爱心理活动同样受到整体心理活动的认识、情感、意志和人格4个层面的影响。在恋爱认知方面，包括恋爱的感知、记忆、思维和想象等在内的认知活动是大学生恋爱心理构成的感性基础，直接影响其恋爱行为。只有满足自我的认知要求，才可能对异性产生好感、钦佩和爱慕等心理。我们常说的“眉目传情”“一见钟情”“梦中情人”等词汇均是建立在满足恋爱认知要求的基础上的。可见，恋爱认知从属于认知系统，对大学生的恋爱心理具有重要的影响。

### 3. 社会环境因素

大学生作为社会成员的一部分，其生活和思维都受到社会大环境的影响。因此，大学生恋爱心理也受到社会文化环境因素的影响。校园作为大学生学习和成长的环境，为大学生恋爱提供了较为纯净的平台。远离父母的监督和要求，大学生的恋爱拥有更多的自主性。

此外，大学生的恋爱行为也具有感染性，在校园平台中享受较小的社会约束的同时，仍然要遵循社会道德和社会基本规范要求。当今中西思想的碰撞，使我国传统思想对当代大学生的影响变小，具体表现在其日益开放的恋爱行为中。但是，作为正在塑造正确人生观的大学生，要正视伦理道德对其恋爱行为的规范和要求，树立正确的婚恋观。尤其是在性文化非常开放的今天，部分大学生滋生了不良的恋爱心理和观念，对传统性爱道德、伦理道德嗤之以鼻，在恋爱心理与行为上表现出开放和迷乱的特点，加剧了其恋爱心理的焦虑和躁动，不利于身心的健康发展。

### 4. 文化因素

文学作品经常渲染爱情的纯洁神圣，加强了青年把爱情理想化的倾向。许多人投入恋爱的目的是尝试早已向往的被诗歌、小说吟诵的甜蜜爱情。

## 四、大学生恋爱心理的特征

### 1. 恋爱心态健康，择偶标准个性当先

华东师范大学的一项调查表明，在现代大学生的择偶标准中，他们看重的既不是经济能力，也不是社会地位，而是个性和能力，经济在他/她们心目中排名落后。大学生心目中的“白马王子”和“白雪公主”是什么样子？在他/她们的眼中，学历、外貌、金钱、能力哪一点最重要？针对“选择男/女朋友时条件地位”的调查结果显示，在外表、个性、学历、经济、能力等多项条件中，不论男生女生，绝大部分的人都认为“个性”是择偶的最重要因素，其次则是“能力”“经济”“学历”因素，“经济”因素排名最后。在个性要求中，女生对男生的性格要求，首选“专一”；而男生最喜欢“温柔体贴”和“乐观”的女孩子。

### 2. 注意恋爱过程，轻视恋爱结果

所谓“不求天长地久，只求曾经拥有”，有些大学生谈恋爱时只强调恋爱的感觉，看重恋爱的过程，不注重恋爱的结果。在大学里，也存在这种想法的人，有人为了摆脱精神空虚而谈恋爱。

为获得经验而爱，这代价是不是过大了？是不是使纯洁的爱情变味儿了？好聚好散可以成为一段爱情的开场白，但分手时真的可以做到从容地说一声“谢谢你给予我的成长”吗？一些大学生之所以恋爱，是为了满足与异性交往的欲望，寻求刺激，填补精神上的空虚，把恋爱当作一种游离于婚姻之外的享受和消费。

### 3. 恋爱行为失范，失恋承受力弱

大学生中“有情人”虽多，但“成眷属”者少，这样就产生了一支失恋大军。感情受挫后出现短暂的心理阴暗期是正常的。失恋时，不少大学生对自己和对方能采取宽容的态度，尊重对方的选择。但仍有一部分学生摆脱不了“感情危机”，有的失去信心，放弃对爱情的追求；有少数学生因失恋甚至自杀等。因失恋而失志、失德者，虽属少数，但影响很大。

### 4. 强调爱的权利，缺乏爱的能力

大学生中的恋爱大都是在激情的碰撞下产生的，在激情平息之后，却不懂得如何培养爱情，爱与被爱的磨合期成长不足，往往造成对彼此的伤害。轻易地恋爱，轻易地分手，强调爱的体验，负不起爱的责任。

### 5. 恋爱观不成熟、不稳定

当前大学生的恋爱，低龄化人数呈上升趋势。很多大学生一进入大学就开始谈恋爱。一些低年级学生，由于社会阅历浅、思想单纯，对自己的人生目标和需要还没有清楚的概念，对待恋爱问题简单、幼稚、不成熟。在择偶标准上，往往重外表、轻内在；在恋爱方式上，往往重形式、轻内容；在恋爱行为中，往往重过程、轻结果，重享乐、轻责任。这种恋爱问题上的不成熟性，加之经济上尚未独立，恋爱过程中的感情和思想易变，缺乏妥善处理恋爱中情感纠葛的能力，极易造成恋爱的周期性中断，或对恋爱对象的选择漂泊不定，恋爱的成功率较低。

### 6. 恋爱观念开放，传统道德淡化

随着时代的发展，当代大学生的恋爱观念日益开放，传统道德逐渐淡化。随着对外开放的范围不断扩大，以及各种新闻媒体、网络文学的盛行和渲染，大学生对于爱情的观念趋于开放和大胆，不愿接受传统观念的束缚，恋爱方式公开化。一些大学生不能正确处理感情和性的关系，不能够理智、成熟地对待自己的情感问题，只愿享受爱情的甜蜜，由此而引发一系列的问题。

## 任务实施

### 一、明确任务目标，落实训练任务

1）通过认知学习、自我探索，了解爱情的真正意义。

2）通过活动感悟，明确自己的爱情价值观。

### 二、开展“我心目中的白马王子（白雪公主）”活动，记录择偶标准

**【活动项目】**我心目中的白马王子（白雪公主）。

**【活动目的】**认识自己选择爱人的标准，使爱更理性化。

**【活动方法】**

1）将全班学生分成若干组，每组 8～10 人。

2）你觉得爱情是什么？按照以下的格式造出 3 个隐喻爱情的句子。

爱情是________，因为________________________________________________________。

爱情是________，因为________________________________________________________。

爱情是________，因为________________________________________________________。

3）爱是我们生命中的重要课题。无论你已经拥有了爱情，还是即将拥抱爱情，都需要对自己选择爱人的条件进行认识。请用形容词、词组或句子的形式写出自己选择心目中的白马王子（白雪公主）的 5 条标准。

第一条：________________________________________________________

第二条：________________________________________________________

第三条：________________________________________________________

第四条：________________________________________________________

第五条：________________________________________________________

## 三、探讨爱情观、价值观，感悟心理成长

“我心目中的白马王子（白雪公主）”活动结束后讨论与分享：

1）每位学生把自己造的句子和自己选择心目中白马王子（白雪公主）的 5 条标准念给小组其他成员，并分享自己对爱情的理解。

2）每个小组派代表交流。在共同讨论中表现出自己的爱情观、价值观，也可以了解他人的爱情价值观，促进深入思考，逐渐确立正确的爱情观、价值观。

## 任务评价

项目六任务一评价表

<table>
<tr><th colspan="6">自我评价</th></tr>
<tr><th colspan="2" rowspan="2">主要内容</th><th colspan="4">自我评价等级（在符合的情况下面打“√”）</th></tr>
<tr><th>全部能够做到</th><th>大部分（80%）能够做到</th><th>基本（60%）能够做到</th><th>没有做到</th></tr>
<tr><td colspan="2">了解爱情的含义及大学生恋爱的主要类型</td><td></td><td></td><td></td><td></td></tr>
<tr><td colspan="2">熟知大学生恋爱的影响因素</td><td></td><td></td><td></td><td></td></tr>
<tr><td colspan="2">掌握大学生恋爱的心理特征</td><td></td><td></td><td></td><td></td></tr>
<tr><td colspan="2">能够识别大学生恋爱的类型</td><td></td><td></td><td></td><td></td></tr>
<tr><td colspan="2">能够根据实际情况分析影响大学生恋爱的因素</td><td></td><td></td><td></td><td></td></tr>
<tr><td rowspan="4">自我总结</td><td>我的优势</td><td colspan="4"></td></tr>
<tr><td>我的劣势</td><td colspan="4"></td></tr>
<tr><td>我的努力目标</td><td colspan="4"></td></tr>
<tr><td>我的具体措施</td><td colspan="4"></td></tr>
</table>

续表

<table>
<tr><th colspan="5">教师评价</th></tr>
<tr><th rowspan="2">主要内容</th><th colspan="4">教师评价等级（在符合的情况下面打“√”）</th></tr>
<tr><th>全部能够做到</th><th>大部分（80%）能够做到</th><th>基本（60%）能够做到</th><th>没有做到</th></tr>
<tr><td>了解爱情的含义及大学生恋爱的主要类型</td><td></td><td></td><td></td><td></td></tr>
<tr><td>熟知大学生恋爱的影响因素</td><td></td><td></td><td></td><td></td></tr>
<tr><td>掌握大学生恋爱的心理特征</td><td></td><td></td><td></td><td></td></tr>
<tr><td>能够识别大学生恋爱的类型</td><td></td><td></td><td></td><td></td></tr>
<tr><td>能够根据实际情况分析影响大学生恋爱的因素</td><td></td><td></td><td></td><td></td></tr>
<tr><td>评语</td><td colspan="4">教师签名：</td></tr>
<tr><td>建议</td><td colspan="4"></td></tr>
</table>

## 任务二　识别与调适大学生恋爱心理问题

### 任务目标

微课：大学生恋爱心理及问题调适

**【知识目标】**

1. 了解大学生中常见的恋爱心理问题。
2. 掌握大学生中常见的恋爱心理问题的调适建议。

**【能力目标】**

能够识别恋爱心理问题并能够进行自我调适。

**【素质目标】**

1. 形成对恋爱心理的正确认识。
2. 增强对于恋爱的谨慎态度。

### 案例导入

小周是某高校大三的学生，他和同班的王某已经恋爱一年了，平时两个人的感情很好，一起吃饭、学习、娱乐。突然有一天，王某提出分手，理由是父母知道了他们谈恋爱的事情，并表示不同意。小周感到非常伤心，更令他气愤的是，有一天，他发现王某和一个他不认识的男生在一起，两个人的关系显得非常亲密。顿时，小周有种被玩弄的感觉，就气冲冲地上前殴打该男生，在殴打中小周抽出随身携带的水果刀刺向该男生，结果刺中对方心脏，该男生经抢救无效死亡。小周为自己的过激行为付出了沉重的代价，他感到万分后悔。

问题：

假如你是案例中的小周，面对王某突然提出的分手要求，你会怎样做？

## 相关知识

### 一、大学生恋爱心理问题

爱情虽然甜蜜，但也会带来复杂、独特而微妙的情感体验，成为最容易产生心理困扰的因素之一。

#### 1. 选择的困惑

选择的困惑是大学生恋爱中常见的问题之一，其中较常见的有下列几种情形：①不知道应不应该谈恋爱，这类学生只是因为看到别人在谈恋爱，就产生了自己是否谈恋爱的想法，但自己心里还没有喜欢的异性；②自己爱上了别人，但不知道对方是否也爱自己，想表明心迹，又怕遭到拒绝，左右为难；③不知道如何拒绝对方的求爱，害怕伤害对方的自尊心，或者为了自己的虚荣心，在自己没有产生爱情的情况下，盲目接受对方的爱，不但会伤害对方，而且会伤害自己；④在恋爱过程中发现对方不适合自己，而对方依然爱自己，不知道如何提出分手才不会伤害对方的自尊心。

#### 2. 单相思的苦恼

单相思是指异性关系中的一方倾心于另一方，却得不到对方回报的单方面的“爱情”。爱情错觉是单相思的另一种形式，是指在异性间的接触往来关系中，一方错误地认为对方对自己“有意”，或者把双方正常的交往和友谊误认为是爱情。它常会使当事人想入非非、自作多情。单相思是恋爱心理的一种认知和情感的失误。单相思使某些学生陷入痛苦的境地，处于空虚、烦恼，甚至绝望之中。如果处理不好，就会对以后的恋爱、婚姻生活有消极的影响。

#### 3. 失恋的痛苦

失恋是指恋爱过程的中断。失恋带来的悲伤、痛苦、绝望、忧郁、焦虑、虚无等情绪使当事人受到伤害。失恋所引发的消极情绪若不及时化解，就会导致身心疾病。分手不是一个人的错，而是两个人不合适。

#### 4. 恋爱观不明确

大学生的生理和心理发展的不成熟的特点，表明其尚未形成稳定鲜明的恋爱观。部分大学生的恋爱动机仅仅是为了满足虚荣心理和生理需求，一些大学生频繁更换恋爱对象并以此为炫耀的资本，一些大学生表明恋爱是为了寻求刺激和享受，还有一部分大学生反映恋爱是为了消遣、解除寂寞。这些人“只求曾经拥有”，不正视恋爱是否有结果，享受了恋爱的权利，却担不起恋爱的责任。同时，这种不明确的恋爱观是其不成熟的表现，也对其恋爱心理健康的发展构成威胁。

## 二、大学生恋爱心理问题的调适建议

### （一）选择困惑的调适方法

面对选择的困惑，大学生应认真审视、调整自己的择偶标准，在寻求爱情的过程中，既要有主观上的用心，又要顺其自然，不可苛求。建议从以下几个方面进行选择困惑的调适。

1）树立对爱情的正确态度。在不确定是否应该谈恋爱时，要对什么是真正的爱情有明确的态度。当真正的爱情还没有来到的情况下，不要盲目去寻找爱情，寻找的爱情并不一定是真正的爱情。

2）正确认识对方对自己的情感。如果经过观察和考验，发现对方不是真正喜欢自己，就没有必要向对方表明自己的心迹。因为你的表白不但得不到回报，而且会使对方为难；如果你们是同班同学，还会影响你们之间的关系。如果经过观察，发现对方也对自己有一定的感情，就可以大胆地向对方表明自己的心迹。

3）学会拒绝。面对他人的求爱，当你不准备接受时，应当在不伤害对方自尊心的情况下，委婉地拒绝；如果对方进一步追求你，而你无论如何也不可能接受对方的爱情，就应该明确拒绝。

4）明确爱情是不能强求的。一方发现对方不适合自己而准备结束恋爱关系，也无可厚非。当然，最好对方有一定的思想准备，如用一些暗示性的语言表明两人不合适。在对方有思想准备的情况下再提出分手，对方可能容易接受，感受到的伤害也会少一些。

### （二）单相思的调适方法

单相思的调适方法主要是认知领悟和心理分析。在具体的心理调适过程中，应根据不同的情况采用不同的方法。

如果是自己有意而对方并不知情，并且觉得对方有很大的可能也爱自己，就可以大胆地向对方表明自己的感情。当然，也应做好对方不接受自己的感情的心理准备。如果觉得对方根本就没有可能爱自己，就没有必要表明自己的感情，因为这种表白既可能给对方造成心理压力，又会使两个人的关系显得不自然。有些情况下，适当压抑自己的感情还是必要的。持久的单相思会给个人的生活带来很大的负面影响，应当学会尽快地从单相思中解脱出来。

### （三）失恋的调适方法

失恋者可以尝试运用以下方法进行自我调适。

#### 1. 适当运用酸葡萄心理效应

当一个人失恋之后，如果总是回想过去恋人的种种优点，就会越发怀念过去的恋人，同时也就越发否定自己，觉得自己一无是处，结果形成恶性循环，使情绪越来越消沉，心理越来越压抑。如果难以从失恋的阴影中摆脱出来，就可以尝试运用酸葡萄心理效应来缓解情绪。所谓酸葡萄心理效应，就是对自己无法得到的东西降低好感和对自己的重要性。也就是说，可以尽量多想过去恋人的缺点，少想或不想过去恋人的优点，心理就容易平衡。

当然，一个人对酸葡萄心理效应的运用必须适当。若过分运用酸葡萄心理效应，就容易形成一种不符合实际的观念。久而久之，容易导致一些非理性思维方式，不利于自己的心理健康。大学生在失恋的时候，应客观地分析对方的优点和缺点，并且能够在不贬低对方的优点的情况下调控自己的消极情绪。

#### 2. 学会进行积极的自我暗示

当一个人失恋之后，如果总是责备自己，觉得自己不好才导致分手，就只会使自己越来越压抑。这时应学会进行积极的自我暗示，如“幸亏他/她现在提出分手，如果他结婚后才提出分手，岂不更糟”，“他/她不爱我，并不说明我不可爱，只是说明我们两人的性格和观念不合”，“天涯何处无芳草”等。

#### 3. 转移注意力

失恋后如果总是想着失恋这个沉重的打击，就很难尽快地从失恋的阴影中走出来。这时，就应设法把自己的注意力从失恋这件事情转移到自己比较感兴趣、能够分散自己注意力的事情上，如听音乐、看电影、跳舞、打球等，以冲淡内心因失恋而遭受的挫折感和压抑感。

#### 4. 采用升华法

古今中外，有不少历史人物恰恰是因受到失恋的打击后而发愤追求事业，从而流芳百世、名垂青史的。因此，把因失恋而产生的挫折感、压抑感升华为奋斗的动力是十分有益的。一旦全身心地投入一项更有意义的事业中，就会觉得因失恋而痛苦不堪是微不足道的。

#### 5. 及时倾诉宣泄

将自己的烦恼向值得信任的亲人或朋友倾诉，自己的情绪会好些。如果不善言谈，那么可以奋笔疾书，让情感在笔端发泄；也可以大哭一场，痛哭是一种纯真情感的爆发，是一种自我保护性反应。另外，打球、参加文娱活动也能消除心中的郁结，解除失恋带来的心理压力。

### （四）树立正确的恋爱观

美好的恋爱能够给彼此带来温暖和幸福。然而，如果没有正确的恋爱观，人们就可能陷入不合适的关系中，导致心理和身体上的创伤。因此，树立正确的恋爱观是非常重要的。

首先，谨慎确立恋爱关系。向人求爱要慎重，面对求爱者，在不了解的情况下不要轻易定情。其次，恋爱行为要文明。表达爱意的方式多种多样，但总的原则就是求爱要注意场合和分寸，不仅要符合中华民族的习惯和道德传统，而且要符合青年人的身份，切忌粗鲁、莽撞行为，切勿给对方、给自己造成心灵的刺激和伤害。最后，热恋中要保持理智。如果让感情冲破理智的堤岸，就会带来难以挽回的苦恼和悔恨。

## 任务实施

### 一、明确任务目标，落实训练任务

1）通过自我盘点，衡量自身具备的恋爱资格。

2）通过心理活动，自我体验，明确自己将为恋爱做好心理准备。

### 二、开展“恋爱资格大拍卖”活动，记录过程信息

**【活动项目】**恋爱资格大拍卖。

**【活动目的】**了解自己已具备怎样的恋爱资格，还需要做怎样的准备，使恋爱更理性化。

**【活动方法】**

1）全班学生各抒己见，讨论大学生恋爱需要具备什么样的资格。

2）准备一张大海报，挑出 10 种最具代表性的恋爱资格写在上面。

3）将全班学生分成若干组，每组 8～10 人。每组有“100 万元”，每项恋爱资格的底标是“5 万元”，依次竞标海报上的各项恋爱资格，每次加价不得少于“5 万元”，喊 3 次无人竞标则由最高价者获得，在该项旁注明得标者的小组。

4）在竞标过程中，注意哪些组花了相当高的代价拍得哪些恋爱资格，哪些恋爱资格竞标者最多。

### 三、分享活动体验感受，感悟心理成长

1）“恋爱资格大拍卖”活动完毕，每组派代表说明小组参加竞拍了什么恋爱资格，竞拍得了哪些恋爱资格，为什么要竞拍这个资格，有什么遗憾。

2）分享感受，交流心情。

## 任务评价

**项目六任务二评价表**

| 自我评价 | | | | | |
|---|---|---|---|---|---|
| 主要内容 | | 自我评价等级（在符合的情况下面打“√”） | | | |
| | | 全部能够做到 | 大部分（80%）能够做到 | 基本（60%）能够做到 | 没有做到 |
| 了解大学生中常见的恋爱心理问题 | | | | | |
| 掌握大学生中常见的恋爱心理问题的调适建议 | | | | | |
| 能够识别恋爱心理问题并能够进行自我调适 | | | | | |
| 自我总结 | 我的优势 | | | | |
| | 我的劣势 | | | | |
| | 我的努力目标 | | | | |
| | 我的具体措施 | | | | |

续表

| 教师评价 | | | | |
|---|---|---|---|---|
| 主要内容 | 教师评价等级（在符合的情况下面打“√”） | | | |
| | 全部能够做到 | 大部分（80%）能够做到 | 基本（60%）能够做到 | 没有做到 |
| 了解大学生中常见的恋爱心理问题 | | | | |
| 掌握大学生中常见的恋爱心理问题的调适建议 | | | | |
| 能够识别恋爱心理问题并能够进行自我调适 | | | | |
| 评语 | 教师签名： | | | |
| 建议 | | | | |

## 任务三 探寻大学生爱的能力的培养途径

### 任务目标

微课：管理爱情

【知识目标】

1. 掌握正确理解与表达爱的方法。
2. 掌握珍惜自己与珍惜对方的方法。
3. 掌握培养爱的能力的方法。

【能力目标】

1. 能够正确理解与表达爱。
2. 能够学会珍惜自己与珍惜对方。

【素质目标】

1. 增强爱的责任意识。
2. 培养爱的能力。

### 案例导入

小红是某高校一名学生，她在老师和同学眼中乐观开朗，各方面都很优秀，人缘也很好。从大一开始就有不少异性同学追求她，其中也有她欣赏的男生。但是，即使她对某位男生有好感，也无法接受对方的追求，因为她不认为自己有什么值得他人喜欢的地方，无法完全相信对方是真心喜欢她。终于有一次，她鼓起勇气试着和一位男生交往，但确定恋爱关系后没多久她就以各种理由提出了分手。

小红从小接受的是传统的打压式教育，她的母亲比较强势，对她要求很严格，很少表扬她，总是指出她的缺点和不足。小红对母亲的态度很矛盾，一方面她厌恶母亲的教育方式，但另一方面她已经将母亲对自己的评价内化为自己对自己的评价，那就是“我不优秀”“我没有值得别人喜欢的地方”。正是小红对自己的这种认识和评价导致她无法相信他人，无法建立良好的亲密关系。

问题：

你认为案例中的小红应该如何改善对自己的认识？如果你是小红，你将如何看待异性的追求？

## 相关知识

### 一、正确理解与表达爱

#### （一）正确理解爱

1）爱是信任与理解。真正的爱是建立在两个人相互理解并充分信任的基础上的。虽然爱在某方面是自私的、具有独占性，但爱并不等于猜疑和狭隘。只有建立在相互理解和信任上的爱才会稳定与持久。

2）爱是尊重。真挚的爱是建立在两个人相互平等、相互尊重的基础上的。只有这样，相爱的双方才可以相互促进、相互激励，共同创造美好的生活。

3）爱是奉献。真正地爱一个人就意味着奉献，这种奉献不是义务，不是外界的强加，而是内心的自愿，甚至有时候为自己所爱的人牺牲生命也会无怨无悔。

4）爱是共同分享。真正的爱就意味着与所爱的人分享，不仅分享生活中的欢乐，还要分担生活中的痛苦，只有同甘共苦的爱才会是经受得起考验与磨炼的爱。

5）爱是责任。在享受爱的甜蜜果实的同时，不要忘记自己应该承担的责任，这种责任有来自个人的，也有来自家庭的，还有来自社会各方面的。只有对爱的一切负责，爱才会有保障。

6）爱是忠贞。爱是自私的、排他性的，真正的爱就意味着为所爱的人保持纯洁的自我。

#### （二）正确表达爱

在恋爱过程中，除了“恋”和“爱”这两个阶段，在它们前面还有一个“谈”的阶段。“谈”的水平和质量直接影响后面的两个阶段。

“爱你在心口难开”正是对“谈”的阶段遇到的问题的形象说明。当你有了心仪或喜欢的对象，你怎样向对方表达能够提高成功的可能性？或者你采用哪种方式能避免遭到拒绝后的尴尬和难受？这都是需要艺术和能力的。

在过去，恋爱双方中一般是男性主动，女孩是比较被动的，即使有喜欢的人，也不敢轻易表达。但随着社会的进步，现在的女生也越来越主动，有了爱就勇敢表达，即使表达后遭到拒绝，也比带着困惑不敢表达，等到以后偶然说起，才知道对方也钟情于自己，也是因不敢表达而深藏心中，从而错过一段美好的姻缘而遗憾要好。

首先，表达爱需要勇气，需要信心；其次，表达爱需要选用恰当的方式和语言；最后，表达爱也就意味着要承担责任。

### 1. 表达爱的基本原则

1）必须在双方有感情的基础上进行。

2）必须在双方都有意愿的情况下进行。

3）说出“我爱你”应该符合双方的性格和心理特征及其他各种具体情况。

4）不能套用固定模式，表达爱有各种方式，最好根据情境创造性地发挥。

从这些原则来看，表达爱需要双方有共识，需要因时、因地、因人而异。

### 2. 表达爱的技巧

表达爱是打开爱情大门的钥匙。喜欢某一异性，如果不去表达爱，对方不明白自己的情感，不做出回应，就可能陷入单相思。但如果表达爱不恰当，对方也不会有让自己满意的回应。因此，表达爱需要有一定的技巧。

1）时机恰当。表达爱需要有恰当的时机，否则会弄巧成拙。表达爱意最好选择在瓜熟蒂落之时，如果一方尚在考虑，另一方急不可待，死缠烂打、软磨硬泡，甚至以死相逼，爱情可能就会远去。

2）态度真诚。无论采用什么样的方式表达爱，都必须以诚心来打动对方，让对方感受到自己对他（她）的尊重和呵护，感受到自己发自内心地想要彼此在一起，而不是为了达成自己的目的，采用一些方式来给对方施加压力。

3）善用赞美。让对方感受到自己对他（她）的点滴细节的在意，用一种欣赏的眼光来看待对方，尤其是对对方生活细节的关注和赞美更能打动对方。

### 3. 勇敢接受表达结果

表达爱之后可能有 3 种结果：一是对方欣然接受，这种结果皆大欢喜；二是对方说要考虑下，可能对方对这份感情还不太确定，或者要考验自己的表达是否真诚；三是对方直接拒绝。

在后两种情况下，要坚持三不原则：不急躁（不要着急要结果或者解释），不逼迫（不能对对方进行逼迫和威胁），不强求（爱情之果未成熟，强行摘下也是酸的）。大学生恋爱期间，要一如既往地以诚相待，培养感情，增进了解。

#### 运用 XYZ 方式进行表达

情侣在沟通中表达不愉快或气愤的情感时，常常表现出批评、埋怨、蔑视等心理情绪。这些表达方式没有真切地说出自己的感受，而是直接向对方“发起攻击”，对于恋人之间的交流会起到极大的破坏作用，使两人的沟通遭受阻碍。为了促进情侣之间的有效交流，心理学家提出了一个简单的 XYZ 表达方式。X 表示发生的某种情况，Y

表示恋人的某种行为，Z表示自己的真实感受。按照这个方式，恋人可以向对方说："当我们在路上开车时（X），你没有先问我就换了频道（Y），我觉得很受伤，因为你没有考虑到我的存在（Z）。"这样表达比"听音乐时你根本不考虑我的存在"要好得多，对伴侣更有建设性，听起来更令人信服。恋爱中的情侣应当高度重视两人交流的表达方式，不能轻视这个问题，要在彼此沟通中不断地学习，自觉地提高沟通意识和交流能力。

## 二、珍惜自己与珍惜对方

爱情是上苍赐予个体神圣的礼物，是独特的心灵历程，是双方心与心的沟通与交流。爱情不可以被抑制，是人人能够享受的精神权利，同时爱情又是不可亵渎的，只有庄重对待人生中这一伟大的命题，才能伴随爱情的幸福获得心灵的成长。

### （一）学会珍惜自己

年轻时的爱情风暴很容易使人迷失方向，错把他（她）作为生命的唯一。特别是一些女孩坠入爱河不能自拔，对其他事一概漠不关心。有男朋友的女孩大大缩小了活动范围，在爱情面前，选择了做攀缘的藤。只有懂得珍惜自己的人才会懂得怎么去爱别人，在恋爱中才能够保持真正的自我。

#### 1. 正确的自我认知

珍惜自己首先要有正确的自我认知。特别是女性，更要积极关注恋爱中的自我。有人说"恋爱损伤女性的大脑，降低判断力"，事实上恋爱特别是热恋中的男女都会将恋人"理想化"。当处于热恋中时，认为自己是世界上最幸福的人，而失恋后便认为自己是世界上最痛苦的人。固然，恋爱双方强烈而丰富、敏感而不稳定的感情并非异常，但如果陷入情感的幻想中，自我判断、自我评价与自我意识都会发生偏差，有的因为恋爱失去了自我，有的因为恋爱更加自恋，有的因为恋爱更加成熟，其中的差异在于个体对自我的认知。

#### 2. 尊重和珍惜自己的感情

珍惜自己还要尊重和珍惜自己的感情。爱情是纯洁的、真挚的，这也是将来幸福生活的基础，需要每个人去珍惜。有的大学生因为恋爱而放纵自己的感情，甚至本不是爱情，仅仅为了满足自己生理与心理甚至物质上的需求。用青春与爱情赌明天，都不是珍惜感情的体现。滥用自己的感情是对自己不尊重的表现，也是对自己人格的一种亵渎。

#### 3. 要学会说"不"

恋爱时，特别是热恋时，要控制感情的温度。对明知道不合适的恋情一定要学会拒绝，这样不仅是对自己的保护，也是对对方的尊重，更是对感情的尊重。与其勉强和别人开始一段并不美好的恋情，不如花时间好好经营自己，让自己变得更加优秀。

#### 4. 要对自己负责

恋爱不是放弃自我，而是因爱而使自己的生活更加充实且有意义。大学生的主要任务是掌握知识、学习本领，不能因身陷“爱河”而不能自拔。一个人只有本着对自己高度负责的态度学习、生活，才能处理好恋爱中的自我与他人，现在与未来，学业、工作与爱情等关系。

只有珍惜自己的人才能坦然接受他人的喜爱，并同样付出自己的爱。珍惜自己不意味着认为自己是完美的，或者高人一等，而是在全面了解自己后接纳、尊重并不完美的自己，并以积极、乐观的态度努力成为最好的自己。

#### （二）学会珍惜对方

珍惜自己和珍惜对方是密不可分的。人们只有认识对方、了解对方才能尊重对方。珍惜对方不是无我状态，按照对方塑造自己，也不是将自己爱的人塑造成自己所喜欢的样子。珍惜对方也是一种艺术，只有好好地把握怎样去爱对方，才会得到对方的爱。珍惜对方包括以下几个方面。

##### 1. 了解你爱的人

一切的交往只有建立在理解的基础上才会变得和谐，恋爱更应该如此。“一无所知的人什么都不爱，一无所能的人什么都不懂。懂得很多的人却能爱、有见识、有眼光……对一件事了解得越深，爱的程度也越深。”正如弗洛姆所说的那样，你如果连自己所爱的人都不了解，又谈何去爱呢？了解不仅仅是看到对方的优点，更要看到对方的缺点，只有全面地了解对方，才能够深入地去爱对方。

##### 2. 尊重你爱的人

恋爱既是两人心灵的共鸣，又是自我成长。事实上，在每份爱情中，都包含着期待效应，对方都在向着彼此喜欢的方向发展。这就要求更加尊重你所爱的人，让对方在爱的港湾中自由发展，以他（她）喜欢的方式发展自我。

学会尊重是学会爱的一个基本条件，既然爱他（她）就要给对方一片自由的天空，尊重他（她）的意愿，而不能把自己的意志与行为标准强加在他（她）的身上。

##### 3. 帮助对方积极发展自我

恋爱唤醒沉睡的心灵，积极的恋爱使个体潜在的心理能量得以释放，为所爱的人努力。爱也是积极向上的精神力量，催促着相爱的两个人向着更好的方向发展，更加努力地自我完善、自我发展，而非自我束缚、自我放纵。

##### 4. 对你爱的人负责

每份爱情中都包含了神圣的责任，这种责任会让你的行为更有理智。这种责任感会让你和所爱的人共同承担恋爱中的风险。

### 三、培养爱的能力

##### 1. 迎接爱的能力

迎接爱的能力包括施爱的能力和接受爱的能力。一个人心中有了爱，在理智分析之后，要敢于表达、善于表达，这是一种爱的能力。一个人面对别人的施爱，能及时准确地对爱做出判断，并做出接受、谢绝或再观察的选择，这也是一种爱的能力。缺乏这种能力的人，或是匆忙行事，或是无从把握。大学生要具有迎接爱的能力，就应懂得爱是什么，有健康的恋爱价值观，知道自己喜欢什么、需要什么、适合什么。

#### 2. 拒绝爱的能力

自己不愿或不值得接受的爱应有勇气加以拒绝。拒绝爱要注意两个方面：一是在并不希望爱情到来时，要果断、勇敢地说“不”，因为爱情不能勉强和将就，如果优柔寡断或屈服于对方的穷追不舍，那么发展下去对双方都是不利的；二是要掌握恰当的拒绝方式，虽然每个人都有拒绝爱的权利，但是珍重每份真挚的感情是对他人的尊重，也是一种自珍，同时是对一个人道德情操的检验。因此，首先表现为对他人的尊重，要感谢对方对自己的感情；其次要态度明确，表达清楚，说清和对方只能是什么关系；最后要行动与语言保持一致。不能语言上拒绝了对方，而行动上与对方有较亲密的接触，如单独吃饭、看电影等，使对方产生误解；或者不顾情面，处理方法简单轻率，甚至恶语相加，结果使对方的感情和自尊心受到伤害。这些做法都是不妥当的。

#### 3. 发展爱的能力

发展爱的能力是指人持续地增进和加深爱情，并将爱情推进到美好、崇高境界，进而产生对世界博爱的能力。人应该在所有领域里都能保持创造性和移动性，倘若在其他领域消极无能，在爱的领域里也可能重蹈覆辙。培养爱的责任，发展爱的能力，就要培养无私的品格和奉献精神，培养崇高的、博大的胸怀，为恋人负责，为自己负责，为社会负责，唯其如此，才能酿就芳香四溢的爱情美酒，创造出幸福美满的爱情，让爱的灿烂阳光照亮自己美丽的一生。

## 任务实施

### 一、明确任务目标，落实训练任务

1）通过认知学习，学会处理恋爱心理问题。
2）通过活动感悟，提高自己爱的能力。

### 二、开展“喜刷刷”活动，体会心路历程

**【活动项目】**喜刷刷。
**【活动目的】**大胆表达“我爱你”，敢于面对拒绝，努力提高心理的承受能力。
**【活动方法】**

1）两人间进行“喜刷刷”活动，在活动中，视线通过双方出示的手来观察对方，增加神秘感；在“喜刷刷”过程中，5 只能大于 4，4 只能大于 3，3 只能大于 2，2 只能大于 1，1 又反过来大于 5。

2）当刷出火花（也就是分出输赢）时，输的一方必须向赢的一方大胆说出“我爱你”；而赢的一方，则以不同的形式来回应对方，如“我不爱你”“谢谢”。

3）第一轮个体练习结束后，下一轮则以宿舍成员为单位，集体大比拼。输的一方被淘汰出局时，要以不同的形式向赢的宿舍同学表达“我爱你”。赢的一方则继续守垒，直到产生最后一个获胜宿舍。

## 三、分享活动体验，感悟心理成长

“喜刷刷”活动结束后讨论与分享：

1）当第一次对着异性同学表达自己的爱意时，你是怎么想的？（记录下来，越多越好）

2）当对方以“我不爱你”来拒绝自己或“谢谢”接纳自己时，你的心情又是怎样的？

3）每位学生以下面的句型为模板，列举失恋后的十大好处（找出最合理、最可行的建议，以此作为自己的情感自卫盾牌）。

因为我失恋了，所以我获得了________________________。

## 任务评价

项目六任务三评价表

<table>
<tr><th colspan="6">自我评价</th></tr>
<tr><th colspan="2" rowspan="2">主要内容</th><th colspan="4">自我评价等级（在符合的情况下面打“√”）</th></tr>
<tr><th>全部能够做到</th><th>大部分（80%）能够做到</th><th>基本（60%）能够做到</th><th>没有做到</th></tr>
<tr><td colspan="2">掌握正确理解与表达爱的方法</td><td></td><td></td><td></td><td></td></tr>
<tr><td colspan="2">掌握珍惜自己与珍惜对方的方法</td><td></td><td></td><td></td><td></td></tr>
<tr><td colspan="2">掌握培养爱的能力的方法</td><td></td><td></td><td></td><td></td></tr>
<tr><td colspan="2">能够正确理解与表达爱</td><td></td><td></td><td></td><td></td></tr>
<tr><td colspan="2">能够学会珍惜自己与珍惜对方</td><td></td><td></td><td></td><td></td></tr>
<tr><td rowspan="4">自我总结</td><td>我的优势</td><td colspan="4"></td></tr>
<tr><td>我的劣势</td><td colspan="4"></td></tr>
<tr><td>我的努力目标</td><td colspan="4"></td></tr>
<tr><td>我的具体措施</td><td colspan="4"></td></tr>
<tr><th colspan="6">教师评价</th></tr>
<tr><th colspan="2" rowspan="2">主要内容</th><th colspan="4">教师评价等级（在符合的情况下面打“√”）</th></tr>
<tr><th>全部能够做到</th><th>大部分（80%）能够做到</th><th>基本（60%）能够做到</th><th>没有做到</th></tr>
<tr><td colspan="2">掌握正确理解与表达爱的方法</td><td></td><td></td><td></td><td></td></tr>
<tr><td colspan="2">掌握珍惜自己与珍惜对方的方法</td><td></td><td></td><td></td><td></td></tr>
<tr><td colspan="2">掌握培养爱的能力的方法</td><td></td><td></td><td></td><td></td></tr>
<tr><td colspan="2">能够正确理解与表达爱</td><td></td><td></td><td></td><td></td></tr>
<tr><td colspan="2">能够学会珍惜自己与珍惜对方</td><td></td><td></td><td></td><td></td></tr>
<tr><td>评语</td><td colspan="5">教师签名：</td></tr>
<tr><td>建议</td><td colspan="5"></td></tr>
</table>

## 延伸阅读 如何摆脱失恋的痛苦

每个失恋的人都会经历愤怒、否定现实、妥协、漫长的忧郁期到接受现实的过程。失恋后的一段时间内，个体会产生一系列的情绪反应，这是正常的心理表现。心理承受能力强的人会逐渐面对现实，接受失恋的现状，知道感情难以挽回，不可强求，也接受自己目前单身的状态，适应现实生活；心理承受能力弱的人容易沉浸在失恋的不确定和痛苦中难以自拔。那么该如何走出失恋的痛苦呢？

1）学会感受和体会失恋带来的痛苦。这种体验是人生的一部分，也是一种美好记忆。

2）学会宣泄自己的情绪。分手的前几天可以放声大哭，允许自己回忆过往，不要压抑自己悲伤愤怒的情绪，将其尽情释放出来。每个人都有脆弱的时候，不要担心自己的狼狈。可以找朋友哭诉，或者向心理医生倾诉，要懂得宣泄自己的痛苦情绪。

3）扩大交往面。不要把你的恋人放在生活的重心。也许失恋后，你反而更能发现生命中那些曾经被你忽视的美丽和趣味。

4）转移注意力。可以把注意力转移到其他事情上，如听歌、看电影、做运动、旅行等，拓宽自己的眼界。人生之路长远，不要太在意一次小小的失恋。

5）要懂得时间是治疗失恋的良药。随着时间的流逝，我们会淡忘一些人物和事物，当时难以割舍的情感和悲伤的情绪逐渐得以释怀。

6）不再联系对方。要明确地意识到既然已经分手，就不要再打扰对方。尽量把联系方式删除，不去监视前任的生活。

7）善于自我调节。分手之后有人可能会反思自己的问题，觉得是自己不够好，开始盲目地否定自己。分手后不能自暴自弃，不能伤害自己，不能报复和伤害别人。每个人都有情绪不稳定的时候，要学会控制不良情绪。

## 项目小结

本项目对大学生恋爱心理进行了讲解，使大学生了解到大学生恋爱的主要类型、恋爱的影响因素、恋爱的心理特征，正确认识到大学生常见的恋爱心理问题，学会表达爱、感受爱，树立正确的恋爱观，培养爱的能力。

## 课后练习

### 一、不定项选择题

1. 以下属于大学生恋爱类型的是（　　）。

A. 功利型　　B. 空虚型　　C. 浪漫型　　D. 友情型

2. 下列不是爱的表达应遵循的原则的是（　　）。

A. 爱的表达必须在双方有感情的基础上进行

B. 必须在双方都有意愿的情况下进行

C. 说出“我爱你”应该符合双方的性格和心理特征及其他各种具体情况

D. 套用固定模式，表达爱的方式单一

3. 以下属于失恋自我调适的方法的是（　　）。

A. 适当运用酸葡萄心理效应　　B. 学会进行积极的自我暗示

C. 转移注意力　　D. 采用升华法

4. 以下是对爱的正确理解的是（　　）。

A. 爱是尊重　　B. 爱是奉献　　C. 爱是责任　　D. 爱是信任与理解

5. 表达爱的技巧包括（　　）。

A. 时机恰当　　B. 激进莽撞　　C. 态度真诚　　D. 善用赞美

### 二、填空题

1. 除了传统的恋爱形式，随着网络的发展与普及，恋爱又有了其虚拟形式：________。

2. ________是指异性关系中的一方倾心于另一方，却得不到对方回报的单方面的“爱情”。

3. 虽然爱在某方面是自私的、具有________，但爱并不等于猜疑和狭隘。

4. 珍惜自己和________是密不可分的。

### 三、判断题

1. 失恋后的人可以尽快进入下一段恋情中来摆脱失恋导致的消极情绪。（　　）

2. 分手不是一个人的错，而是两个人不合适。（　　）

3. 从广义上来讲，爱情是指男女之间相互爱恋的感情。（　　）

4. 爱情比较客观、宁静。（　　）

5. “不知道应不应该谈恋爱”这种恋爱心理属于选择的困惑。（　　）

### 四、简答题

1. 大学生恋爱的影响因素有哪些？

2. 大学生常见的恋爱心理问题有哪些？

3. 大学生恋爱的心理特征有哪些？

4. 如何培养爱的能力？

## 五、拓展题

《泰坦尼克号》续集（CD机播放《泰坦尼克号》主题曲营造气氛）。《泰坦尼克号》男主角杰克和女主角罗丝在泰坦尼克号上相识，相互吸引，直到热烈地相爱。罗丝愿意放弃富有的未婚夫，要与靠画画赚取生活费的杰克共度一生。假设杰克、罗丝和未婚夫3人都幸运地在船难中活了下来，那么罗丝和杰克的关系会怎么发展？

**要求：**

1）小组成员以故事接龙的游戏方式，完成属于自己的《泰坦尼克号》续集，续集描述要注意深入分析人物的心理活动过程，并记录成简单的剧本。

2）讨论恋爱之后该考虑的问题有哪些，哪些因素影响了故事情节的发展。

# 项目七

# 挫折与压力

## 项目导言

挫折和压力是生活的一部分，每个人都会遇到。从某种意义上讲，人的一生就是不断战胜困难、化解挫折、对抗压力，从而获得发展的过程。挫折和压力对于人们来说，既是一种危机，也是一种挑战。大学生肩负着国家富强和民族振兴的重任，要想在社会竞争日益加剧、生活节奏变快、价值取向多元化的现实社会环境中立足，就必须不断地进行自我训练、自我完善，在提高技能、塑造个性的同时，也要培养良好的对抗挫折和应对压力的能力。因此，大学生需要学习挫折与压力的有关知识，预防因挫折与压力而引发的各种心理问题，促进心理健康发展。

## 任务一　认识挫折与压力

### 任务目标

微课：认识挫折与压力

【知识目标】

1. 理解挫折的定义、构成和产生因素。
2. 明确压力的定义和信号。

【能力目标】

1. 能够运用挫折理论有效化解生活中的挫折。
2. 能够运用压力理论正确对抗生活中的压力。

【素质目标】

1. 增强抗压能力，积极面对生活困境。
2. 培养乐观向上的生活态度。

### 案例导入

小陈是大一新生，是他们村里唯一出来上大学的人，村里的人都为小陈能到大城市里去上大学感到自豪。开始时小陈也十分庆幸自己能有这样的好机遇。但是经过 3 周的大学生活，小陈感到压力很大，觉得在学校里过得很辛苦，后悔来到这里上大学。

小陈说话带有浓重的口音，别人讲的一些事她不知道，而她讲的一些事别人觉得好笑。小陈不明白自己为什么要来这里接受羞辱，她很想念在家乡的日子，那里没有人看不起自己。现在小陈一想到家就想哭，不知道自己究竟怎么了。小陈从没有这么难受过，她想马上回家。

问题：

案例中的小陈面临着什么压力？小陈的压力是怎么产生的？

## 相关知识

### 一、挫折概述

#### 1. 挫折的定义

挫折是指人们在有目的的活动中，遇到无法克服或自认为无法克服的阻碍，导致其需要或动机不能得到满足的情况。也可以说，挫折是指个体有目的的行为因受到阻碍而产生的情绪反应。

从心理学上分析，人的行为总是从一定的动机出发，经过努力达到设定的目标的。如果在实现目标的过程中，遇到阻碍，就会产生挫折。挫折可能会导致个体产生反常行为，在心理上、生理上会有一定的即时反应。遭受严重挫折后，个人在情绪上会表现出抑郁、消极、愤懑，在生理上会表现出血压升高、心跳加快等症状，易诱发心血管疾病，个别人会出现胃酸分泌减少，会导致溃疡、胃穿孔等。

挫折具有双重性质：在积极方面，锻炼人的意志；在消极方面，使人失望、痛苦、沮丧，甚至是意志消沉。人们面对挫折会有不同的行为反应，既可能是理性行为，如改变策略、降低要求、找借口以自我安慰等；也可能是非理性行为，如不思进取、自暴自弃等。

#### 2. 挫折的构成

当挫折情境、挫折认知和挫折反应同时存在时，就会产生心理挫折。

1）挫折情境，是指对人们有动机的活动造成的内外障碍或干扰的情境状态。构成挫折情境的可能是人或物，也可能是各种自然、社会环境。

2）挫折反应，是指个体在挫折情境下由所产生的烦恼、困惑、焦虑、愤怒等负面情绪交织而成的心理感受，即挫折感。

3）挫折认知，是指对挫折情境的感知、认识和评价。一般来说，挫折情境越严重，挫折反应就越强烈；反之，挫折反应就越轻微。但是，只有当挫折情境被主体所感知时，才会在个体心理上产生挫折反应。如果出现挫折情境，而个体没有意识到，或者虽然意识到了，但并不认为很严重，就可能只产生轻微的挫折反应甚至无挫折反应。

因此，挫折认知是构成挫折核心因素，挫折反应的性质及程度主要取决于挫折认知。

挫折并非全是消极的，在很多情况下，它会产生积极作用，激发更大的意志力，使人发挥内在潜能，向预定的目标奋进，但它也是导致心理问题的最常见的因素。马斯洛认为，只有那些基本需要（生理需要、安全需要、尊重需要、爱与归属的需要等）得到满足的人，才能生活得自信、有安全感、坚强而自立。从早年生活开始便经常经受挫折打击、基本需要得不到正常满足的人，其心理发展可能会表现出某些异常。

### 3. 挫折的种类

根据挫折的性质，可以将挫折分为以下 3 种。

1）需要挫折。需要挫折是指由于各种因素而使个体的需要无法得到满足时的挫折。需要挫折分为两种，即需要冲突和需要受挫。需要冲突是指个体因若干需要发生矛盾又未能妥善解决而造成的冲突；需要受挫是指个体认为自己的合理需求受外界条件阻碍不能得到满足时的情绪状态。

2）行为挫折。行为挫折是指个体在需要与动机冲突解决之后，在一定动机支配下，有了行为的意向，但是因某些心理因素的影响而无法付诸实际行动时的挫折。

3）目标挫折。目标挫折是指个体已经开始了行动，但是在行动过程中因遇到无法克服的困难而不能达到目标时的挫折。目标挫折和行为挫折是有区别的，行为挫折是行为的意向或准备状态受到挫折，挫折发生在行为之前；而目标挫折则是行为本身受到挫折，挫折发生在行为过程中。

### 4. 挫折产生的因素

产生挫折的因素有很多，一般分为两类：一是客观外界因素，包括自然环境和社会环境因素；二是主观内在因素，包括生理因素、自我尊重因素等。

1）自然环境因素是指个人无法克服的自然或物理因素的限制，如生、老、病、死等。

2）社会环境因素是指个人在社会生活中所遭受的人为因素的限制，包括政治、经济、种族、风俗等因素的影响，其中，许多因素都与人际关系有关。

3）生理因素是指个体与生俱来的身体、容貌、健康状况、生理缺陷等素质所带来的限制。例如，因近视或身高等因素，不能选择自己喜欢的专业。

4）自我尊重因素包括：得不到老师、同学的信任，常受轻视；自感各方面表现都很好，却没有评上“优秀”；没被选为班干部；体育竞赛、学习竞赛中得不到好的名次等。

## 二、压力概述

### 1. 压力的定义

压力也叫应激，这一概念最早于 1936 年由加拿大生理心理学家汉斯·薛利提出。他认为压力是表现出某种特殊症状的状态，这种状态是由生理系统中因对刺激的反应而引发的非特定性变化所组成的。

在当代的科学文献中，虽然对压力的定义众说纷纭，但可以简要归纳为以下 4 种。

1）物质力量观点，认为压力是一种物理性力量。

2）生理学观点，认为压力是躯体的唤醒。

3）心理学观点，认为压力是内部的紧张状态和心理阻碍。

4）认知观点，认为压力是个体与环境的交互作用形成的。

### 2. 压力的信号

处于压力下的个体，身体会产生某些信号。

1）生理信号。生理信号包括消化暂停、泌尿系统暂停、睡眠关闭、呼吸紧张、肌肉收紧等。对很多人来说，面对这种生理信号的第一反应是躯体疾病，然后去医院做一系列检查，却检查不出任何问题。人类对压力的反应不仅包括心理反应，也包括生理反应，是一种身心共同作用的结果，因此压力也会导致出现某些躯体症状。

2）情绪信号。情绪信号包括情绪低落、心境不良、喜怒无常、易烦躁、焦虑、兴趣丧失、缺乏信心、感觉精力枯竭、缺乏积极性、有疏远感等。基本上以消极情绪为主，极少会出现高涨、亢奋的情绪信号。

3）思维信号。思维信号包括注意力不集中、记忆力下降、判断力混乱等。在压力状态下，大部分人处于思维减弱、涣散的状态，少部分人会出现呆滞、木僵的状态，无法激发起兴趣，兴奋性低。

4）行为信号。行为信号包括：睡眠问题，如入睡难、易醒、眠浅多梦；喜欢独处，从朋友圈中退出，不再与他人有任何社交活动；容易紧张，易激动，难以放松。在压力反应中，人们可能会有很多不健康的行为表现，如抽烟、酗酒甚至滥用药物等，虽然这些行为让人暂时远离压力，但是压力并没有消失，问题也没有解决，反而会让自己陷入一个更加难以自拔的困境。

其实每个人在应对压力事件时，都有自己独特的预警信号，可以通过这些预警信号，及时认识到自己目前的异常行为，更好地处理这些信号问题，防止因压力积累而造成严重后果。

## 任务实施

### 一、明确任务目标，落实训练任务

1）通过认知学习，了解挫折的内涵，认识挫折的意义。

2）通过感受挫折训练，提高抗心理挫折能力。

### 二、开展“成长的经历”活动，体会心路历程

**【活动项目】**成长的经历。

**【活动目的】**了解在人生的旅途中遭遇挫折是不可避免的，重要的是提高自身对挫折的心理承受力，不被挫折压垮，而在挫折中前进。

**【活动方法】**

1）成长的经历包括几个角色和过程：鸡蛋—小鸡—兔子—猴子—人。

2）角色扮演：扮演鸡蛋时蹲着；扮演小鸡时蹲着并把两只手放在大腿两侧；扮演兔子时半蹲着并把两只手举起呈 V 形置于头顶上方；扮演猴子时半蹲着，并且两手一高一低分别放在额头、胸前；扮演成人时按成人的先后顺序站到指定的地点。

3）成长过程：成长的角色都是从鸡蛋开始的，然后用划拳的方式决定是否成长到小鸡、兔子、猴子和人。在划拳过程中，不管晋升到哪一等级，输者都要降到鸡蛋，然后重新晋级。

4）活动要求：在活动过程中每位学生都要体会自己的心路历程。

## 三、分享生活经历，感悟心理成长

1）将全班学生分成若干组，每组 8～10 人。

2）每位学生在小组中分享自己在“成长的经历”活动中的心路历程——最让你难忘的一件事，交流彼此的感受与体会。

## 任务评价

项目七任务一评价表

| 自我评价 | | | | | |
|---|---|---|---|---|---|
| 主要内容 | | 自我评价等级（在符合的情况下面打“√”） | | | |
| | | 全部能够做到 | 大部分（80%）能够做到 | 基本（60%）能够做到 | 没有做到 |
| 理解挫折的定义、构成和产生因素 | | | | | |
| 明确压力的定义和信号 | | | | | |
| 能够运用挫折理论有效化解生活中的挫折 | | | | | |
| 能够运用压力理论正确对抗生活中的压力 | | | | | |
| 自我总结 | 我的优势 | | | | |
| | 我的劣势 | | | | |
| | 我的努力目标 | | | | |
| | 我的具体措施 | | | | |
| 教师评价 | | | | | |
| 主要内容 | | 教师评价等级（在符合的情况下面打“√”） | | | |
| | | 全部能够做到 | 大部分（80%）能够做到 | 基本（60%）能够做到 | 没有做到 |
| 理解挫折的定义、构成和产生因素 | | | | | |
| 明确压力的定义和信号 | | | | | |
| 能够运用挫折理论有效化解生活中的挫折 | | | | | |
| 能够运用压力理论正确对抗生活中的压力 | | | | | |
| 评语 | 教师签名： | | | | |
| 建议 | | | | | |

# 任务二　识别大学生的心理挫折与压力

## 任务目标

**【知识目标】**

1. 了解大学生中常见的心理挫折。
2. 理解大学生的压力源。
3. 掌握大学生面对挫折与压力时的具体反应。

**【能力目标】**

1. 能够在面对挫折与压力时做出理性、积极的反应。
2. 能够在生活中有效化解挫折、积极对抗压力。

**【素质目标】**

1. 理智面对挫折和压力，具有强烈的社会责任感。
2. 培养热爱生活、积极乐观的生活态度。

## 案例导入

小丁是某大学三年级的学生，家里经济条件一般，他觉得父母年纪大了，自己是家里唯一的男孩，有责任帮助家里减轻负担。本来希望毕业后能找到一份好工作，但他学习成绩一般，担心找不到理想的工作。关于自己的未来，小丁不愿意去想，有时也懒得去想，怕徒增烦恼。

当看到其他同学都忙着考研时，小丁也想考，但又不能集中精力学习，觉得什么都不顺。每天坐在教室里看书，他总担心会有人坐在身后干扰自己，以至于只能坐在角落或者靠墙而坐，否则无法安心看书，心里总有一种强烈的不安全感。在寝室的时候，他对室友用手机听歌的行为非常反感，甚至不能忍受，尤其是睡午觉时总担心有手机的声音干扰自己，经常休息不好。小丁每天心神不宁，这影响了他日常的学习和生活。

**问题：**

案例中小丁的心理困扰主要来源于哪些方面？

## 相关知识

### 一、大学生的心理挫折及反应

#### （一）大学生中常见的心理挫折

##### 1. 理想挫折

当今大学生群体普遍具有较强的个性特点，有很强的自尊心，对待社会有很强的参与意识。在上大学前对大学生活、个人的人生定位及现实社会都有着比较理想化的设想，然而一旦真正身处其中，就会发现理想与现实间有一定差距，从而产生强烈的心理冲击，进而体验到一种挫折感。例如，上大学前通过浏览网页图片看到校园环境非常美好，而一进入校园却感受到宿舍空间狭小、卫生环境差、自习室拥挤等，使得情绪一落千丈；再如，很早就根据自己的兴趣特点选定了择业方向，但在找工作时因种种因素而遭淘汰，甚至感到绝望。

### 2. 学习挫折

学习挫折是由于学习上的失败或生活中偶尔失败而产生的一种心理挫折。部分学生认为进入大学后可以在学习上有所放松。其实，由于高校普遍实行学分制，教学信息量激增，学时相对不足，课业负担依然较重。同时，大学生在高等教育过程中的主体地位更为突出，一些大学生往往未能实现学习观念、学习方法的更新，继续保持之前的学习习惯，无法跟上大学的学习进度，导致学习成绩欠佳，偏离自己的高期望值，从而产生挫折感。这种状况在大学低年级学生中较为明显。

### 3. 交往挫折

人际交往是每个人生活中的重要组成部分，也是个体获得愉快情感体验的重要途径之一，良好的人际关系对于大学生的成长具有重要意义。大学生的知识水平、认识能力有限，社会阅历较少，面对新的学习生活环境的一系列变化，人际交往范围不断扩大，往往一筹莫展；处理问题时缺乏辩证思维能力，不能全面客观地看待问题；对人对事的看法容易情绪化、主观化，在与他人交往过程中遇到矛盾时，往往不知如何化解，从而影响学习和生活。这种挫折可称为交往挫折。例如，某高校大二学生林某自认为性格十分内向，不会处事，很少与人交往。进入大学一年多来，他跟室友发生过几次冲突，关系紧张。后来他竟擅自搬出宿舍，与外班的同学住在一起。从此，他基本上不和班上同学来往，集体活动也很少参加，与同学的感情淡漠，隔阂加深。

### 4. 情感挫折

人生在世，除了学习、工作、生活外，感情的获得和满足也是必不可少的需要。有些大学生把感情看得很重，因而极容易受到伤害，又因承受不了挫折的打击，苦闷抑郁甚至不能自拔。这种情感挫折概括起来有 3 种。一是来自朋友之间的情感挫折。在大学生生活中，远离了父母亲人，友情就显得尤为重要。朋友之间的矛盾和摩擦时有发生，处理不当便会产生挫折情绪。二是来自恋爱失败的情感挫折，即失恋。失恋是大学生有可能遇到的较为严重的挫折，调节由失恋带来的各种消极情绪的过程也是培养挫折承受力的过程。三是来自家庭的情感挫折，如父母突然离异、与亲人朋友之间因思想观念不同而产生的情感沟通障碍等。

## （二）大学生中常见的挫折反应

### 1. 理智性反应

理智性反应是指大学生在受到挫折后，采取积极进取态度，在理智的控制下所做出的反应。理智性反应是对挫折的积极反应方式，表现在以下3个方面。

1）冷静思考，坚定目标。

2）客观分析，调整目标。

3）不断反思，提升自我。

### 2. 情绪性反应

1）攻击。受挫后最直接和最原始的反应便是愤怒和攻击。攻击有直接攻击、间接攻击和自我攻击。心理学家研究认为，人在受挫后并不必然导致攻击，只有当挫折是不公平的，或者当事人认为是不公平的时候，敌意的攻击才会产生。

2）冷漠。冷漠是指个体对环境的一种冷淡和退让，表现为对挫折环境的无动于衷和漠不关心的态度。冷漠是比攻击更为复杂的反应。当事人此时内心的痛苦可能比攻击更为强烈，不去攻击，常常是经验和学习的结果。

3）幻想。幻想是人在遭受挫折后，因没有办法达成目标、满足需要，或无法对造成自己受挫的人或事物进行攻击，以发泄怒气，缓解紧张情绪，于是通过想象，以虚构的方式来满足需要，应对挫折。

4）退化。退化是指个体遭受一系列挫折之后，表现出一种和自己年龄、身份不相称的幼稚行为。这种成熟后的退行现象叫作退化。

5）固执。个体行为遭受挫折之后，不去分析失败的原因、吸取教训，而是继续我行我素，以不变应万变，刻板盲目地重复某种行为。这种行为表现就是固执。

6）逆反。个体受挫后，不仅一意孤行，而且根据自己的情绪，故意对正确的东西持反抗、抵制和排斥的态度。某种行为受批评后，反而“变本加厉”，也属于逆反行为。

### 3. 心理防卫机制

受挫后的心理防卫机制是指个体由于应激、冲突或挫折而导致心理失衡时，用来解脱烦恼、减少不安、恢复心理平衡的适应性心理功能。这种功能可以暂时免除焦虑和痛苦，防卫自身心理的安全，故称为心理防卫机制或心理自卫机制。心理防卫机制是一种普遍的心理现象。人们在遭逢挫折、遇到灾难、感到痛苦时，总要自觉或不自觉地使用防卫机制，帮助自己走出困境。

心理防卫机制有积极作用，也有消极作用。积极作用是能够在心理失去平衡时，以某种理由或方法，消除个体内心的不安，从而暂时恢复心理上的稳定，这对于维护心理健康是有益的。但这只是一种自我安慰，由于这种方式能使人获得某种满足，故容易使其反应固化，演变成为某些病态反应的机制，成为心理疾病的成因之一。但经常使用它会产生消极作用，使人逃避成长，掩蔽真实的自我，脱离现实，不去正视失败和错误，难以吸取教训，取得真正的成功。

人们遇到挫折时，会基于自身的特点采取相应的方式进行心理防卫。这些方式是多种多样的，常见的有以下 9 种形式。

（1）文饰

文饰，又称合理化或自我安慰，是个体使用最多的一种心理防卫机制。它是指个体的行为动机不符合社会道德规范或不能达到自己所追求的目标时，为减免挫折引起的焦虑，维持自尊心，便给自己的动机和行为找出种种合理的理由，自圆其说，把自己的所作所为解释得合情合理，进行自我安慰，以求得心理上的安宁。文饰有如下表现形式。

1）"酸葡萄"式。《伊索寓言》中"狐狸和葡萄"的故事，讲述了又饥又渴的狐狸吃不到自己想吃的葡萄，就说那葡萄是酸的。既然是酸的，吃不到也就不是太遗憾了，心理上就不用太失衡了。这就是所谓的"酸葡萄效应"。人们在想得到某种东西但没能得到的时候，就往往会说这东西不好，甚至公开表明自己并不想要它。

2）"甜柠檬"式。与"酸葡萄"式的自我安慰相反，"甜柠檬"式的文饰是指人们对自己的某种东西，虽然心里并不喜欢，但对人说它很好，自己很喜欢。自己的柠檬本来青涩酸苦，却要对别人说是甜的，以维护自尊，满足虚荣心。

3）"怨天尤人"式。在个体遭受挫折时，寻找客观理由，推卸责任，避免内疚，这就是怨天尤人。这也是使自己的动机行为合理化或自我安慰的一种方式。在日常生活中，人们有时可用这种方式减轻焦虑。

4）"迫不得已"式。所谓"迫不得已"式，是指当人的行为违背人情事理，被人们所诟病，心理上遭受挫折时，向别人解释成不得已而为之，尽可能让人们觉得他有不得不这样做的苦衷，以此来保住面子，维护自尊。

（2）投射

投射又称外射，是指将自己不喜欢或不能接受的性格特点、观念、欲望等转到别人身上，说别人有这种恶习，以减轻自己的内疚和不安。自私的人说人生来就是自私的，虚伪的人说人们都是虚伪的，这就是投射的表现。古人说的 "以小人之心，度君子之腹""五十步笑百步"，也有投射的意味。对于投射者而言，如果自己身上具有的不好的东西人人都有，就不必对自己的缺陷太在意，这样就可以减轻内心的痛苦和不安。

（3）否认

否认是指拒绝承认已经发生的令人痛苦的事实，借以避免心理上的不安和痛苦。这是一种比较原始、简单的防卫手段。例如，亲人猝然离世，自己在心理上拒绝承认这是真的；小孩子闯了祸，用手蒙起眼睛，或干脆不承认事情是他做的，这就是否认。这种方式只能暂时得到心理上的安慰。

（4）压抑

压抑又叫动机性遗忘，是指个体把自己受挫产生的痛苦的念头、情感和经验，竭力排除在记忆之外，在一般情况下不能回忆和察觉，从而免除焦虑和痛苦。这种方式被认为是人们最基本的心理防卫方式。

在生活中每个人都可能遇到极为痛苦的事情，遗忘是医治心灵创伤的良药。压抑到潜意识中的内容并没有消失，而是作为一种能量，会在不知不觉中影响人们的心理和行为。

（5）反向

反向是指内心的冲动或欲望以相反的形式表现出来。现实生活中这种表现形式也是很多的。自卑的人常表现为高傲或者自大，自吹自擂。胆小的人害怕时，故意装得很勇敢。

（6）转移

转移是指把对某一对象的情感或态度，转移到可以接受的对象身上，借以减轻精神负担或发泄积聚的情绪。正面的积极的情感和负面的消极的情感，都可以进行转移。

（7）认同

认同是指接受或顺从别人的态度和行为倾向，以增强自己对能力、安全等方面的感受。认同的具体表现形式有两种，一种是个体为迎合长辈或上级的欢心，以满足自己的某种需要，在思想行为上尽可能与其保持一致，模仿他们的所作所为，将自己与他们视为一体，处处事事顺从，从而免除挫折，名利双收。另一种是个体在现实生活中无法获得成功满足时，将自己比拟成当代的或历史上的杰出人物，模仿其衣着言行，或将自己幻想为成功者，以幻想代替现实，陷入幻想的美好境界中，从而在心理上感觉愉快，消除挫折引起的苦闷、焦虑情绪。

认同是儿童成长和社会学习的重要途径与手段。例如，有的学生认同某些英雄人物，模仿他们的言语、行为，以获取心理上的满足，建立理想化的自我形象，这样的认同对他们优良品格的发展是有益的。但是，如果认同纯属脱离现实的幻想，或认同不良人物，则是有害无益的。

（8）抵消

抵消是指以象征性的事情来抵消已经发生的不愉快的事情，以补救心理上的强烈失衡，消除心里的不舒服或痛苦。有时会以象征性动作来消除内心的罪恶感。抵消机制的病态使用可导致某些强迫症状，用一些固定的仪式性动作消除内心不被接受的思想、情感（内疚感、罪恶感），如强迫洗手、强迫数数等。

（9）替代

替代是指个体根据适应社会的需要，另设目标代替原来受阻的目标，以新的活动方式代替原来的活动方式，以弥补心理挫折造成的损伤。替代的主要表现形式是补偿和升华。

1）补偿是指个体在所追求的目标中受挫，或由于自身的某种缺陷而达不到既定目标时，改变活动方向，以其他可能成功的活动来代替，从而弥补由失败所丧失的自尊心和自信心。

补偿作用不只限于个体本身，有时个体知道自身的某种缺陷根本无法弥补时，可能转向自己的亲人身上来求得补偿。补偿可形成一种强有力的成就动机，从而发展出某些较强的能力，取得较高的成就，增进安全感和自尊感，维护心理健康。但若过分在意个人的缺陷，不计后果、不知节制地进行补偿，就会害多益少，甚至会造成心理疾病。

2）升华是弗洛伊德精神分析学派的术语，是指把那些不为社会和自己所接纳的、压抑到无意识中的本能的欲望和冲动，转向社会许可的活动中，用一种社会称许的方式表现出来，以求得变相的、象征性的满足。

一般来说，升华是一种较为成熟的积极的防卫机制。人类文明越发展，人就越需要升华，使一些基本需要通过较为高尚的形式来得到满足。

**逆　　商**

除了智商、情商，近年来又流行一个新的概念——逆商（adversity quotient，AQ）。逆商的全称为逆境商数，一般被译为挫折商或逆境商，它是指人们面对逆境时的反应方式，即面对挫折、摆脱困境和超越困难的能力。大量资料显示，在市场经济日趋激烈的今日，大学生创业成功与否，不仅取决于其是否有强烈的创业意识、娴熟的专业技能和卓越的管理才华，而且在更大程度上取决于其面对挫折、摆脱困境和超越困难的能力。因此，高校教育工作者在实施创业教育的过程中，应该把大学生的逆商培养作为着力点，积极进行大学生的逆商培养，使其在逆境面前形成良好的思维反应方式，增强意志力和提高摆脱困境的能力，从而提高大学生创业的成功率。

## 二、大学生的压力源及反应

微课：大学生的压力源及反应

### 1. 大学生的压力源

（1）就业

目前大学生大多对未来的发展都有所规划及畅想。经调查研究发现，有84.3%的大学生会未雨绸缪，经常考虑毕业后的去向问题。这充分地反映出大学生对就业问题极高的关注程度，但同时也存在一系列的问题。例如，有相当一部分大学生对自己的职业定位不准确，从而形成了一种潜在的心理压力；有的大学生认为父母对自己未来较高的期望给自己带来了很大的精神压力。因此，如何将父母对子女的期望转化为子女前进的动力，这是一个非常值得思考的问题。

（2）学习

有的大学生感到压力主要存在于日常学习中，有的大学生感到压力主要存在于考试前的准备时期。每个人在面对考试的态度上有所差异：通常成绩较好的学生考试前感觉一般，并没有太大的情绪波动；学习成绩中等的学生考前会比较紧张；成绩很差的学生考前却感觉轻松。

（3）经济

有调查研究发现，一般有经济压力的大学生在关于经济的某些方面会存在一些明显的差异。例如，存在经济压力的大学生，在面对父母极高期望下产生的压力程度普遍高于其他学生。另外，即使存在家庭经济条件情况的不平等及受各种的消费行为形式的影响，仍然有学生能够以正确、积极的态度去面对身边同学的高消费行为。因此，如何掌控经济对当代大学生的影响层次也值得思考。

（4）人际关系

有调查研究发现，能够很好地与周围同学相处的大学生占当代大学生比例的84.4%，而认为已经交到两个以上知心朋友的大学生占84.2%。这些现象充分地反映出当代大学生多数都具有较强的人际交往能力。但在与异性交往时，有57.6%的大学生存在由不同原因产生的压力。多方调查发现，大学生的人际关系情况对学习成绩状况有着一定的影响。

（5）恋爱

恋爱是大学生情感生活中的重要内容，也是当代大学生群体中普遍存在的现象。大学生的个体生理发育趋于成熟，心理发展与之一致的是喜欢与异性交往。但是特定的社会环境和人生经历，又决定了他们在心理、社会方面尚不完全成熟。因为不能够很好地处理友情、爱情、事业及人生的关系，一旦失恋的情况发生，就不能很好地解决问题，从而造成较大的心理压力。另外，由于恋爱的情感问题没有处理好，会出现如打斗、报复、伤害和一些违法犯罪的行为，给恋爱中和失恋的大学生造成巨大的心理压力。

（6）身材、容貌

大学生正处于对自己身材、容貌高度关注的阶段，再加上网红经济、明星效应的影响，让有些大学生沉溺于美容、微整形、减肥中。

### 2. 大学生的压力反应

当人们面临压力时会产生一系列心理和身体上的反应，这些反应在一定程度上是机体主动适应环境变化的需要。它能唤起和发挥机体的潜能，增强抗压能力。但是如果反应过于强烈或持久，就可能导致生理和心理功能的紊乱。压力表现在生理、心理和行为方面的反应，主要有以下几种。

（1）压力下的生理反应

个体在压力状态下会出现一系列生理反应，主要表现在自主神经系统、内分泌系统和免疫系统等方面。例如，压力会导致心率加快、血压增高、呼吸急促、内分泌紊乱、分泌物减少等，这些反应对于自我保护有实际意义。薛利在20世纪50年代以白鼠为研究对象，进行多项慢性压力的实验研究，得出在压力状态下身体反应分成3个阶段。第一阶段是预警反应阶段，在这一阶段中，由刺激的突然出现而产生情绪紧张和注意力提高，体温与血压下降，肾上腺分泌增加，进入应激状态。如果压力继续存在，身体就进入第二阶段，即抗拒阶段，企图对身体上任何受损的部分加以维护复原，因而产生大量调节性的激素。第三阶段是衰竭阶段，压力存在太久，应付压力的精力耗尽，身体一个或多个器官衰竭，适应能力丧失。可见，压力下的生理反应可以调动机体的潜在能量，提高机体对外界刺激的感受和适应能力，从而使机体更有效地应付变化。

（2）压力下的心理反应

压力下的心理反应包括以下3个方面。

1）情绪反应。人们在受到挫折时，伴随强烈的忧郁、焦躁、紧张、焦虑、沮丧、恐惧等情绪所做出的反应。

2）认知反应。一般情况下，压力引起的心理反应有助于机体适应环境。这种适应的心理反应有警觉、注意力集中、思维敏捷、精神振奋等。当个体认定某个压力源对其产生威胁时，认知方面的功能就会受到影响。

3）行为模式。在不同程度的压力面前，个体会表现出不同的行为。承受轻度压力时，机体的生理性行为较多；承受高度压力时，机体可能会产生压抑行为，也可能会产生攻击行为。这种攻击行为多数情况下表现为攻击他人，个别情况下表现为攻击自己。

（3）压力下的行为反应

压力下的行为反应分为直接反应和间接反应。直接反应是指为了消除紧张的刺激源而做出的直接性反应。例如，当一个人遇到歹徒时，会做出应战或逃跑的反应。间接反应是指借助某些物质，暂时性减轻与压力体验有关的烦恼，如借酒消愁。

## 任务实施

### 一、明确任务目标，落实训练任务

1）通过认知学习，调节挫折后的心理。

2）通过积极行为反应训练，提高抗挫力，以适应社会的发展。

### 二、开展“学习我心目中的英雄”活动，介绍英雄事迹

**【活动项目】**学习我心目中的英雄。

**【活动目的】**学习英雄人物，做生活的强者。

**【活动方法】**

1）教师准备一些战胜挫折的英雄人物的照片，让每位学生从中找到1～4位自己心目中的英雄。

2）每位学生把自己心目中的英雄承受挫折的经历和战胜挫折的例子一一列出来：

① ________________________________________________。

② ________________________________________________。

③ ________________________________________________。

④ ________________________________________________。

3）每位学生分享自己心目中的英雄是如何承受挫折和战胜挫折的。

### 三、分享生活经历，感悟心理成长

1）将全班学生分成若干组，每组8～10人。

2）每位学生在小组中分享自己成长中遇到的挫折，并与英雄的挫折经历进行比较。

3）每位学生摘抄一句或自编一句“名言”赠送给小组的其他学生，主题是正确对待失败和挫折。例如，古诗“宝剑锋从磨砺出，梅花香自寒苦来”；牛顿曾说：“如果你问一个善于溜冰的人，如何取得成功，他会告诉你：‘跌倒了，爬起来，便会成功。’”

## 任务评价

项目七任务二评价表

<table>
<tr><th colspan="6">自我评价</th></tr>
<tr><th colspan="2" rowspan="2">主要内容</th><th colspan="4">自我评价等级（在符合的情况下面打“√”）</th></tr>
<tr><th>全部能够做到</th><th>大部分（80%）能够做到</th><th>基本（60%）能够做到</th><th>没有做到</th></tr>
<tr><td colspan="2">了解大学生中常见的心理挫折</td><td></td><td></td><td></td><td></td></tr>
<tr><td colspan="2">理解大学生的压力源</td><td></td><td></td><td></td><td></td></tr>
<tr><td colspan="2">掌握大学生面对挫折与压力时的具体反应</td><td></td><td></td><td></td><td></td></tr>
<tr><td colspan="2">能够在面对挫折与压力时做出理性、积极的反应</td><td></td><td></td><td></td><td></td></tr>
<tr><td colspan="2">能够在生活中有效化解挫折、积极对抗压力</td><td></td><td></td><td></td><td></td></tr>
<tr><td rowspan="4">自我总结</td><td>我的优势</td><td colspan="4"></td></tr>
<tr><td>我的劣势</td><td colspan="4"></td></tr>
<tr><td>我的努力目标</td><td colspan="4"></td></tr>
<tr><td>我的具体措施</td><td colspan="4"></td></tr>
<tr><th colspan="6">教师评价</th></tr>
<tr><th colspan="2" rowspan="2">主要内容</th><th colspan="4">教师评价等级（在符合的情况下面打“√”）</th></tr>
<tr><th>全部能够做到</th><th>大部分（80%）能够做到</th><th>基本（60%）能够做到</th><th>没有做到</th></tr>
<tr><td colspan="2">了解大学生中常见的心理挫折</td><td></td><td></td><td></td><td></td></tr>
<tr><td colspan="2">理解大学生的压力源</td><td></td><td></td><td></td><td></td></tr>
<tr><td colspan="2">掌握大学生面对挫折与压力时的具体反应</td><td></td><td></td><td></td><td></td></tr>
<tr><td colspan="2">能够在面对挫折与压力时做出理性、积极的反应</td><td></td><td></td><td></td><td></td></tr>
<tr><td colspan="2">能够在生活中有效化解挫折、积极对抗压力</td><td></td><td></td><td></td><td></td></tr>
<tr><td>评语</td><td colspan="5">教师签名：</td></tr>
<tr><td>建议</td><td colspan="5"></td></tr>
</table>

# 任务三 探寻大学生应对挫折与管理压力的有效方法

## 任务目标

**【知识目标】**

1. 掌握应对挫折的方法。
2. 掌握管理压力的方法。

【能力目标】

能够选择正确合适的方法应对挫折或管理压力。

【素质目标】

1. 具有强烈的社会责任感。

2. 具有乐观、豁达的良好心理素质。

## 案例导入

小刘是班上的班长，马上就要毕业了，小刘四处参加各种双选会，但是两个月过去了，他投出的简历要么石沉大海，要么面试之后迟迟等不到后续通知，要么是他对应聘的工作内容不满意。班上很多同学都找到了满意的工作。同学们私下里议论小刘，说小刘找不到工作是因为他平时忙于各种人情世故，没有学好专业知识；也有人说小刘眼光太高，看不上一般工作；还有人说小刘眼高手低，做不好实践工作。面对这些情况，小刘开始心慌了，害怕自己在毕业前找不到工作，害怕别人嘲笑的言语，害怕别人的询问。小刘现在郁郁寡欢、萎靡不振，睡眠不好。

问题：

案例中的小刘为什么会郁郁寡欢？你认为小刘应该怎样减缓这个压力？

## 相关知识

### 一、应对挫折的方法

#### 1. 正确认识挫折

（1）正确认识挫折，合理归因

能够正确认识挫折，并不是一件容易的事情。事后对造成挫折的原因进行分析，弄清引起挫折的原因是内部因素还是外部因素，抑或是两种因素相互交织共同起作用的，这是应对和解决挫折的重要基础。遇到挫折时，不问青红皂白，或按自己所有的固定模式做片面归因，不但使自己面对挫折时会感到无能为力，而且会使自己越忙越乱。因此，需要对挫折做出符合实情的、准确的原因分析。只有以积极的态度去分析导致挫折的主客观原因，及时找出失败的症结，才能寻找出一条通往成功的坦途。

（2）认识挫折存在的普遍性

挫折是生活中的组成部分，每个人都会遇到。俗话说："天有不测风云，人有旦夕祸福。"从某种意义上说，生活就是喜、怒、哀、乐的总和。有快乐自然就会有怒有哀。世界上的万事万物都是在曲折中前进，螺旋式上升的。能认识到这一点，一旦遇到挫折，思想上就会有所准备，不至于惊慌失措。

（3）正确认识挫折的双重性

挫折会给人以打击，带来损失和痛苦，但也能使人奋起、成熟，从中得到锻炼。巴尔扎克曾说："世界上的事情永远不是绝对的，结果完全因人而异。苦难对于天才是一块垫脚石，对于能干的人是一笔财富，对于弱者是一个万丈深渊。”正所谓“宝剑锋从磨砺出，梅花香自苦寒来”，生活中的挫折和磨难，并不都是坏事。平静、安逸、舒适的生活，会使人安于现状、丧失斗志；而挫折和磨难，会使人受到磨炼和考验，增强适应社会生活的能力。

### 2. 提高挫折承受力

部分大学生心理承受力弱，抗挫折力较差，其中一个重要原因是挫折经历的影响。相关心理研究发现，经历坎坷、有较多挫折经验的人，比一帆风顺的人的挫折承受力要高。因此，人要有意识地宽容和接受日常生活中所处的环境，即不断地让自己经受磨难，对自己加强意志、魄力和挫折排解能力训练，使自己能够经受住任何残酷的打击。当代大学生的生活条件优越，受到父母过度的保护甚至溺爱。对大学生提供一定的挫折场景，让他们有意识地经受一些艰难的体验，生活、心理等方面的挫折训练，培养他们坚忍不拔的意志，是增强大学生耐挫折能力的重要途径。例如，参加野外训练、马拉松赛等，有意识地从中经受磨炼，使人变得勇敢。中国古代就有无数“艰难困苦，玉汝于成”的事例。此外，也可以通过团体心理活动和朋辈辅导，调整认知，获得成长力量。

### 3. 调节抱负水平

在现实生活中，不少大学生在学习等方面的挫折与自我抱负水平的确立不当有关。因此，大学生必须学会根据自己的实际能力正确设定生活的目标，调整自我抱负水平，并在前进中及时调整自己的目标。如果在目标的实施过程中，发现自己设定的目标不切实际，前进受阻，就要及时调整目标，以便继续前进。对于那些远大目标，可把它分解成中期、近期和当前目标。这样，就可以通过一步一步实现小的目标，逐步提高自信心，最终战胜挫折，实现远大目标，取得最后的成功。需要指出的是，大学生在确立自我抱负水平时，应注意把自己的目标与社会的客观环境条件、社会利益等因素综合加以考虑，这样才能有助于自身发展，做出更有益于社会的成就。

### 4. 掌握自我调控方式

（1）自我暗示法

所谓自我暗示法，是指通过言语或想法使自己的身心机能发生变化、缓解压力的方法。例如，想发怒时可以对自己说“一定要冷静，生气只会使事情变得更糟糕”；也可将有关提示语写在日记上或贴在明显的位置，经常提醒和鞭策自己。暗示的内容一般包括：每次挫折都会过去，不要盯住挫折不放；每个人都会面临挫折；每次挫折都有转折点；只要坚持，光明就在面前。良好的心理暗示是抵御挫折、增强挫折免疫力的有效方法。

（2）转移调节法

所谓转移调节法，是指有意识地把自己的情绪转移到另一个方向上，使紧张情绪得以缓解的方法。当自己遇到挫折感到紧张无法应对时，可以暂时离开情境，转移注意力去从事别的活动，使心境尽快平静下来，淡化曾经遭受的挫折，求得心理上的平衡。

（3）音乐调节法

音乐是人类美好的语言，愉快的音乐使人心旷神怡，沉浸在音乐之中可以给人以力量。所谓音乐调节法，是指通过音乐引起人生理上和心理上的反应，来改善人的情绪，消除由挫折造成的紧张、焦虑、忧郁、恐惧等不良心理状态的方法。健康的曲调、有美感的音乐能启迪人的心灵，陶冶人的情操。例如，心情烦闷者可以欣赏肖邦、施特劳的圆舞曲；忧郁者可以欣赏莫扎特的《第 40 交响曲》、格什温的《蓝色狂想曲》；情绪紧张者可以欣赏轻盈流畅的轻音乐、优雅文静的小夜曲等。

（4）想象脱敏法

所谓想象脱敏法，是指一种受挫后消除紧张与焦虑的有效方法，其特点是通过在想象中对现实生活中的挫折情境和使自己感到紧张、焦虑的事件进行处理，学会在想象的情境中放松自己，从而达到能在真实经历情境和紧张场合下应对各种不良的情绪反应。其操作步骤大致分为 3 步：首先，建立焦虑层次，即把使自己感到紧张、焦虑的情境的时间和反应度进行排列；其次，放松全身；最后，预演挫折情境，即在肌肉松弛状态下，想象产生焦虑的情境，逐步升级，直至完全消除紧张和焦虑。

### 5. 树立正确的人生观和价值观

科学的人生观是照耀人生前进的灯塔，可以激发大学生追求人生价值的热情和顽强拼搏的意志，是探索人生之路的指南针。大学生正处于人生观和价值观形成的关键时期，只有深刻认识人生的价值，树立远大的理想和目标，才能正确地对待学习和生活，才能经得住挫折的考验。因此，大学生应大胆参与社会交往活动，在交往接触中有意识地克服自己的不足之处，增强自信心，主动与人交往，找机会与他人沟通。在活动中有意识地修正自己的性格，制定正确合理的行动目标，树立正确的人生理想，有利于激发个体的心理潜能和精神力量，使人的精力充沛、思维活跃、兴趣集中，为实现自己的目标和理想锲而不舍。只有这样，在面对社会问题时，才能保持乐观的人生态度，磨炼自己的意志，适应社会，避免心理失衡。

### 6. 恰当运用心理防御机制

恰当运用心理防御机制，提高挫折承受力。挫折承受力较强者，往往挫折反应较轻，受挫折的消极影响少；而挫折承受力较弱者，则容易受挫折的消极影响，甚至意志消沉，一蹶不振。在择业过程中，大学生或多或少地会运用自我防御机制，心理防御机制运用得当，可以减轻情绪上的痛苦，从而提高学习、生活、择业中的挫折承受力，为寻找战胜挫折的办法提供时机。防御机制有积极和消极之分，要善于运用积极的心理防御机制，如升华、认同、补偿、幽默等。

### 7. 积极寻求心理咨询

心理咨询机构是为大学生提供的一个倾诉内心不快的场所。专业的心理咨询能以科学的方法帮助大学生摆脱心理困扰。当感到痛苦而自身又无法解决时，应主动到专业的心理咨询机构进行心理咨询，在专业人员的指导下分析受挫原因，消除挫折所带来的焦虑和痛苦，提高心理适应环境的能力。

## 二、管理压力的方法

微课：管理压力的方法

### 1. 正确认识自我

管理压力的前提是充分认识自己。如果不能正确认识、评价自己，就不可能找到管理压力的方法。

1）分析压力产生的原因。压力是无形的，大多数压力是从潜意识中产生的。正确认识自己的压力不是一件容易的事情，要认识压力，必须敢于批判自我，在批判中真正认识自己的压力。

2）全面了解自己的能力，制定切实可行的目标。根据自己各方面的能力，分析自己的生活、学习目标是否符合自己的条件，特别要分析自己设定的近期的目标有没有实现的可能。俗话说，期望越大，失望越大。因此，正确认识自己，不要给自己制定过高的目标，不要对自己过于挑剔，应设立合适的目标，避免产生过大压力。

### 2. 进行积极的自我暗示

很多压力是由自我心理暗示而产生的。据调查，一个人所担心的事情有 90%以上都不会发生。这就说明很多时候我们是无形中给自己施加压力。所谓自我暗示，就是个人通过语言、想象等方式，对自身施加压力的心理过程。我们要学会进行积极的自我暗示，遇到压力时可以告诉自己“我一定行”“没什么大不了的”“我是最棒的”“这个问题我能解决”等。

由于压力心理对个体的影响具有积极和消极的双重性特征，所以对大学生的压力心理进行积极的自我暗示，最大限度地降低不良影响，对其今后发展具有重要意义。

### 3. 学会释放

当心理压力过大时，要有意识地释放、减压。如果不良情绪所产生的能量释放不出来，就会影响个体身心健康。

1）倾诉。倾诉可以取得内心情感与外界刺激的平衡，缓解压力，释放负面情绪。当遇到不顺、烦恼的事情时，切勿忧虑压抑，不要把心事埋在心底，而应该将这些烦恼向你信赖并善解人意的人倾诉。如果能与他人说出自己的郁闷，就能轻松许多。如果没有合适的倾诉对象，就可以采用“角色互换”“空椅子技术”等方法。

2）合理宣泄。一直处于压力之下会造成身体功能紊乱，因此要注意在适当的场合下，合理地宣泄自己的情绪，以减轻压力。正如人们常说，“文武之道，一张一弛”。但要注意情绪宣泄的方式、对象、地点等，切不可任意宣泄，以免无故迁怒于他人或他物，造成不良后果。

### 4. 实施心理放松训练

放松训练是行为治疗方法的一种，其特点是通过训练有意识地控制自身的生理、心理活动，循序交替地收缩或放松骨骼肌群，使个体在内心自觉体验个人肌肉的松紧程度以调节自主神经系统的兴奋性，改善机体功能紊乱的心理治疗方法。在放松训练的理论中，一个人的心情反应包含“情绪”和“躯体”两个部分。如果能够改变“躯体”的反应，“情绪”就会随之改变。

人的意识能够操纵“随意肌肉”，间接地达到松弛“情绪”、建立轻松的心理状态的目的。放松训练的核心在“静”“松”二字。“静”是指环境要安静，心境要平静；“松”是指在意念的支配下使肌肉放松、情绪放松。个体的自我调节、自我教育、自我完善在缓解心理压力中起决定作用。

**渐进式放松法**

雅各布森提出渐进式放松法，教导人们遵循下列步骤放松自身肌肉：①增进对肌肉的收紧和放松的感知；②区别肌肉紧张与放松的情况；③依次从一组肌肉进到另一组肌肉。这个练习需要15分钟，最好每天做2次，每次练习后，你都能发现自己的放松程度逐渐加强。渐进式放松法的具体操作如下。

1）找一间安静的房间，舒适地坐在带靠背的椅子上，双脚平放在地板上，闭上双眼。

2）倾听自己的呼吸，体会空气进出自己身体的感觉。做几次深呼吸，每次呼吸要缓慢，心里默念“放松”。

3）将注意力集中在脸上，感觉自己的脸或眼睛、下巴或舌头很紧张。心里描绘出紧张的样子，然后想象紧张消失，一切都变得松弛柔软。

4）感觉自己的脸、下巴、眼睛，然后是自己的舌头变得松弛，同时感到一股松弛感传遍全身。

5）使劲绷紧脸部和眼部的肌肉，然后感到全身都在慢慢放松。

6）全身各部分做同样的练习：头、颈、肩、手臂、手、腹部、大腿、小腿、脚踝、脚、脚趾。

7）全身练习完毕，静坐5分钟。

8）感觉眼皮轻松，再闭眼1分钟，睁开双眼。

### 5. 保持健康的身体

1）坚持体育锻炼。体育锻炼可以明显地减轻压力，如跑步、游泳、球类活动，在运动中出汗也是减压的方式之一。运动之后洗个热水澡，做全身放松训练，会对压力有很好的释放效果。体育锻炼能使身体健壮、精力充沛。增加锻炼的时间，减少压力情境的时间。

例如，散步、慢跑等提供了一个“空闲”调整的机会，可以对问题加以反思，寻求解决问题的策略。

2）注意合理饮食。饮食不仅可以强身健体，而且在一定情况下，通过合理饮食，可以缓解心理压力。在遇到不顺心的事，脾气不好时，选择含钙多的食物，具有稳定情绪的效果。当受到某些刺激或恐吓，遇到某些紧张环境心中产生恐慌时，吃富含维生素 C 的食物，有平衡心理压力的效果。

#### 6. 提高自我效能

心理学家班杜拉对自我效能的定义是：人们对自身能否利用所拥有的技能去完成某项工作行为的自信程度。班杜拉认为，除了结果期望，还有一种效能期望。结果期望是指人对自己某种行为会导致某一结果的推测。效能期望是指人对自己能够进行某一行为的实施能力的推测或判断，是个人对自己顺利完成目标的自信。如果人预测到某一特定行为将会导致特定的结果，这一行为就可能被激活和被选择。提高自我效能的方法有以下 6 种。

1）挑选自己能够做好的事情，而不是去挑战自己没有信心的事情。通过多次的成功体验，培养自信心，相信自己一定可以成功。随着自信心的提高，再慢慢去解决自己认为有难度的问题。

2）不用过去失败的经验来推断现在也会失败。总结过去失败的教训，再好好谋划未来的类似问题，重振信心，重新出发。

3）密切关注自己的成功。有些人往往记住自己失败的经历多于那些成功的经历。

4）随手记录自己成功的瞬间，随时肯定自己。例如，坚持每天背诵 30 个单词，已经按照计划进行了 5 天，等到第 6 天的时候没有按计划完成，这时有人会出现自责的心理：连这个都坚持不住，太失败了。其实不然，事实上一周有 5 天都在坚持，难得休息一天又有什么关系呢？

5）列出自己擅长和不擅长的任务。完成任务时按难易程度进行排序，先完成自己擅长的部分，在获得一些鼓励和成功之后，再去应对自己不擅长的。

6）脑中若出现负向思考，则试着喊“停”，类似正念理论。脑中觉察到出现负向思考时，不评价、不生气，慢慢将自己的思维带回。

## 任务实施

### 一、明确任务目标，落实训练任务

1）寻找身边的榜样或名人，学习借鉴他人战胜挫折的经历。

2）通过心理活动培训，提高应对挫折的能力。

### 二、开展“平举手臂”活动，体验耐心和毅力

**【活动项目】**平举手臂。

**【活动目的】**

1）认识到意志力的培养要从小事做起。

2）体验坚持所需要的耐心和毅力，培养自身的意志力。

【活动方法】

1）全班学生按体操队形站立，每个人的两只手臂伸直向前平举，身体不准晃动，坚持10分钟（教师可根据学生的实际情况调整时间长短），看谁能坚持到最后。

2）在活动过程中播放一些激励性的歌曲或主持者喊一些具有激励性的口号。

## 三、分享活动感受，感悟心理成长

1）将全班学生分成若干组，每组8～10人。

2）针对下列问题互相讨论与交流：

① 当时间过了一半的时候，你有什么感受？

② 当你坚持到最后的时候，你有什么感受？

③ 在坚持的过程中你遇到了哪些困难？你是如何克服的？

④ 你觉得这个游戏对你的学习与生活有什么启发？

## 任务评价

项目七任务三评价表

| 自我评价 | | | | | |
|---|---|---|---|---|---|
| 主要内容 | | 自我评价等级（在符合的情况下面打"√"） | | | |
| | | 全部能够做到 | 大部分（80%）能够做到 | 基本（60%）能够做到 | 没有做到 |
| 掌握应对挫折的方法 | | | | | |
| 掌握管理压力的方法 | | | | | |
| 能够选择正确合适的方法应对挫折或管理压力 | | | | | |
| 自我总结 | 我的优势 | | | | |
| | 我的劣势 | | | | |
| | 我的努力目标 | | | | |
| | 我的具体措施 | | | | |
| 教师评价 | | | | | |
| 主要内容 | | 教师评价等级（在符合的情况下面打"√"） | | | |
| | | 全部能够做到 | 大部分（80%）能够做到 | 基本（60%）能够做到 | 没有做到 |
| 掌握应对挫折的方法 | | | | | |
| 掌握管理压力的方法 | | | | | |
| 能够选择正确合适的方法应对挫折或管理压力 | | | | | |
| 评语 | 教师签名： | | | | |
| 建议 | | | | | |

## 延伸阅读　压力困境及其摆脱方法

你是不是经常由于工作和生活中的压力整夜难眠？你是不是一有压力就会大吃特吃或有其他陋习出现？这里，心理健康专家列举了 9 种压力困境及其摆脱办法，相信对你会有帮助。

困境 1：当感到有压力时，我的思想就无法集中，什么事也干不了，我该怎么办？

办法：试着在你的手腕上套一个橡皮圈，当你走神时，就狠狠地弹自己一下，同时，模仿拍电影的情景冲自己喊一声“停”。这种非常具体的刺激能帮助你中断思绪，回到手头的事情上来。然后认真地做 9 次深呼吸，一下一下地数，数完告诉自己，等处理完手头的事再想心事也不迟。等你真正集中精力做完一件事时，你的压力就已经减轻了许多。

困境 2：我总是对同一类事情反复感到有压力，怎么才能终止这种情况呢？

办法：美国心理学家广泛使用的一种减压技术叫作眼球移动术。具体的操作步骤：集中思想于你感到有压力的事，直到你认为你的忧虑程度达到 6 度以上（完全无法忍受的情况为 10 度）；然后保持头部竖直不动，飞快地在左右两个物体之间转动眼球 25 次；接着评估你的压力程度，它至少下降了两度；再重复一次眼球运动，直到压力不再影响你的正常工作为止。眼球运动能减压的原理虽然到现在还不明确，但可以肯定的是，每做一次这样的运动，减压效果就会增加 1 倍。

困境 3：一有压力，我就会感到头痛欲裂，我该怎么办？

办法：血液中缺镁会使脑部血管收缩，从而造成头痛，因此，为避免经常性头痛，可以服用镁补充剂，保证每天有 350 毫克的镁摄入；肌肉紧张也容易造成头痛，可以每天坚持 10～20 分钟的头部和肩部按摩；在前额和太阳穴上涂清凉油也能缓解头痛。

困境 4：当我感到压力时，我就会下意识地咬指甲，怎么才能克服？

办法：让你的手没有空闲。你可以玩一块橡皮泥，也可以在指甲上涂一层杏仁油或香草油，强烈的苦味能帮助你打消咬指甲的念头。如果这些都不管用，你就咬住一个指头，再看其他没被咬的指头完好的样子，就会有一种停止破坏的冲动。

困境 5：当我有压力的时候，我会拼命吃东西，而这种行为只会让我由于后悔而更感到压力，我该怎么办？

办法：在午餐后稍作休息，这能避免你在晚些时候感到又累又饿而想靠吃东西来缓解压力。如果做不到在午餐后小睡，那么可以在想吃东西时先步行 20 分钟，速度要快于你平常的行走速度。这一活动能有效提高你体内 β-内啡肽的水平，β-内啡肽是一种能让人平静下来并能控制饥饿感的化学物质。然后将你吃的东西改成低脂肪食品。坚持数日，会有实质性的改善。

困境 6：一有压力，我总想迁怒于家人，怎么才能克服这种情绪呢？

办法：首先，你应该找出你总想冲家人发脾气的原因，是家人没有帮你分担分内的学习和工作，让你因疲劳而脾气差，还是由于家人无法了解你的感受或压力，而令你觉得孤独无助？试着向对方倾诉你当下的感受，要知道，有效的沟通要比无由地发脾气更能解决问题。如果你发脾气的原因不属于这两种情况，就索性告诉对方，给你 5 分钟时间，让你说明你发脾气与他无关。家人只要能耐心倾听，就是帮了你。这样，你既得以发泄，也不会因此伤害到与家人的关系。几次这种单方面的发泄之后，相信你会因感到无趣而放弃。

困境 7：一天下来，我总是感到疲惫不堪，什么是缓解这种疲劳的最好方式？

办法：你要避免采取那些有副作用的消遣方式，试着听听音乐。澳大利亚的一项研究显示，《卡农曲》能有效减轻压力感，减缓心率和降低血压。全身心地投入一种安静而不带竞争性的活动，能让你通过转移注意力而松弛下来，如读书、画画或者拼图都是很好的缓解疲劳的方式。

困境 8：每天入睡前，我总是耳鸣得厉害，头也嗡嗡作响，怎么才能克服这种障碍安然入睡呢？

办法：在脑海中幻想世外桃源的景象。可以这样想象：蓝色的大海、金色的海滩，你赤脚走在沙滩上，热带丛林斑驳的树影被你踩在脚底，习习的海风在你耳边低语，迎面吹来的空气是咸湿的，照在皮肤上的阳光是温暖的……将声音、画面、色彩都固定下来。每当耳边恼人的声音响起时，就想象这样一幅积极的场景。坚持几次，你的情况就会改善很多。

困境 9：什么时候我才应该去寻求心理医生的帮助？

办法：不要认为接受心理咨询是件大事。当压力感在一定程度上改变了你的生活方式，如你变得不爱交际，或变得更冲动，或变得十分挑剔，或者胃口、体重、睡眠都发生了巨大变化时，你就要考虑找专家咨询了。事实上，60%～70%的有压力人群在接受 3 个疗程的心理咨询后就能消除压力状态。这是由于心理治疗的任务简单明确，即给你提供一定的时间、空间和具体的措施来减轻你的压力，在特定环境下你的压力感减轻了，这种良好的感觉很快就能延续到你生活中的其他时间和场合。

## 项目小结

本项目系统介绍了挫折与压力的相关知识、大学生常见的心理挫折与压力、大学生应对挫折与管理压力的有效方法等内容，通过对挫折与压力的定义、反应等方面进行分析，使大学生能够正确认识学习、生活、择业中的挫折和压力，学会积极面对挫折、自我减压，培养健康向上的生活观。

## 课后练习

### 一、多项选择题

1. 挫折由（　　）构成。

   A. 挫折认知　　B. 挫折情境　　C. 挫折种类　　D. 挫折反应

2. 处于压力下的个体，身体会产生的信号有（　　）。

   A. 生理信号　　B. 情绪信号　　C. 思维信号　　D. 行为信号

3. 理智性反应是对挫折的积极反应方式，表现在（　　）3 个方面。

   A. 冷静思考，坚定目标　　B. 客观分析，调整目标

   C. 不断反思，提升自我　　D. 心烦意乱，无法思考

### 二、简答题

1. 压力的定义是什么？
2. 挫折主要分为哪几种？
3. 大学生中常见的压力有哪些？
4. 大学生应对挫折的策略有哪些？

### 三、拓展题

将全班学生分成若干组，每组 3 人，3 个人轮流扮演“天使”“凡人”“恶魔”。“凡人”说出 1 件让自己感到有压力的事情；“恶魔”存在的目的是让“凡人”觉得压力更大，说出使“凡人”压力更大的话；“天使”则帮助“凡人”解除压力。每次由“天使”先说 30 秒，再换“恶魔”说 30 秒。每个人均要轮流扮演 3 种角色。

讨论：

1）你扮演“天使”“凡人”“恶魔”3 种角色时有什么不同的感受？

2）通过此活动，你将如何处理自己刚说出来的压力？

# 项目八

# 生 命 教 育

## 项目导言

人生必定会经历很多的风雨和危机，而人生就是不断地面临危机、不断地突破危机的过程，只有冲破黑暗，才能看到黎明的曙光。我们要意识到生命的可贵，面对任何风雨都能坚守珍爱生命的信念。

大学生是祖国的栋梁，是未来社会主义事业建设的重要力量，对其进行生命教育必不可少。大学生这一特殊群体，由于其心理还不够成熟，对自身所处的社会环境不能较快适应，他们可能受到各种挫折，影响其生活甚至生命安全。生命顽强时像一座大山，经风雨而弥坚；生命脆弱时则如一棵小草，不经意间就会受到伤害。生命对于每个人都只有一次，这可贵的生命理当珍惜。生活中越来越多的不幸事件警示着我们生命教育的重要性。

## 任务一 认 识 生 命

### 任务目标

**【知识目标】**

1. 理解生命的起源及价值。
2. 了解大学生需注意的人身安全问题。

**【能力目标】**

1. 能够正确认识和看待生命。
2. 能够在面对生命安全问题时做出理智的决定。

**【素质目标】**

1. 具有强烈的社会责任感。
2. 树立正确的生命观，热爱生命。

## 案例导入

有一个生长在孤儿院中的男孩，他常常悲观地问院长："像我这样没有人要的孩子，活着有什么意思呢？"院长总笑而不答。

有一天，院长交给男孩一块石头，说："明天早上，你拿这块石头到市场上去卖，但不是'真卖'，记住，不论别人出多少钱，绝对不能卖。"

第二天，男孩蹲在市场角落，意外地有好多人要向他买那块石头，而且价格越出越高。晚上回到孤儿院以后，男孩兴奋地向院长报告今天他在市场的经历，院长笑笑，要他明天把石头拿到黄金市场上卖。在黄金市场，竟有人出比昨天高 10 倍的价格买那块石头。

最后，院长叫男孩把石头拿到宝石市场上去展示。结果，石头的身价比昨天涨了 20 倍，由于男孩怎么都不肯卖，竟被传扬成"稀世珍宝"。

男孩兴冲冲地捧着这块石头回到孤儿院，将这一切告诉院长。院长望着男孩，徐徐说道："生命的价值就像这块石头，在不同的环境下就会有不同的意义。一块不起眼的石头，由于你的珍惜、惜售而提升了它的价值，被说成稀世珍宝。你不就像这块石头吗？只要自己看重自己，自我珍惜，生命就有意义，就有价值。"男孩终于明白了生命的价值。

问题：

通过阅读以上案例，你认为生命的价值是什么？

## 相关知识

### 一、生命的起源及价值

#### （一）生命的起源

每个生物都有自己的生命，生命的演化令人感到惊奇。美国心理学家爱德华·霍尔认为，无论是从身体上还是从心灵上来看，个体的生长过程都是在一步一步地重复着整个人类的进化史。也就是说，每个胚胎的发育都是在一遍遍地重复着由受精卵到个体的过程，生命在不断重复中得以延续。

人类的个体一开始只是一个微小的细胞，他静静地躺在母亲的子宫里。大约 8 周以后，他便发生了形状上的改变：开始形成具有人脸特征的模样，眼、耳、鼻等感官器官形成并逐步定位，此时已成为胎儿。再过几周，就会形成人的模样，此时的胎儿已趋于成熟。

离开母体以后，婴儿就成为一个独立的个体，不再与母亲共生，需要自己汲取营养来维持生命。这个过程看似简单，却经过各种复杂的变化和发展，说是奇迹也不为过，而这只是生命的开始。

#### （二）生命的价值

生命承载的内容是无价的。生命承载着父母的期望，期望无价；生命承载着幸福，幸福无价；生命承载着责任，责任无价；生命承载着未来，未来无价。然而，生命是以物质的形式存在的，因此生命又是有价值的。

生命是有限的，人生不过几十年，我们无法将其无限延长，也无法求得其永存。但是我们可以追求美好，可以奉献自己的一切。几十年默默地奉献可以换得永恒；一次轰轰烈烈的壮举、一次瞬间美好的展现，也可以说是生命的永恒。因此，生命的价值不在于生命本身，而在于奉献，不管是长久的默默无闻的奉献，还是在短暂的瞬间发出灿烂的光芒，这样的生命都具有永恒的意义。

### 1. 生命的内在价值和社会价值

（1）生命的内在价值

生命的内在价值包括良好的性格、品质、情操及学识、能力、技能、经验等。2012 年，凭借作品《蛙》获得诺贝尔文学奖的莫言就是一个对未来怀揣憧憬、对人生抱有目标、对生活充满期待的人。他从历史和社会视角，将现实和梦幻融合，在作品中创造了一个令人产生联想的感官世界。他用学识、阅历和勤奋体现了生命的内在价值。

（2）生命的社会价值

从事物质生产的，看重产值、利润、创造的经济效益等；从事科研、教育等非物质生产的，看重付出的劳动和取得的成就等。中国“杂交水稻之父”袁隆平用自己的辛勤劳动解决了十多亿人的吃饭问题，有力地回答了“谁来养活中国”的疑问。袁隆平的事迹体现了生命的社会价值。

### 2. 生命的价值在于有所追求

身处科技飞速发展、社会不断进步的 21 世纪，我们要广泛学习，不耻下问，认真思考，学会明辨是非，树立正确的人生观、价值观、世界观。我们要善于用实践来检验真理，慎思笃行。只有这样，我们才能立足社会。生命的价值不仅仅是证明自己的人生价值，更重要的是不断提升自己的人生修养和思想品格，努力成为一个对他人、对社会有用的人，不断努力为社会、为人类谋福祉、做贡献并不断回报社会，帮助那些需要帮助的人。这样的生命才会更有价值，人生才会更有意义。

## 二、如何看待生命

生命无处不在，海洋中的鱼虾，陆地上的走兽，天空中的飞鸟，包括我们人类都是生命大家庭中平凡的一员。人类的生命始于受精卵的形成，终于个体生物意义上的死亡，是一个自然的、不可逆的过程，有其特定的发展规律。生命是脆弱的，天灾人祸、意外事故、疾病突发等都会使人死亡；生命又是美好的，要尽可能把握现在，活好当下。人生是一次单向旅行，没有假设，更不能重来。

### 1. 正确认识生命

每个人的生命都具有价值，从一个细胞到一个婴儿的出生，再到牙牙学语、努力求学、娶妻生子、为人父母，直至渐渐老去。人的这一生虽历经坎坷磨难，但也丰富多彩，为世界带来了生机和活力、希望和精彩，同时，也给自己留下浓墨重彩的一笔。有人可能这样问过自己：“我是为何而生的？”这是每个人都想知道答案的问题，也是一个无法找到答案的问题。人是为何而生的呢？我们为何活在这个世界上呢？我们现在还在寻找着答案。

有这样一则故事：一位记者采访一位牧羊人："你为什么而放羊？"牧羊人觉得奇怪，因为他家世世代代都是放羊的，自出生就开始和羊为伴。他只能回答："把羊养大了用来卖钱。等卖羊卖到了足够的钱，就娶老婆、生小孩。等小孩长大，再教他放羊。"记者顿时无话可说。这就是牧羊人的一生。试问：他的一生是在虚度吗？他是不是在做着一件没有意义的事？不是！因为他是牧羊人，放羊就是他认为的一生中最有意义的事。他只要在放羊，就认为自己没有白活。

每个人都在生命长河中奔波，不知道自己会在哪个岸边停靠，但只要停靠在了某个岸边，就必须去寻找停靠在这个岸边的理由。没有人会无缘无故地去做某件事，我们必须给自己一个做这件事的理由。另外，最重要的一点是中途不要放弃。即使在做某件事之前没有想过是为何而做的，而且中途会感到疲惫，也应该继续坚强地走下去。因为只要继续走，总会找到理由。

怎样看待生命？生命是由我们自己创造的，它是由一件件事情组成的，如果在每件事情上都做了一半就放弃，生命就像那些未完成的事情，是不完整的。人的一生中，会感到幸福，也会感到迷茫和痛苦，但只要坚强地走下去，总有一天你会找到属于自己的、真正的生命意义，总会到达你想去的终点。

### 2. 认为自己是幸运的

每个人来到这个世界上都是幸运的，幸运自己来到了地球，幸运自己成为了人。

（1）幸运自己来到了地球

在浩瀚的宇宙中，你应该庆幸自己来到了美丽的蓝色星球——地球。地球上的四季交替、黑白交接，都给了人类充足的生活条件；江河湖泊、山川森林、高山雪原，让人类在获得充足的生活条件的同时，又有充足的娱乐场所可以放松自己。

（2）幸运自己成为了人

学者估计，全世界仍有很多生物未被定义、命名，甚至尚未被发现。这些生物未被发现的主要原因包括这些生物的生活圈与人类没交集，只生存于特定的小区域，对人类而言并无太大的研究价值，本身个体渺小而不易被人察觉等。

根据有关演化学者、生物分类学者及其他相关生物学者的推断，在这漫长的岁月里，保守估计，地球上已经绝种的生物有 1 亿种以上，其中包括多数的古生菌类、原生生物类、低等无脊椎动物类等。每个生物个体都是一个生命。我们能成为其中的一员，并且作为一种高等生物出现，应该感到幸运。我们可以去追求自己想要的东西，寻找自己生命的价值。

诗人泰戈尔说："我对于我自己，是一个永远的神奇。"每个人的生命都是独一无二的，世界上没有完全相同的两个人，即使是双胞胎，也会有些许差异。能被母亲正常孕育、成功分娩，并能健康地生活到现在，对每个人来说，都是奇迹，是值得庆幸的事。因此，我们更要珍惜自己，珍惜自己生命中幸福的笑容与痛苦的泪珠，珍惜成功的阳光与失败的阴影。

1）生命体的珍贵：不可逆转性、一次性。人体由细胞组成，这些细胞都要经过未分化、分化、衰老、死亡等阶段，从而构成人体结构及功能的衰老和死亡。细胞的衰老和死亡是一种正常的生命现象。人体内每时每刻都有细胞在衰老、死亡，同时又有新的细胞来代替它们。由于细胞的分化、衰老和死亡是不可逆转的，人体生命的衰老和死亡也是不可逆转的。

生命弥足珍贵，不可逆转，一旦死亡就永远不能复生，所拥有的一切也都不复存在。每个人的生命个体都是平等的，生命只有一次，都是同等的尊贵。世界上没有任何事物可以与它媲美。生命每天都是崭新的，今天的你和昨天的你已然不同。生命每延续一天，就多经历一些事情，体验一些感受，而这些经验都是生命中的财富。

2）生命体的结构：最高级、最复杂、最精巧。我们的身体由许多细胞组成，构成器官、组织系统和身体的各种结构，高级、复杂而精巧。另外，个体依靠自我建构能力、自我调节能力，保持自身的完整性并维护肌体内在的平衡。也可以说，肌体具有自我组织和自我疗愈的能力。例如，在跑步时，心脏自动地输出更多的血液，为肌体提供充足的氧气，以保证完成任务，其间，身体会产生大量的热量，导致出汗，这是身体的冷却方式。若出汗过多，就会感到口渴，从而饮水，这是保持身体有足够体液的一种方式。身体的所有层面都是相互连接的，其相互关联性对于维护生理功能和健康至关重要。

## 三、大学生需注意的人身安全问题

微课：大学生需注意的人身安全问题

### 1. 校园暴力

校园暴力是指发生在校园内、学生上学或放学途中、学校的教育活动中的，由学生、教职工、校外人员针对学生生理和心理状况实施的、达到一定伤害程度的侵害行为。本任务中所指的校园暴力主要指学生与学生之间以大欺小、以强凌弱的行为，即欺凌行为。

校园暴力的主要表现形式为：第一，使用拳打脚踢等暴力行为欺负同学；第二，用暴力胁迫弱小者，强索金钱或物品；第三，在网上散布具有人身攻击性质的言论；第四，在网上发布关于他人隐私的信息、图片、视频等；第五，用讥讽、侮辱性的语言对他人进行语言攻击；第六，拉帮结派，孤立、冷落他人，给他人心理造成伤害等。

学校、教师和学生都要高度重视校园暴力问题，认真分析其原因并一一解决，不能将校园暴力事件视为偶然事件。学校要尽可能地开展丰富多彩的文体活动，学生要积极参与并在活动中建立友谊，学会与人和谐相处。教师要积极总结校园暴力问题发生的原因，与学生分享，并时常召开相关班会警示学生。学生要掌握自我保护的技能，尽可能避免与他人发生冲突。

校园暴力在扭曲学生心灵的同时，也直接损害了学校的声誉。严厉打击校园暴力早已成为全社会的共识。为净化校园环境，弘扬校园正气，维护校园正常教育教学秩序，还校园一份安宁，大学生必须从自身做起，加强道德修养和法治观念，坚决杜绝各类校园暴力事件。

### 2. 运动伤害

运动伤害是指学生在学校体育运动中发生的实质性人身伤害或死亡，以及造成他人人身伤害或死亡后果的事故，主要是指在学校正常的体育教学活动、课外体育活动、课余体育训练、运动竞赛中发生的学生伤亡事故。

学生参与体育运动的主要目的是增强身体素质与团队意识，掌握体育运动常识。但是，如果学生没有掌握科学的运动方法，盲目进行体育运动，则很容易发生意外事件，造成运动伤害。按照受伤组织分类，常见的运动伤害主要包括皮肤损伤、肌肉损伤、肌腱损伤、关节损伤、骨折、血管损伤、内脏损伤、神经损伤、脑部损伤等；按照伤后皮肤、黏膜完整性分类，常见的运动伤害主要包括开放性损伤和闭合性损伤，其中，开放性损伤包括擦伤、切伤、刺伤等，闭合性损伤包括挫伤、关节韧带拉伤、肌肉拉伤等；按照伤后运动能力分类，常见的运动伤害主要包括轻度损伤、中度损伤与重度损伤。

学生要增强防伤意识，参加体育教学、训练与比赛，要遵守纪律、听从指挥；教师要做好组织工作，采取必要的安全措施。学生要根据自己的情况选择运动内容，适当控制运动量。在运动和比赛前要做好准备活动，掌握运动要领，增强自我保护能力。

大学生应正确认识生命，世界因生命而精彩，每种生命都有其存在的意义与价值，也有其生命的尊严。那头在废墟里顽强生存了 36 天终获救援的“猪坚强”，那些在瓦砾间、石缝里艰难生长的小草，都在警示我们要同热爱自己的生命一样热爱一切生命。

## 任务实施

### 一、明确任务目标，落实训练任务

1）认识、感悟和尊重生命的独特性，发现生命的美好。

2）增强团体活动意识，增进同学之间的了解。

### 二、开展“找的就是你”活动，交流判断理由

**【活动项目】**找的就是你。

**【活动目的】**正确看待人的完美与不完美，并尊重生命的独特性。

**【活动方法】**

1）将全班学生分成若干组，每组 8～10 人。

2）为每个小组分别发一张写有各类问题的纸，由小组内成员分别填写纸上的 1 个问题，不可多填或少填。

3）每组派出一位代表，分享他们认为正确的成员与其填写的题的对应关系并说明理由。

### 三、分享生活经历，感悟生命的价值

“找的就是你”活动结束后，随机邀请 3 位学生结合现有的生活经历分享对于生命价值的理解。

## 任务评价

项目八任务一评价表

<table>
<tr><th colspan="6">自我评价</th></tr>
<tr><th colspan="2" rowspan="2">主要内容</th><th colspan="4">自我评价等级（在符合的情况下面打“√”）</th></tr>
<tr><th>全部能够做到</th><th>大部分（80%）能够做到</th><th>基本（60%）能够做到</th><th>没有做到</th></tr>
<tr><td colspan="2">理解生命的起源及价值</td><td></td><td></td><td></td><td></td></tr>
<tr><td colspan="2">了解大学生需注意的人身安全问题</td><td></td><td></td><td></td><td></td></tr>
<tr><td colspan="2">能够正确认识和看待生命</td><td></td><td></td><td></td><td></td></tr>
<tr><td colspan="2">能够在面对生命安全问题时做出理智的决定</td><td></td><td></td><td></td><td></td></tr>
<tr><td rowspan="4">自我总结</td><td>我的优势</td><td colspan="4"></td></tr>
<tr><td>我的劣势</td><td colspan="4"></td></tr>
<tr><td>我的努力目标</td><td colspan="4"></td></tr>
<tr><td>我的具体措施</td><td colspan="4"></td></tr>
<tr><th colspan="6">教师评价</th></tr>
<tr><th colspan="2" rowspan="2">主要内容</th><th colspan="4">教师评价等级（在符合的情况下面打“√”）</th></tr>
<tr><th>全部能够做到</th><th>大部分（80%）能够做到</th><th>基本（60%）能够做到</th><th>没有做到</th></tr>
<tr><td colspan="2">理解生命的起源及价值</td><td></td><td></td><td></td><td></td></tr>
<tr><td colspan="2">了解大学生需注意的人身安全问题</td><td></td><td></td><td></td><td></td></tr>
<tr><td colspan="2">能够正确认识和看待生命</td><td></td><td></td><td></td><td></td></tr>
<tr><td colspan="2">能够在面对生命安全问题时做出理智的决定</td><td></td><td></td><td></td><td></td></tr>
<tr><td>评语</td><td colspan="5">教师签名：</td></tr>
<tr><td>建议</td><td colspan="5"></td></tr>
</table>

# 任务二 明晰生命教育

## 任务目标

微课：认识生命教育

【知识目标】

1. 了解生命教育的含义及内容。
2. 理解生命教育的目标。
3. 掌握生命教育的意义。

【能力目标】

1. 能够在生活中尊重一切生命。
2. 能够探索自己的内在世界，增进自我认识。

【素质目标】

1. 培养珍爱生命、保护生命的态度。
2. 怀有对生命的敬畏之心，热爱生命。
3. 培养积极的生活态度和价值观。

## 案例导入

1955 年秋天，张海迪在山东威海出生。她 5 岁患脊髓病，胸部以下全部瘫痪。从那时起，张海迪开始了她独到的人生，她无法上学，便在家中自学课程。15 岁时，张海迪跟随父母到山东聊城农村，当起了教书先生。她还自学针灸医术，为乡亲们无偿治疗。后来，张海迪自学多门外语，还当过无线电修理工。

在残酷的命运挑战面前，张海迪没有沮丧和沉沦，她以顽强的毅力和恒心与疾病作斗争，经受了严峻的考验，对人生充满了信心。她虽然没有机会走进校门，却发奋学习，学完了小学、中学全部课程，自学了大学英语、日语、德语和世界语，并攻读了学士和硕士学位。

为了为社会做出更大的贡献，她先后自学十几种医学专著，同时向有经验的医生请教，学会了针灸等医术，为群众无偿治疗达 1 万多人次。

张海迪常说，“人就得有勇气和生活中的不幸抗争。人的一生总会坎坷，就看你以怎样的心态去对待。”她将自己的生活与座右铭式的豪言壮语融合在了一起，构成了我们所看到的张海迪热爱生命的一种精神力量。

问题：

通过阅读张海迪的故事，你认为生命存在的意义是什么？

## 相关知识

### 一、生命教育的含义及内容

#### 1. 生命教育的含义

生命教育是指通过生命活动进行的教育，是为了生命而进行的教育。从事生命教育研究的研究者认为生命教育是以生命为核心，以教育为手段，倡导认识生命、珍惜生命、尊重生命、爱护生命、享受生命、超越生命的一种提升生命质量、获得生命价值的教育活动。让青少年认识生命和珍惜生命成为生命教育的重中之重。

生命教育既是一切教育的前提，又是教育的最高追求。因此，生命教育应该成为指向人的终极关怀的重要教育理念，是在充分考察人的生命本质基础上提出来的，符合人性的要求，它是一种全面关照生命多层次的人本教育。

### 2. 生命教育的内容

1）珍爱生命的教育。世界上并不缺少美，而是缺少发现美的眼睛。全社会应多角度、多渠道地宣传生命知识，如参观教育基地、参观科普展出、参加有关生命教育的具体校园活动等。培养大学生珍爱生命、保护生命的态度，学会热爱自己的生命，自尊自信，进而学会欣赏他人的美，尊重他人的生命，树立积极的人生观。认识生命的独特性和丰富多彩性，通过认识生命，引导大学生尊重生命和加深对生命的深层思考。

2）保护环境的教育。自然界是动植物生存和发展的世界，我们在关心人类与动植物的生命的同时，也应多关怀赖以生存的大自然。另外，由于大学生课外活动比较丰富，参与校内社团实践、社会实践的机会较多，学校和社会应创造浓郁的环保教育氛围，引导大学生主动保护环境。大学生通过环保活动能够提高自主研究和解决问题的能力，促使人格和谐发展，促进人与自然的和谐。

3）正确认识死亡的教育。教育的重点应该放在对生命意义的讲解上，让大学生认识到生命本身的存在就是自然界的一种珍贵的奇迹。教师应当有意识地培养大学生坚强的品质和积极的生活态度，使他们了解死亡是生命的必然经历，正确地看待死亡。在人有限的一生中，我们应当更加积极地探索生命，更积极地体会生活的幸福，绽放出绚烂的生命之花。

4）心理健康的教育。根据大学生的生理、心理发展特点，普及生命知识，唤醒生命意识，培养大学生良好的心理素质，促进大学生身心和谐发展、素质全面提高。心理健康的教育是素质教育的重要组成部分，是落实跨世纪素质教育工程、培养新世纪社会主义建设高质量人才的重要保证。

## 二、生命教育的目标

生命教育的目标是通过教育帮助个人理解生命的全貌，包括其生物学、心理学、社会学和精神学等方面，并在此基础上培养出积极的生活态度和价值观。对大学生进行生命教育的具体目标包括以下几个方面。

1）培养对生命的尊重：让大学生认识到每个生命都是独特和宝贵的，无论是人类、动物还是植物，都应当得到尊重和保护。

2）提高生命意识：帮助大学生意识到生命的有限性和宝贵性，鼓励他们珍惜自己和他人的生命。

3）增进自我认识：鼓励大学生探索自己的内在世界，包括他们的情感、思想和行为，以及这些如何影响他们的生活。

4）发展情感和人际关系：帮助大学生学会情感管理，建立和维护积极的人际关系，以及提升处理人际冲突的能力。

5）探索生命的意义和目的：鼓励大学生思考生命的深层意义，帮助他们找到个人的生活目标和追求。

6）提高面对生命困境的能力：培养大学生在面对生命中的困难和挑战时的应对能力。

7）促进健康生活：提供大学生有关身体健康和心理健康的知识，鼓励他们采纳健康的生活方式和养成良好的生活习惯。

8）增强环境责任感：教育大学生理解人类活动对环境的影响，培养他们的环境保护意识并鼓励他们践行可持续发展的准则。

9）发展公民责任和社会参与：培养大学生的公民意识和责任感，鼓励他们积极参与社会事务和公共服务。

10）提升生活技能：教授大学生必要的生活技能，包括决策制定、问题解决、时间管理等，以帮助他们在各种生活情境中更好地自我管理和自我实现。

总体而言，生命教育的目标是帮助大学生成为更加成熟、有同理心、有责任感和有目标感的个体，使他们能够在个人生活和社会发展中发挥积极的作用。

## 三、生命教育的意义

人的生命意义是什么？人们一直在自问与探索。在地球上，人是唯一能追问自身存在意义的动物。这是人的伟大之处，也是人的生命神圣性的表现。人的生命意义到底是什么？有人说生命的意义在于名、利、物质，还有人认为在于追求、延续、选择、过程等。也许，生命的意义永远是不确定的。探索生命的意义，其价值不在于意义本身，而在于探索，意义就寓于探索的过程中。

维克多·弗兰克尔在《活出生命的意义》一书中非常精辟地阐述了生命的意义：无论处境多么悲惨，每个人都有责任为自己的生命找出一种意义来。这种意义不是一般的生命的意义，而是存在某一时刻的特定的生命的意义。一个人不能去寻找抽象的生命的意义，每个人都有他自己特殊的天职或使命，而此使命是需要具体去实现的。人的生命无法重复，也不可取代。因此每个人都是独特的，用独特的机遇去完成其独特的天赋使命。一个人一旦了解他的地位无可替代，就容易尽最大心力为自己的存在负最大的责任。总之，一个人生命的价值是通过其对自我、他人和社会的合理需要的满足和贡献来体现的。

### 1. 为自己，活出真实的自己，实现自我价值

赫尔曼·黑塞认为，对于每个人而言，真正的职责只有一个，那就是找到自我，然后在心中坚守其一生，全心全意、永不停息。只有尊重内心的选择，亮明底线，才能为自己赢得尊重。一个真正成熟的人不会过度在意别人的眼光，而会把更多注意力放在自我提升上。因为他懂得，别人的眼光永远无法阻挡，只有成为更好的自己才是最大的智慧。自己的人生自己做主，不被他人的褒贬约束，只管做好自己的事，静心享受当下的美好，将生活嚼得有滋有味，把日子过得活色生香。

### 2. 为他人，付出爱心，并能承担自己的责任

个体必须与他人建立连接，在连接中感受到意义之所在，在连接中绽放人生的光芒，在连接中延续自己的生命。当你关怀别人、帮助别人时，也就等于在帮助自己，为自己谋取幸福。给予不是为了得到，因为给予本身就是极大的幸福。给予既能使别人富有，又能提升自己的生命质量；给予既能给别人带去爱和快乐，又能让自己体会到存在的价值，觉得自己是一个对他人和世界有用的人，爱的火焰在照亮了别人的同时，也会温暖自己；给

予能使另一个人也成为给予者，爱是一种产生爱的力量。

### 3. 为社会，将个人追求与人类的共同需求建立连接

人生的意义不能只通过自己来完成。人是社会的人，总是生存和活动于各种各样的社会关系中，并受到一定社会关系的制约。任何个体的人生意义都只能建立在一定的社会关系和社会条件基础上，并在社会中得以实现。离开一定的社会基础，个人就不能作为人而存在，当然也无法创造人生价值。只有自己的人生追求与社会需求有机结合起来，才能实现更高的人生价值。

总之，生命教育不仅教会大学生珍爱生命，还启发大学生完整理解生命的意义，积极创造生命的价值；生命教育不仅告诉大学生关注自身生命，还帮助大学生关注、尊重、热爱他人的生命；生命教育不仅惠泽人类的教育，还让大学生明白人和其他物种和谐地同在一片蓝天下；生命教育不仅关心今日生命之享用，还关怀明日生命之发展。

大学生的生命教育应将焦点集中于生命的实践价值和生命的本体价值两个方面，通过生命教育引导大学生以积极的心态去面对生命中的痛苦与失落，正确地认识死亡，正确地认识生命的意义与价值，唤醒生命意识，开发生命潜能，提升生命质量，这也是生命教育最终所要达到的目的。

## 任务实施

### 一、明确任务目标，落实训练任务

1）理解生命的价值和意义。

2）寻找自己生命中的重要支点。

3）学会用目标导向的方式帮助自己寻找确立人生定位。

### 二、开展“生涯地图绘制”活动，确定人生规划

**【活动项目】**生涯地图绘制。

**【活动目的】**

1）掌握绘制生涯地图的方法。

2）清楚过去重要的事情对自身的影响。

3）了解未来可能遇到的挫折，确定未来的人生规划。

**【活动方法】**

1）教师引入：同学们，当我们出门旅行时，我们会发现地图是很重要的工具，因为它能够展示对环境陌生的我们应行走的方向，让我们不会迷路。我们的人生其实也是一段从出生到死亡的旅行，在这段旅行中，我们需要一张生涯地图的指引。今天我们就来尝试为自己制作生涯地图。

2）教师让学生在白纸的最上方写上“×××的生涯地图”，然后在白纸的正中间画出一条直线，从左侧到右侧“→”。教师向学生说明：这条直线代表了自己一生的长度，如果觉得自己能够活到 80 岁，就需要在直线的最左侧写上“0”，在最右侧写上“80”。

3）时间轴画好后，让学生在时间轴上标出自己现在的年龄，如“19”在直线大约左侧1/4的位置。接下来，教师可以让学生在生涯地图上标出之前发生的对自己影响很大的重要事件。教师告诉学生：“如果是积极的事件，你可以用红笔在时间轴上方标出这个事件，离时间轴越远，表明这件事情对你的影响越积极。如果是消极的事件，你可以用黑笔在时间轴下方标出这个事件，离时间轴越近，表明这件事情对你的影响越消极。在标出事件之后，你还需要在时间轴上标出与这个事件相对应的时间。”

4）将过去的事件标记好后，教师引导学生开始对自己的未来进行规划：“你可以标出自己想要达到的最终目标，然后标出达到这个目标的过程中，你可能会经历的每个重要的事件。你可以发挥自己的想象，充分设想你可能会遇到的关键的事件和这个事件可能会出现的大概时间。”学生可以把所想到的对自己会造成重大影响的事情都在生涯地图上标记出来，绘制的方法同上。

5）教师在宣布完规则之后，留给学生10分钟绘制生涯地图的时间。

## 三、分享生活经历，感悟心理成长

“生涯地图绘制”活动结束后讨论与分享：

1）过去发生的事件是怎样影响你对自己未来人生的规划的？

2）在你的生涯发展中，是正向积极的事件多，还是负向消极的事件多？（帮助学生发现过去是如何影响自己的现在的，教师还可以引导学生要充分发现并利用自己积极的资源）

3）你如何使用这张生涯地图呢？（帮助学生学会思考并规划自己的未来）

4）教师可以建议学生保管好自己的生涯地图并可以对生涯地图进行修改。

## 任务评价

项目八任务二评价表

<table>
<tr><th colspan="6">自我评价</th></tr>
<tr><th colspan="2" rowspan="2">主要内容</th><th colspan="4">自我评价等级（在符合的情况下面打“√”）</th></tr>
<tr><th>全部能够做到</th><th>大部分（80%）能够做到</th><th>基本（60%）能够做到</th><th>没有做到</th></tr>
<tr><td colspan="2">了解生命教育的含义及内容</td><td></td><td></td><td></td><td></td></tr>
<tr><td colspan="2">理解生命教育的目标</td><td></td><td></td><td></td><td></td></tr>
<tr><td colspan="2">掌握生命教育的意义</td><td></td><td></td><td></td><td></td></tr>
<tr><td colspan="2">能够在生活中尊重一切生命</td><td></td><td></td><td></td><td></td></tr>
<tr><td colspan="2">能够探索自己的内在世界，增进自我认识</td><td></td><td></td><td></td><td></td></tr>
<tr><td rowspan="4">自我总结</td><td>我的优势</td><td colspan="4"></td></tr>
<tr><td>我的劣势</td><td colspan="4"></td></tr>
<tr><td>我的努力目标</td><td colspan="4"></td></tr>
<tr><td>我的具体措施</td><td colspan="4"></td></tr>
</table>

续表

| 教师评价 | | | | |
|---|---|---|---|---|
| 主要内容 | 教师评价等级（在符合的情况下面打“√”） | | | |
| | 全部能够做到 | 大部分（80%）能够做到 | 基本（60%）能够做到 | 没有做到 |
| 了解生命教育的含义及内容 | | | | |
| 理解生命教育的目标 | | | | |
| 掌握生命教育的意义 | | | | |
| 能够在生活中尊重一切生命 | | | | |
| 能够探索自己的内在世界，增进自我认识 | | | | |
| 评语 | 教师签名： | | | |
| 建议 | | | | |

## 任务三 探寻大学生生命教育有效实施的途径

### 任务目标

微课：大学生生命教育有效实施的途径

【知识目标】

掌握在个人层面、家庭层面、学校层面、社会层面有效实施大学生生命教育的途径。

【能力目标】

1. 能够制订适合自己的学习和职业规划。
2. 能够积极参与有关大学生生命教育的培训和宣传活动。

【素质目标】

1. 树立生命健康意识。
2. 培养坚强的心理品格。

### 案例导入

某大学生小李，因为临近毕业，找工作的压力骤升，眼看着身边的同学都落实了工作单位，心里不免焦急。在面试四处碰壁后，他开始埋怨父母没有能力，无法为自己解决找工作的困难，并因为工作问题和父母多次发生争执，最后因一时想不开而割腕。被同学发现后，紧急将他送到医院救治。父母知道后，痛苦不已，一方面对小李的行为表示愤怒，另一方面不断自责，觉得是自己不够关心小李，才让他做出了极端的行为。

问题：

案例中小李的行为有哪些不妥之处？你认为应从哪些层面确保生命教育的有效实施？

## 相关知识

### 一、个人层面

对个人来说，健康是个体能够生存的基本条件。大学生的健康不仅意味着身体的健康，还需要具备正确的认知观念、优秀的人格品质、较强的适应能力。

#### 1. 树立生命健康意识

物质在一定程度上受到意识的支配作用。第一，需要有正确的生命健康观念，提高对于生命的重视程度。生命之于每个人只有一次，要爱惜自己的生命。此外，也必须尊重其他人、其他物的生命。一方面，身体健康能够提高人们适应环境的能力，促进人们积极地追求更高的生活品质；另一方面，身体健康能够较大程度地对家庭或者团体的生活质量产生影响。科学的饮食方式对于身体健康也是非常重要的，不仅要注重荤素合理、饮食规范，还要保证食品安全，拒绝垃圾食品。科学合理的作息方式能够有效地促进大学生培养健康的身体素质。大学生在制订作息方案时要考虑自身的实际情况，充分地利用课余时间参与到由学校组织的各种体育活动中，加强自身的体育锻炼。所以说，人们对于生活的观念可以从身体健康状况、饮食方式、作息方式等方面反映出来，同时这也能够说明一个人对于社会责任的担当。第二，学习野外求生技能及防身术，提高生存技能，学会在灾害或危境中保全生命。

#### 2. 培养坚强的心理品格

大学时期是人生重要的时期，培养坚强的心理品格可以从以下方面做起：第一，要注重人格的核心，培养自身独立思考的观念、勇于承担的意识，同时还要自立自强，及时反省自身的所作所为，多做善事；第二，积极地磨炼自身意志，做事要坚持不懈、持之以恒，敢于面对困难、挑战困难，培养吃苦耐劳的精神，更多地依靠自己的力量完成事情，及时地给予自己信心，自我肯定，保持良好的心态；第三，要树立正确的人生观及价值观，把国家的利益作为自身的奋斗目标，提高对于国家法律法规的重视程度，依法行事，加强与周围人的沟通交流，培养自身的大局观意识；第四，要培养良好的心态，辩证地分析问题所具有的特性，冷静地分析事物，学会排解自身的不良情绪，处理事情时要冷静分析，提高自身的抗挫折能力。对于个人而言，人生是完全属于自己的，因此，要按照自己的想法培养自身独立的思考方式及人格。

#### 3. 明确学习和职业规划

对于国家而言，大学生是最为重要的建设者，因此大学生必须科学合理地规划自身的人生，树立正确的理想与志向。在大学生活中，学习是最为重要的一个环节，因此要制订合理的学习计划，有目标地进行学习，同时要保证学习的稳定高效。此外，还需要寻求良好的学习方式，提高学习效率。周期性地对自身的学习进行反省，寻找自身存在的不足之处，从而及时地查漏补缺并进行优化完善，更好地掌握专业的知识和技术，提高自身的知识储备。提高自身的人际交往及突发事件处理能力，培养自己的高情商及整体素质。此外，大学生在校期间需要结合自身的专业参加考试，取得专业资格证书，以便在找工作时增加优势。大学生毕业之后需要在社会上谋求职业，从而更好地实现人生目标，因此需要制订合理的职业规划，这不仅关系自身的职业发展，还在很大程度上影响人生的发展。大学生要明确自身应具备的知识、能力、爱好等，树立正确的人生目标，这样才能培养坚强的品格及应对困难的能力，提高自身的整体素质。结合自身的实际情况制订合理的人生规划，并且要分阶段地完成，从而充实自己的人生。

## 二、家庭层面

家庭教育在大学生生命教育的过程中发挥着至关重要的作用，必须发挥出家庭教育的作用，意识到家庭教育在对大学生教育中所产生的影响，这样才能使教育有所成效。

### 1. 建立家长网络沟通平台

现在新兴网络工具的产生使高校和家长之间的沟通进一步密切。他们不再受到地域的影响，可以随时随地地通过微信和 QQ 等进行交流，打破了传统的家访和电话这样的沟通形式。与此同时，高校也建立了各种各样的公众号及官方网站，教师也给家长建立了不同的微信群及 QQ 群，这些方式都有利于家长和学校进行有效的沟通。网络能够突破传统的空间限制及时间限制，能够使学校及家庭之间的互动性增强，符合现在教育发展的实际需求。借助微信平台，教师可以及时地将学生的成绩、近况及学校安排的一些事项进行公布，家长通过这个平台就能够及时地了解到学生及学校的情况，这样就能够共同帮助学生一起克服困难，同时也能够让家长对教师和学校的工作进行有效的监督，出现问题时也可以及时地做出反馈。这就进一步增强了学校和家长之间的沟通，对学生的教育而言，不仅能够发挥学校的教育作用，还能够结合家长有效的沟通，更好地促进教育的发展。

### 2. 拓展生命教育网络学习互动途径

当代社会互联网的发展速度越来越快，网络在人们的生活中发挥着越来越重要的作用。当代大学生上网时间越来越长，网络对于他们的生活而言变得至关重要。因此，可以借助网络这个渠道来更好地进行教育资源的拓展。例如，可以在网络上创建与学习相关的平台，将生命教育这方面的内容进一步充实，教师可以将他们的知识传送到这个平台上，家长及学生可以充分利用他们的闲暇时间来这个平台上进行学习。那么，要更好地进行生命教育，可以在这个平台中纳入相应的课程，让更多的人能够学习生命教育课程，进一步提高生命教育教学资源的开发程度。对于现在的大学生而言，他们大多数会通过短视频来学习新的知识，在这样的情况下利用好网络这个工具就很有必要，在网络上开设生命教育相关的课程及论坛，这样就能够更好地让学生进行这方面知识的学习。此外，可以加强教师和学生之间的互动，及时地解决学生面对的问题。在该课程的基础上，也可以开发出其他多种多样的模块，如学生写作、教师指导及家长反馈等，这些都能够进一步增强网络学习的互动性，促进学校和家长之间的沟通与联系。

## 三、学校层面

学校教育是大学生生命教育的主要阵地。对于大学生中普遍出现的生命观问题，高校需要积极主动地采取针对性措施来保障大学生获得更好的身心发展。

### 1. 生命教育课程设计

将生命教育的内容系统、完整地呈现出来，通过教师有目的、有计划的教学活动，系统地向学生传授有关生命的知识，使大学生在正确认识生命的基础上，寻找生命的意义，追求生命的价值。将生命教育课程与现实生活相联系，使大学生能在生活中获取充分的教育讯息，帮助大学生探寻生命的潜在意义。不同年龄阶段，大学生对于生命的含义和价值存在着不同的认识，需要以此为基础采取不同的方式进行教育，培植大学生的身心发育特质。除此之外，在网络信息的技术保障下，可以通过校园网络进行生命教育，这样不但能够增强大学生的知识储备，而且能够营造积极的交流环境。

### 2. 开展生命教育实践活动

生命教育实践活动可以分成两种类型，第一种是校园实践活动，第二种是社会实践活动。对于第一种生命教育实践活动，学校可以以生命教育为主题开展活动或者讲座，包括心理健康教育及艾滋病的预防等讲座，并且在其中加入互动环节，这样就能够让大学生更好地体验到生命的价值，同时给他们灌输保护生命的一些技巧和知识等。除此以外，也可以给他们提供一些生命方面的影视作品，组织学生集体观影，邀请一些有过死亡体验的人来给学生讲述他们的故事与感受，让学生能身临其境地感受到生命的价值，从而珍爱生命，遇到挫折的时候能够勇敢地战胜困难。对于第二种生命教育实践活动来说，高校可以让学生参加各种各样的社会实践活动。例如，让他们去各大医院参观，在手术室感受生老病死，以及参观殡仪馆等，从而激发他们保护生命、珍爱生命的意识，使他们面对死亡时也能更加镇定沉稳。

### 3. 积极营造和谐的校园氛围

校园文化在学校教育中发挥着至关重要的作用，就学校的生命教育来说，校园文化与它相辅相成。高校可以定期地在校内开展一些与生命教育主题相关的文化活动。例如，高校组织学生观看电影、参加知识讲座，这些活动都能够在很大程度上向学生宣传生命教育相关的知识。志愿活动也是很多高校普遍采取的生命教育活动，让学生积极地参加社会志愿活动，能够让他们更好地树立起尊重生命的意识。与此同时，高校还需要高度重视将生命教育更好地融入校园文化建设中，在校园日常工作的过程中重视对生命教育的宣传。例如，学校的广播站可以定期地分享生命教育方面的书籍、期刊及故事等，这能够培养学生乐观向上的生活心态。

#### 4. 完善高校心理健康保障机制

高校需要完善心理健康保障体制，为大学生的顺利成长保驾护航。第一，高校需要聘请专业教师来进行培训，更好地对大学生的心理问题进行引导和疏通，引导他们更好地面对困难，以乐观积极的心态去生活，还需要对每名大学生的心理健康状况建档，产生一个集“普查、咨询、跟踪、干预、调节为一体的心理健康应急干预体系”。第二，高校需要给每名大学生都实行心理方面的测试，及时地了解他们的心理状况，发现他们所遇到的各种心理问题，针对实际问题对他们进行引导，缓解他们的压力。高校也可以采用其他的一些形式来为大学生缓解压力，如提供心理咨询热线及咨询信箱等，这些方式能够让大学生随时随地地进行心理咨询，而且无记名的方式能够更好地让大学生宣泄他们的负面情绪，真实地表达他们的想法，同时也能够让高校深刻地了解他们的问题，从而采取相应的措施来解决他们存在的问题。第三，高校需要向大学生宣传心理健康相关的知识，给他们讲授一些缓解压力和负面情绪的方法，使他们提高心理综合素养，以积极乐观的态度去适应社会，让他们在面对困难的同时能够自信地珍爱生命。

### 四、社会层面

对社会来说，健康是个人履行社会责任的必备条件，而个人的健康也需要社会的守护。

#### 1. 提供政策支持和资金保障

现阶段我国部分地区通过政策确保了生命教育的促成，政府的帮助和财政支持推动生命教育更好地发展。按照每个地区的不同情况，各个地方政府都可以制定出具有针对性的纲要计划和政策方针，正确合理地规划大学生生命教育的未来发展，帮助大学生生命教育能够规范化地继续发展下去。

#### 2. 发挥媒体导向的正面作用

处于网络化的时代背景之下，大学生受到大众传媒的影响越来越大，因此高校可以选择和政府一同充分利用传播媒体的作用价值，通过多种传播的渠道，如广播、电视及网络，帮助生命教育获得更好的发展。另外，也可以免费发放生命教育宣传册及纪念品。通过这些途径，社会的每个角落都能体现出生命教育的内容和价值，社会上充满珍爱生命的和谐氛围，从而保障大学生在校园及社会中都能获得生命教育。与此同时，政府方面要发挥监管大众传媒的功效，特别是对于网络的管理，对于存在导向不正、格调低俗等问题的客户端要进行严厉处理。例如，永久关停低质客户端，限制各类 App 发布不良内容，通过这些方式使大学生处于一个健全的网络环境中。在传播的初始，需要审核大众媒介的信息，监管暴力、色情等不良的信息，确保大众传媒的积极价值，使传播环境处于健康的状态；进行监管时，针对涉及道德和法律底线的行径进行严厉的制裁。在政府的监管下，大众传媒须积极有效地宣传生命教育的目标及意义，保障良好的社会氛围，促进学校范围内的生命教育延伸至社会环境中。

## 任务实施

### 一、明确任务目标，落实训练任务

1）培养责任意识、热爱生命的意识。

2）促进大学生群体和社会各阶层之间相处融洽、协调发展。

### 二、开展“再选我的父母”活动，体验心理感受

**【活动项目】**再选我的父母。

**【活动目的】**了解父母对自己生命的重要性，深知父母的不易，懂得感恩，能够珍惜生命。

**【活动方法】**

教师导入：同学们，游戏与你对父母的孝顺无关，也与你对父母的尊重无关。做完这个游戏后，也许你会对你的父母有更深入的了解，你会更加接纳他们，更爱他们。

这个游戏需要一张白纸。我们要重新为自己选择父母，这在常人眼里不合章法，甚至是荒谬的。请把情感干扰因素减到最小，让思绪和想象力自由驰骋。

1）在白纸的上方写下“再选×××的父母”几个字。“×××”就是你自己的名字。

2）郑重地写下你为自己再选的父母的名字。

关于你的再选父母的名字，写下你头脑中涌起的第一个人的名字。他们可以是你认识的任何人，也可以是历史上或传说中的人物，还可以是动植物等。总之，放开想象为自己寻觅心仪的父母。

你再选的父母是谁或者是什么类型的物体，这不重要。重要的是你在这个游戏中弥补缺憾，你在表达你长久以来压抑的情感，你在重新构筑你的世界。

3）如果你写下的再选父母的名字，就是你的亲生父母，那么，祝贺你，羡慕你，你有一份罕见的幸福。

父母是不可以再选的，但可以在我们的心中被重新认识。

### 三、计算开销，分享感悟

1）将全班学生分成若干组，每组8～10人。

2）计算自己一年的开销。

① 学费、书费（资料费）：________________。

② 住宿费：________________。

③ 吃饭费用：________________。

④ 服装费用：________________。

⑤ 娱乐费（聚餐、旅游费等）：________________。

⑥ 通信费：________________。

⑦ 其他费用：________________。

⑧ 费用总计：________________。

⑨ 每月花费（总计/12）：________________。

3）分享当下的感受。

## 任务评价

项目八任务三评价表

<table>
<tr><th colspan="6">自我评价</th></tr>
<tr><th colspan="2" rowspan="2">主要内容</th><th colspan="4">自我评价等级（在符合的情况下面打“√”）</th></tr>
<tr><th>全部能够做到</th><th>大部分（80%）能够做到</th><th>基本（60%）能够做到</th><th>没有做到</th></tr>
<tr><td colspan="2">掌握在个人层面、家庭层面、学校层面、社会层面有效实施大学生生命教育的途径</td><td></td><td></td><td></td><td></td></tr>
<tr><td colspan="2">能够制订适合自己的学习和职业规划</td><td></td><td></td><td></td><td></td></tr>
<tr><td colspan="2">能够积极参与有关大学生生命教育的培训和宣传活动</td><td></td><td></td><td></td><td></td></tr>
<tr><td rowspan="4">自我总结</td><td>我的优势</td><td colspan="4"></td></tr>
<tr><td>我的劣势</td><td colspan="4"></td></tr>
<tr><td>我的努力目标</td><td colspan="4"></td></tr>
<tr><td>我的具体措施</td><td colspan="4"></td></tr>
<tr><th colspan="6">教师评价</th></tr>
<tr><th colspan="2" rowspan="2">主要内容</th><th colspan="4">教师评价等级（在符合的情况下面打“√”）</th></tr>
<tr><th>全部能够做到</th><th>大部分（80%）能够做到</th><th>基本（60%）能够做到</th><th>没有做到</th></tr>
<tr><td colspan="2">掌握在个人层面、家庭层面、学校层面、社会层面有效实施大学生生命教育的途径</td><td></td><td></td><td></td><td></td></tr>
<tr><td colspan="2">能够制订适合自己的学习和职业规划</td><td></td><td></td><td></td><td></td></tr>
<tr><td colspan="2">能够积极参与有关大学生生命教育的培训和宣传活动</td><td></td><td></td><td></td><td></td></tr>
<tr><td>评语</td><td colspan="5">教师签名：</td></tr>
<tr><td>建议</td><td colspan="5"></td></tr>
</table>

## 延伸阅读　陈子衿的故事

陈子衿 7 岁时患上了罕见的“右肠骨纤维化”疾病，从此在药味、消毒水味的伴随下成长。成年后，她不幸又患骨癌与胆管癌，被告知可能活不到 23 岁，不平凡的际遇没有打倒子衿。刚开始，子衿也很痛苦、很害怕，但每次觉得快要被击倒的时候，她都能够挺过来，而且变得更坚强。对她而言，多得一种癌症，不过是 5 分钟和 10 分钟之间的差别而已，一次次与病魔搏斗的结果让她明白自己的生命承受这些苦是有意义的。于是，她不再焦虑、愁苦和绝望，不再去想自己能不能活过 30 岁，而是发誓要在有限的生命里，让自己没有遗憾；要像一颗小太阳一样，让生命发光、发热，照耀全世界。她坚定地告诉自己：无论遇到什么样的困难，也绝不能被自己打败。子衿时时刻刻都保持着快乐，完全不像生病的人。她还通过自己的努力写下《全新的开始》《不理会太阳的向日葵》等书。她以笑容勇敢面对生命中接踵而来的病痛和磨难，用乐观、努力、欢笑去感染他人，被网友称赞为“世界无敌超级勇敢抗癌美少女”。

子衿虽然已经于 2008 年离我们远去了，但是她用自己的生命过程向我们诠释了一个基本信条：生命的价值并不在于获得快乐或避免痛苦，而是要实现生命的意义。这就是为什么人在某些情况下宁愿受苦，只要他确定自己的苦难具有意义即可。

不用说，除非痛苦是绝对必需的，否则它就没有意义。当我们的生命必然要经历苦难、挫折和不幸时，需要去发掘其中的意义，它能激发我们在苦难中体验生命甚至是发挥生命价值的巨大潜力。

像子衿所承受的这种极端的痛苦，不可能每个人都经历。但有两类痛苦确实是人人必经的：一种为求而不得之苦，即由于各种内因外因导致目标不能达成所致的挫折，如竞选学生会干部失败、追求心仪的异性被拒绝等；另一种为得而复失之苦，即由于自然等不可抗拒的力量导致拥有之物丧失，如亲人离世、恋人移情别恋等。如果这些痛苦无法避免，我们就应努力发现承受这些痛苦的意义，然后勇敢担当，这样生命的痛苦就会被力量所取代。例如，一位大学生因失恋而寝食难安，他不停地追问“为什么会这样”，不久他发现原来现在的经历是自己在一帆风顺之后必经的坎坷，它是命运在向自己展示其多面性，是自我需要完善的警告。于是，他走出了情绪的阴霾，一股内在的强大力量让他微笑着面对所发生的一切。

## 项目小结

本项目系统介绍了生命、生命教育的相关内容，首先对生命的起源及价值，生命教育的含义、内容、目标及意义等方面进行分析，使大学生了解生命的独特及其存在的意义，然后带领大学生探寻不同层面大学生生命教育的有效实施途径，使大学生学会尊重生命、珍惜生命、热爱生命，让自己的生命不断发光发热。

## 课后练习

### 一、填空题

1. 生命的内在价值包括良好的性格、________、情操及学识、________、________、________等。

2. 按照伤后运动能力，常见运动伤害主要包括轻度损伤、________与________。

3. 校园暴力是指发生在校园内、学生上学或放学途中、学校的教育活动中的，由学生、教职工、校外人员针对学生生理和心理状况实施的、达到一定________的________。

4. 生命教育既是一切教育的前提，又是教育的________。

5. 高校需要对每名大学生的心理健康状况建档，产生一个集“普查、________、________干预、调节为一体的心理健康应急干预体系”。

## 二、简答题

1. 生命教育的内容包括哪些方面？
2. 生命教育的意义给你什么启示？
3. 从学校层面应如何有效实施大学生生命教育？

## 三、拓展题

想象自己在一架客机上，宽敞平稳，飞机在万丈高空翱翔。突然，机身连续抖动，颠簸非常厉害，广播里传来机长的声音，他通知大家说飞机发生了严重的机械故障，正在紧急排除。但为了预防最危急的情况，现在将由乘务员小姐分发纸笔，大家有什么遗言要向家人交代，请留在纸上。面对这种情境，你将写下什么？

# 参 考 文 献

陈秋红，熊娟梅，潘中锋，2013．大学生心理素质训练教程[M]．北京：北京师范大学出版社．
杜旭林，倪海珍，2009．大学生心理素质训练[M]．北京：科学出版社．
胡华北，孙晓峰，2009．大学生心理健康指导[M]．合肥：合肥工业大学出版社．
胡华北，王家明，2012．大学生公共关系指导[M]．合肥：合肥工业大学出版社．
黄希庭，2004．大学生心理健康教育[M]．上海：华东师范大学出版社．
雷思明，2014．安全教育指导与实践[M]．上海：华东师范大学出版社．
李永志，梁朝阳，付洪涛，2016．安全教育知识读本[M]．长春：东北师范大学出版社．
王慧芳，董雪，2021．大学生心理健康教育[M]．北京：清华大学出版社．
王卫平，薛朝霞，秦汇丰，2010．大学生心理问题与高校心理健康教育[J]．山西高等学校社会科学学报，22（10）：91-94．
王文科，2008．生命教育概论[M]．广州：广东高等教育出版社．
吴本荣，陈金香，罗二平，2015．大学生心理健康教育[M]．北京：高等教育出版社．
杨兴华，2004．大学生心理健康与调适[M]．苏州：苏州大学出版社．
叶林菊，2009．心理素质的养成与能力训练[M]．天津：南开大学出版社．
张大均，吴明霞，2019．大学生心理健康[M]．2 版．北京：清华大学出版社．
张航，郝鑫，姜江，2013．大学生心理健康与学校和家庭教育的关系研究[J]．辽宁经济职业技术学院·辽宁经济管理干部学院学报（6）：83-84．
张镭，贾英男，钱海红，等，2018．大学生健康素养指标体系开发研究[J]．健康教育与健康促进，13（6）：514-519．
郑洪利，2005．大学生心理素质训练教程[M]．上海：上海交通大学出版社．
郑晓江，2012．生命忧思录：青少年生命教育刻不容缓[M]．福州：福建教育出版社．

# 附录 心理健康相关测试

## 附录一 心理健康自评

下面是一些关于人可能会有的问题的陈述（附表 1-1）。请仔细阅读每个条目，然后根据最近一星期内这些情况对你影响的实际感觉，在最符合的一项上画“√”。答案没有对错之分。不要对每条陈述花太多的时间去考虑，但所给的回答应该能最恰当地体现你现在的感觉。本问卷作答时间约 15 分钟。

附表 1-1 症状自评量表（SCL-90）

| 序号 | 项目 | 从无（1） | 轻度（2） | 中度（3） | 偏重（4） | 严重（5） |
|---|---|---|---|---|---|---|
| 1 | 头痛 | | | | | |
| 2 | 神经过敏，感到不踏实 | | | | | |
| 3 | 头脑中有不必要的想法或字句盘旋 | | | | | |
| 4 | 头晕或晕倒 | | | | | |
| 5 | 对异性的兴趣减退 | | | | | |
| 6 | 对旁人求全责备 | | | | | |
| 7 | 感到别人能控制自己的思想 | | | | | |
| 8 | 责怪别人制造麻烦 | | | | | |
| 9 | 记忆力不好 | | | | | |
| 10 | 担心自己的衣饰不整齐或仪表不端正 | | | | | |
| 11 | 容易烦恼或激动 | | | | | |
| 12 | 胸痛 | | | | | |
| 13 | 害怕空旷的场所或街道 | | | | | |
| 14 | 感到自己的精力下降，活动减慢 | | | | | |
| 15 | 想结束自己的生命 | | | | | |
| 16 | 听到旁人听不到的声音 | | | | | |
| 17 | 发抖 | | | | | |
| 18 | 感到大多数人都不可信任 | | | | | |
| 19 | 胃口不好 | | | | | |
| 20 | 容易哭泣 | | | | | |

续表

| 序号 | 项目 | 从无（1） | 轻度（2） | 中度（3） | 偏重（4） | 严重（5） |
|---|---|---|---|---|---|---|
| 21 | 同异性相处时感到害羞不自在 | | | | | |
| 22 | 感到受骗，中了圈套或有人算计自己 | | | | | |
| 23 | 突然无缘无故地感到害怕 | | | | | |
| 24 | 不能控制自己的情绪，常发脾气 | | | | | |
| 25 | 害怕单独出门 | | | | | |
| 26 | 经常责备自己 | | | | | |
| 27 | 腰痛 | | | | | |
| 28 | 感到难以完成任务 | | | | | |
| 29 | 感到孤独 | | | | | |
| 30 | 感到苦闷 | | | | | |
| 31 | 过分担忧 | | | | | |
| 32 | 对事物不感兴趣 | | | | | |
| 33 | 感到害怕 | | | | | |
| 34 | 自己的情感容易受到伤害 | | | | | |
| 35 | 旁人能知道自己的想法 | | | | | |
| 36 | 感到别人不理解自己，不同情自己 | | | | | |
| 37 | 感到人们对自己不友好，不喜欢自己 | | | | | |
| 38 | 做事必须做得很慢以确保正确 | | | | | |
| 39 | 心跳得很厉害 | | | | | |
| 40 | 恶心或胃部不舒服 | | | | | |
| 41 | 感到比不上他人 | | | | | |
| 42 | 肌肉酸痛 | | | | | |
| 43 | 感到有人在监视自己、谈论自己 | | | | | |
| 44 | 难以入睡 | | | | | |
| 45 | 做事必须反复检查 | | | | | |
| 46 | 难以做出决定 | | | | | |
| 47 | 害怕乘坐电动车、公共汽车、地铁或火车 | | | | | |
| 48 | 呼吸有困难 | | | | | |
| 49 | 一阵阵发热或发冷 | | | | | |
| 50 | 因为感到害怕而避开某些东西、场合或活动 | | | | | |
| 51 | 脑子变空了 | | | | | |
| 52 | 身体发麻或刺痛 | | | | | |
| 53 | 喉咙有梗塞感 | | | | | |
| 54 | 感到前途没有希望 | | | | | |
| 55 | 不能集中精神 | | | | | |
| 56 | 感到身体的某一部分软弱无力 | | | | | |
| 57 | 感到紧张或容易紧张 | | | | | |
| 58 | 感到手或脚沉重 | | | | | |
| 59 | 想到死亡的事 | | | | | |
| 60 | 吃得太多 | | | | | |
| 61 | 当别人看着自己或谈论自己时感到不自在 | | | | | |

续表

| 序号 | 项目 | 从无（1） | 轻度（2） | 中度（3） | 偏重（4） | 严重（5） |
|---|---|---|---|---|---|---|
| 62 | 有一些不属于自己的想法 | | | | | |
| 63 | 有想打人或伤害他人的冲动 | | | | | |
| 64 | 醒得太早 | | | | | |
| 65 | 必须反复洗手、点数 | | | | | |
| 66 | 睡得不稳不深 | | | | | |
| 67 | 有想摔坏或破坏东西的想法 | | | | | |
| 68 | 有一些别人没有的想法 | | | | | |
| 69 | 感到对别人神经过敏 | | | | | |
| 70 | 在商店或电影院等人多的地方感到不自在 | | | | | |
| 71 | 感到做任何事情都很困难 | | | | | |
| 72 | 一阵阵恐惧或惊恐 | | | | | |
| 73 | 感到公共场合吃东西很不舒服 | | | | | |
| 74 | 经常与人争论 | | | | | |
| 75 | 单独一人时神经紧张 | | | | | |
| 76 | 感到别人对自己的成绩没有做出恰当的评价 | | | | | |
| 77 | 即使和别人在一起也感到孤单 | | | | | |
| 78 | 感到坐立不安、心神不定 | | | | | |
| 79 | 感到自己没有什么价值 | | | | | |
| 80 | 感到熟悉的东西变得陌生或不像真的 | | | | | |
| 81 | 大叫或摔东西 | | | | | |
| 82 | 害怕在公共场合晕倒 | | | | | |
| 83 | 感到别人想占自己的便宜 | | | | | |
| 84 | 为一些有关性的想法而很苦恼 | | | | | |
| 85 | 认为应该为自己的过错而受到惩罚 | | | | | |
| 86 | 感到要很快把事情做完 | | | | | |
| 87 | 感到自己的身体有严重问题 | | | | | |
| 88 | 从未感到和其他人很亲近 | | | | | |
| 89 | 感到自己有罪 | | | | | |
| 90 | 感到自己的脑子有问题 | | | | | |

**评分标准与解释说明：**

### 1. 项目和评定标准

本量表共 90 个项目，涉及较广泛的精神症状学内容，如感觉、情感、思维、意识、行为直至生活习惯、人际关系、饮食睡眠等。每个项目均采取 5 级评分制，具体说明如下。

从无：自觉无该项症状（问题）。

轻度：自觉有该项症状，但对受检者并无实际影响或影响轻微。

中度：自觉有该项症状，对受检者有一定影响。

偏重：自觉常有该项症状，对受检者有相当程度的影响。

严重：自觉该症状的频度和强度都十分严重，对受检者的影响严重。

这里所指的“影响”，包括症状所致的痛苦和烦恼，也包括症状造成的心理社会功能损害。“轻”“中”“重”的具体定义，则应由自评者自己去体会，不必做硬性规定。

### 2. 统计指标

SCL-90 的统计指标主要为两项，即总分和因子分。

（1）总分

90 个项目单项分相加之和为总分，总分能反映其病情的严重程度。

总均分为总分/90，表示从总体情况看，该受检者的自我感觉位于 1～5 级的哪一个分值程度上。

阳性项目数：单项分≥2 的项目数，表示受检者在多少项目上呈现“有症状”。

阴性项目数：单项分=1 的项目数，表示受检者“无症状”的项目有多少。

阳性症状均分=(总分−阴性项目数)/阳性项目数，表示受检者在“有症状”项目中的平均得分。反映该受检者自我感觉不佳的项目，其严重程度介于哪个范围。

（2）因子分

共包括 10 个因子，即 90 个项目分为十大类。各因子名称、所包含项目及简要解释如下。

1）躯体化：包括 1、4、12、27、40、42、48、49、52、53、56 和 58，共 12 项。本因子主要反映主观的躯体不适感，包括心血管、胃肠道、呼吸等系统的主要不适，以及头痛、背痛、肌肉酸痛和焦虑的其他躯体表现。

2）强迫症状：包括 3、9、10、28、38、45、46、51、55 和 65，共 10 项。本因子与临床强迫症表现的症状、定义基本相同，主要指那种明知没有必要，但又无法摆脱的无意义的思想、冲动、行为等表现；还有一些比较一般的感知障碍，如“脑子变空了”“记忆力不好”等，也在这一因子中反映出来。

3）人际关系敏感：包括 6、21、34、36、37、41、61、69 和 73，共 9 项。本因子主要指某些个人身上存在的不自在感和自卑感，尤其是在与他人相比较时更突出。自卑、懊丧的人，以及在人际关系中明显与他人相处不好的人，往往是这一因子获高分的对象。

4）抑郁：包括 5、14、15、20、22、26、29、30、31、32、54、71 和 79，共 13 项。本因子是与临床上抑郁症状群相联系的广泛的概念。抑郁苦闷的感情和心境是代表性症状，以对生活的兴趣减退、缺乏活动愿望、丧失活动力等为特征，并包括失望、悲观、与抑郁相联系的其他感知及躯体方面的问题。该因子中有几个项目包括了死亡、自杀等概念。

5）焦虑：包括 2、17、23、33、39、57、72、78、80 和 86，共 10 项。本因子包括一些通常在临床上明显与焦虑症状相联系的精神症状及体验，一般指那些无法静息、神经过敏、紧张，以及由此而产生的躯体征象，那种游离不定的焦虑及惊恐发作是本因子的主要内容，还包括一个反映“解体”的项目。

6）敌对：包括 11、24、63、67、74 和 81，共 6 项。本因子主要从思维、情感及行为 3 个方面来反映受检者的敌对表现。其项目包括从厌烦、争论、摔物，直至争斗和不可抑制的冲动爆发等方面。

7）恐怖：包括 13、25、47、50、70、75 和 82，共 7 项。本因子与传统的恐怖状态或广场恐怖所反映的内容基本一致。引起恐怖的因素包括出门旅行、空旷场地、人群、公共场合及交通工具等。此外，还有反映社交恐怖的项目。

8）偏执：包括 8、18、43、68、76 和 83，共 6 项。偏执是一个十分复杂的概念。本因子只是包括了一些基本内容，主要指思维方面，如投射性思维、敌对、猜疑、关系妄想、被动体验与夸大等。

9）精神病性：包括 7、16、35、62、77、84、85、87、88 和 90，共 10 项。本因子有幻听、思维播散、被控制感、思维被插入等反映精神分裂样障碍的项目。

10）其他：包括 19、44、59、60、64、66 和 89，共 7 项。本因子主要反映睡眠及饮食情况。

## 附录二 社会适应能力诊断

附表 2-1 中的问题能够帮助你进行社会适应能力的自我判别。请根据自身情况如实作答，了解自己的社会适应能力（附表 2-2）。

附表 2-1 社会适应能力诊断表

| 序号 | 描述 | 是 | 无法肯定 | 不是 |
|---|---|---|---|---|
| 1 | 我最怕转学或转班级，每到一个新环境我总要经过很长一段时间才能适应 | −2 | 0 | 2 |
| 2 | 每到一个新的地方，我都很容易同别人接近 | 2 | 0 | −2 |
| 3 | 在陌生人面前，我常无话可说，以至感到尴尬 | −2 | 0 | 2 |
| 4 | 我最喜欢学习新知识或新学科，它给我一种新鲜感，能调动我的积极性 | 2 | 0 | −2 |
| 5 | 每到一个新的地方，我第一天总是睡不好，即使在家里，只要换一张床，有时也会失眠 | −2 | 0 | 2 |
| 6 | 不管生活条件有多大变化，我都能很快习惯 | 2 | 0 | −2 |
| 7 | 越是人多的地方，我越感到紧张 | −2 | 0 | 2 |
| 8 | 在正式比赛或考试时，我的成绩多半不会比平时练习差 | 2 | 0 | −2 |
| 9 | 我最怕在班上发言，全班同学都看着我，心跳加快 | −2 | 0 | 2 |
| 10 | 即使有的同学对我有看法，我也能同他交往 | 2 | 0 | −2 |
| 11 | 老师在场的时候，我做事情总有些不自在 | −2 | 0 | 2 |
| 12 | 在和同学、家人相处时，我很少固执己见，乐于采纳别人的看法 | 2 | 0 | −2 |
| 13 | 同别人争论时，我常常感到语塞，事后才想起该怎样反驳对方，可惜已经太迟了 | −2 | 0 | 2 |
| 14 | 我对生活条件要求不高，即使生活条件很艰苦，我也能过得很愉快 | 2 | 0 | −2 |
| 15 | 有时自己明明把课文背得滚瓜烂熟，可在课堂上背的时候，还是会出差错 | −2 | 0 | 2 |
| 16 | 在决定胜负的关键时刻，我虽然很紧张，但总能很快地使自己镇定下来 | 2 | 0 | −2 |
| 17 | 我不喜欢的东西，不管怎么学都学不会 | −2 | 0 | 2 |
| 18 | 在嘈杂混乱的环境里，我仍然能集中精力学习，并且效率较高 | 2 | 0 | −2 |
| 19 | 我不喜欢陌生人来家里做客，每逢这种情况，我都有意回避 | −2 | 0 | 2 |
| 20 | 我很喜欢参加社交活动，我感到这是交朋友的好机会 | 2 | 0 | −2 |

附表 2-2 得分对照表

| 得分 | 35～40 分 | 29～34 分 | 17～28 分 | 6～16 分 | ≤5 分 |
| --- | --- | --- | --- | --- | --- |
| 社会适应能力 | 很强 | 良好 | 一般 | 较差 | 很差 |
| 主要表现 | ① 能很快适应新的学习和生活环境；② 与人交往轻松大方，给人印象极好；③ 无论进入什么样的环境，都能应付自如、左右逢源 | ① 能较好地适应周围的环境；② 与他人相处关系融洽；③ 处事能力较强 | 进入一个新环境，经过一段时间的努力，基本上能适应 | 依赖较好的学习和生活环境，一旦遇到困难，则怨天尤人甚至消沉 | ① 在各种新环境中即使经过一段时间的努力，也不一定能够适应；② 在与他人交往过程中总显得拘谨羞怯，手足无措；③ 常常困惑，感到与周围事物格格不入而十分苦恼 |

## 附录三 自我和谐测试

下面是一些人对自己看法的陈述，请根据陈述与你现在对自己看法相符合的程度，选择一个数字（1 代表该陈述完全不符合你的情况，2 代表该陈述比较不符合你的情况，3 代表该陈述不确定，4 代表该陈述比较符合你的情况，5 代表该陈述完全符合你的情况）。每个人对自己的看法都有其独特性，因此答案没有对错之分，只要如实回答就行。

1．我周围的人往往觉得我对自己的看法有些矛盾。

2．有时我会对自己在某方面的表现不满意。

3．每当遇到困难，我总是首先分析造成困难的原因。

4．我很难恰当地表达我对别人的情感反应。

5．我对很多事情都有自己的观点，但我并不要求别人与我一样。

6．我一旦形成对事情的看法，就不会再改变。

7．我经常对自己的行为不满意。

8．尽管有时得做一些不愿做的事，但我基本上是按自己的愿望办事的。

9．一件事情好就是好，不好就是不好，没有什么可以含糊的。

10．如果我在某件事上不顺利，我往往会怀疑自己的能力。

11．我至少有几个知心的朋友。

12．我觉得我所做的很多事情都是不该做的。

13．不论别人怎么说，我的观点决不改变。

14．别人常常会误解我对他们的好恶。

15．很多情况下我不得不对自己的能力表示怀疑。

16．我朋友中有些是与我截然不同的人，这并不影响我们的关系。

17．与别人交往过多容易暴露自己的隐私。

18. 我很了解自己对周围人的情感。
19. 我觉得自己目前的处境与我的要求相距太远。
20. 我很少去想自己所做的事是否应该。
21. 我所遇到的很多问题都无法自己解决。
22. 我很清楚自己是什么样的人。
23. 我能很自如地表达我想表达的意思。
24. 如果有了足够的证据，我也可以改变自己的观点。
25. 我很少考虑自己是一个什么样的人。
26. 把心里话告诉别人不仅得不到帮助，还可能招致麻烦。
27. 在遇到问题时，我总觉得别人都离我很远。
28. 我觉得很难发挥出自己应有的水平。
29. 我很担心自己的所作所为会引起别人的误解。
30. 如果我发现自己在某些方面表现不佳，总希望尽快弥补。
31. 每个人都在忙自己的事情，很难与他们沟通。
32. 我认为能力再强的人也可能会遇上难题。
33. 我经常感到自己是孤立无援的。
34. 一旦遇到麻烦，无论怎样做都无济于事。
35. 我总能清楚地了解自己的感受。

**评分说明：**

将所有项目分为 3 个量表，各分量表的得分为其包含项目分直接相加，3 个分量表包含的项目如下。

1）自我与经验的不和谐：1、4、7、10、12、14、15、17、19、21、23、27、28、29、31、33，共 16 项，得分之和，高分≥56 分，低分≤35 分。自我与经验的不和谐反映的是自我与经验之间的关系，包含了对能力和情感的自我评价、自我一致性、无助感等，它所产生的症状更多地反映了对经验的不合理期望。

2）自我的刻板性：6、9、13、20、25、26、34，共 7 项，得分之和，高分≥40 分，低分≤13 分。自我的刻板性主要反映个人较为古板、僵化，不能做出一定的改变。

3）自我的灵活性：2、3、5、8、11、16、18、22、24、30、32、35，共 12 项，得分之和，高分≥55 分，低分≤37 分。自我的灵活性与自我的刻板性相反。

将自我的灵活性反向计分，再与其他两个分数相加。得分越高，自我和谐度越低。在大学生中，75 分以下为低分组，75～102 分为中间组，102 分以上为高分组。自我和谐度越低，越容易因环境的不适应而逃避，导致自我僵化，或因不能改变而产生无助感。

## 附录四 大学生人际关系综合诊断

以下列出了 28 个问题，在每个问题上，选“是”的打“√”，计 1 分；选“非”的打

“×”，计 0 分。请认真完成，然后对照后面对测验结果的解释，检查自己的人际关系是否和谐。

1．关于自己的烦恼有口难言。 （　）
2．和生人见面感觉不自然。 （　）
3．过分羡慕和妒忌别人。 （　）
4．与异性交往太少。 （　）
5．对连续不断的会谈感到困难。 （　）
6．在社交场合感到紧张。 （　）
7．时常伤害别人。 （　）
8．与异性来往感觉不自然。 （　）
9．与一大群朋友在一起，常感到孤寂或失落。 （　）
10．极易受窘。 （　）
11．与别人不能和睦相处。 （　）
12．与异性相处不知如何适可而止。 （　）
13．当不熟悉的人对自己倾诉他的生活，不知如何反应。 （　）
14．担心别人对自己有什么坏印象。 （　）
15．总是尽力使别人赏识自己。 （　）
16．暗自思慕异性。 （　）
17．时常避免表达自己的感受。 （　）
18．对自己的仪表（容貌）缺乏信心。 （　）
19．讨厌某人或被某人所讨厌。 （　）
20．瞧不起异性。 （　）
21．不能专注地倾听。 （　）
22．自己的烦恼无人可倾诉。 （　）
23．受别人排斥与冷落。 （　）
24．被异性瞧不起。 （　）
25．不能广泛地听取各种意见、看法。 （　）
26．自己常因受伤害而暗自伤心。 （　）
27．常被别人谈论、愚弄。 （　）
28．与异性交往不知如何更好地相处。 （　）

**结果与解释：**

总分为 0～8 分：说明你在与朋友相处上的困扰较少。你善于交谈，性格比较开朗，主动关心别人，对你周围的朋友都比较好，愿意和他们在一起，他们也都喜欢你，你们相处得不错。而且，你能够从与朋友相处中得到许多乐趣。你的生活是比较充实且丰富多彩的，你与异性朋友也相处得很好。总之，你不存在或较少存在交友方面的困扰，你善于与朋友相处，人缘很好，获得许多人的好感与赞同。

总分为 9～14 分：说明你与朋友相处存在一定程度的困扰。你的人缘一般，换句话说，你和朋友的关系并不牢固，时好时坏，经常处在一种起伏波动的状态。

总分为 15～28 分：说明你在同朋友相处上的困扰较严重。

总分超过 20 分：说明你的人际关系的行为困扰程度很严重，而且在心理上出现较为明显的障碍。你可能不善于交谈，也可能是一个性格孤僻的人，不开朗，或者有明显的自高自大、讨人嫌的行为。

## 附录五　情绪稳定性测试

有的人虽然能力一般，却能冷静地处理判断事物，因而取得成功；有的人虽然智力发达，但情绪不稳定，因而改变了其成功的发展方向。情绪稳定性的重要意义越来越被人们关注。下面是关于情绪稳定性的测试题，请对各题做出“是”或“否”的判断。

1．即使发生了不快，也能毫不在乎地去思考别的事情。

2．不计得失，经常保持坦然的态度。

3．做任何事情都规定有具体可能实现的目标。

4．遇到担心的事情，喜欢写在纸上进行分析。

5．失败时也注意仔细思考，反省原因，不会愁眉不展。

6．具有休闲自娱的爱好。

7．发生问题时，常常倾听众人的意见。

8．工作、学习能有计划进行，遇挫折不气馁。

9．无路可走时，往往改变生活的方式、节奏。

10．在工作和学习上，尽管别人优于自己，但仍保持“我走我的路”的信条。

11．常常满足于微小的进步。

12．乐于一点一点地积累有益的东西。

13．很少感情用事。

14．尽管很想做某件事情，但不可能时也会打消念头。

15．往往能理智周密地思考和判断问题，不拘泥于细枝末节。

**评分标准：**

选“是”计 1 分，选“否”计 0 分。各题得分相加，然后计算总分。

**结果与解释：**

总分为 0～3 分：说明你的情绪很不稳定，有可能是神经质，患得患失。

总分为 4～6 分：说明你的情绪不太稳定，常常拘泥于一些小事，总是忙忙碌碌耗费心思。

总分为 7～9 分：说明你的情绪一般化，时好时坏，对于一些重大事情，自己不能做出决策。

总分为 10～12 分：说明你的情绪比较稳定，擅长处理问题，不拘细节，胆大心细。

总分为 13～15 分：说明你的情绪非常稳定，能沉着大胆地处理任何事情，而且从不畏惧困难。

## 附录六　大学生恋爱观测试

1. 我对爱情的幻想是（　　）。

A. 满足自己人生神秘的欲望和需求

B. 令人心花怒放，充满无限欢乐和诗意

C. 实现自己远大理想的阶梯，使人振奋向上

D. 没有想过

2. 我希望我开始谈恋爱是（　　）。

A. 由于一次偶然的相遇结下了一段微妙的因缘，彼此就开始追求

B. 由于两人青梅竹马，情深意长，最终发展为爱情

C. 在工作和学习中产生爱情

D. 无法回答

3. 我认为爱情是（　　）。

A. 男女间的性爱

B. 男女间的一种最纯洁的感情

C. 异性间的相互爱慕，渴望对方成为自己伴侣的感情

D. 不清楚

4. 我希望我的恋人（　　）。

A. 待人和蔼可亲，相貌较漂亮，有权有势

B. 有漂亮的容貌、健美的身体，待人接物周到，举止优雅

C. 长相一般，用心体贴自己，为人忠厚老实

D. 无法回答

5. 我喜欢我爱人在“三美”之中的是（　　）。

A. 外貌美　　B. 姿势、仪表、发式美

C. 心灵美　　D. 拒绝回答

6. 我想象中的小家庭的业余时间是这样度过的：（　　）。

A. 各人干各人的事，互不干涉

B. 有共同事业，互相商讨，共同进取

C. 虽然自己对某事没兴趣，但还是愿意陪对方消磨时间

D. 不想回答

7. 我对爱情的字面解释是（　　）。

A. 爱情、性爱是男女之间友谊的高级形式

B. 有爱并不一定有情，而有情必定有爱

C. 爱情两字是不能拆开的，它是男女之间的感情

D. 没想过

8. 我喜欢的爱情格言是（　　）。

A. 爱情，这疯狂的字眼，为了你还有什么不能办到的呢

B. 生命诚可贵，爱情价更高。若为自由故，两者皆可抛

C. 痛苦中最高尚、最纯洁的和最无私的乃是爱情的痛苦

D. 都喜欢

9. 恋爱后自己有一位异性朋友时，（　　）。

A. 没有必要告诉对方，这是自己的自由权利

B. 让对方知道，但不允许对方干涉自己

C. 让对方知道，并且在对方同意的条件下才与他交往

D. 不能回答

10. 我认为幸福的爱情是（　　）。

A. 在一切故事和传说中，美好的婚姻都是幸福的

B. 以共同的情操、思想和社会活动作为基础

C. 互相尊重对方，包括尊重对方的感情

D. 无法回答

11. 我认为追求和对付高傲的异性的办法是（　　）。

A. 若无其事，完全做出一些与自己意志相反的动作

B. 大献殷勤，做对方要求做的一些事情

C. 自己也变得很高傲

D. 不愿意回答

12. 我认为（　　）。

A. 人是因为美才可爱

B. 美与可爱是同时产生的

C. 人不是因为美而可爱，而是因为可爱才美丽

D. 没想过

13. 一旦发现我的恋人变心，我会（　　）。

A. 把爱转变成恨

B. 无所谓，只当自己看错了人

C. 认为自己是幸运的，从中可以吸取教训

D. 不知如何是好

14. 在下面的 8 个字中，我最喜欢的是（　　）。

A. 郎才女貌，爱如鱼水　　B. 形影不离，心心相印

C. 志同道合，忠贞不渝　　D. 不知道

15. 我对离婚的看法是（　　）。

A. 认为很平常，一旦发现更值得爱的人就抛弃原来的

B. 感到很惊讶，坚信自己的婚姻不会这样

C. 认为离婚很正常，不过离婚者的爱情是不幸的

D. 不知如何回答

**评分标准：**

选 A 得 1 分，选 B 得 3 分，选 C 得 3 分，选 D 得 0 分，然后累计，得出总分。

**结果与解释：**

总分在 35 分以上：说明你的恋爱观正确。

总分在 25～35 分：说明你的恋爱观基本正确，有需调整之处。

总分在 25 分以下：说明你的恋爱观存在问题，应树立健康正确的恋爱观。

如果所选答案为 D 的个数在 6 个以上，则说明恋爱观还没确定。

## 附录七　压力测试

适度的压力有助于提高学习效率，但过度的压力会危害人的健康，人们所承受的压力适当与否可以通过测试表来了解。仔细考虑下列每个项目，看它究竟有多少适合你，然后将你对每一项目的评分，根据下面的发生频率表列出来，用大约 10 分钟的时间填写，不要在每一项目上花太多时间考虑，回答完毕把总分加起来，然后从分数解释表上找到你的总分所在的位置，并认真阅读后面的解释。

1. 我受背疼之苦。
2. 我的睡眠不足且睡不安稳。
3. 我头疼。
4. 我额部疼痛。
5. 若须等候，我会不安。
6. 我的后颈感到疼痛。
7. 我比多数人更神经紧张。
8. 我很难入睡。
9. 我感到头疼。
10. 我有胃病。
11. 我对自己没有信心。
12. 我常自言自语。
13. 我忧虑财务问题。

14. 与人见面时，我会窘怯。
15. 我怕发生可怕的事。
16. 白天我觉得累。
17. 下午我感到喉咙痛，但并非由于染上感冒。
18. 我心情不安，无法静坐。
19. 我感到非常口干。
20. 我心脏有病。
21. 我觉得自己不是很有用。
22. 我吸烟。
23. 我肚子不舒服。
24. 我觉得不快乐。
25. 我流汗。
26. 我喝酒。
27. 我很自觉。
28. 我觉得自己像四分五裂。
29. 我的眼睛酸胀且疲劳。
30. 我的腿或脚抽筋。
31. 我的心跳加速。
32. 我怕结识人。
33. 我手脚冰冷。
34. 我患有便秘。
35. 我在未经医师指导下使用各种药。
36. 我发现自己很容易哭。
37. 我消化不良。
38. 我有咬指甲的习惯。
39. 我耳中有嗡嗡声。
40. 我小便频密。
41. 我有胃溃疡。
42. 我有皮肤病。
43. 我感觉咽喉很紧。
44. 我有十二指肠溃疡病。
45. 我担心我的工作。
46. 我口腔溃烂。
47. 我为琐事忧虑。
48. 我呼吸浅促。
49. 我觉得胸部紧迫。
50. 我发现很难做决定。

**评分标准：**

总是——4 分；经常——3 分；有时——2 分；很少——1 分；从未——0 分。

**结果与解释：**

总分为 98 分（93 分以上）：表示你确实正以极度的压力反应伤害你的健康，你需要专业的心理治疗师给予一些患告，这可以帮助你减少对压力的知觉，并帮助你改善生活的品质。

总分为 87 分（82～92 分）：表示你正经历太多的压力，这正在损害你的健康，并令你的人际关系发生问题，你的行为会伤害自己，也会影响其他人。因此，对你来说，学会如何减除自己的压力反应是非常必要的。你可能必须花时间做练习，学习控制压力，也可以寻求专业的帮助。

总分为 76 分（71～81 分）：表示你的压力程度中等，可能正开始对健康不利，你可以仔细思考自己应对压力如何做出反应，并学习在压力器出现时，控制自己的肌肉紧张，以消除生理激活反应。

总分为 65 分（60～70 分）：表示你生活中的兴奋与压力也许是相当适中的，偶尔会有一段时间压力太大，但你也许有能力去享受压力，并且很快回到平衡状态，因此对你的健康不会造成威胁，但做一些松弛训练仍是有益的。

总分为 54 分（49～59 分）：表示你能够控制你的压力反应，你是一个相当放松的人，也许你对于所遇到的各种压力，并没有将它们解释为威胁，你很容易与人相处，可以毫无畏惧地承担工作，也没有失去信心。

总分为 43 分（38～48 分）：表示你对所遭遇的压力没放在心上，这对你的健康不会有什么负面影响，但你的生活缺乏适度的兴奋，因此趣味也就有限。

总分为 32 分（27～37 分）：表示你的生活可能是相当沉闷的，即使刺激或有趣的事情发生，你也很少做出反应。可能你必须参加更多的社会活动或娱乐活动，以增加你的压力激活反应。

总分为 21 分（16～26 分）：表示你在生活中所经历的压力经验不够，或是你没有正确地分析自己，你最好更主动些，在工作、社交、娱乐等活动上多增加些刺激。做松弛训练可能对你所起的作用不大，可以寻求心理辅导。

如果总分在 43～65 分，表示你的压力是适中的，不必寻求改变生活形态；如果总分低于 43 分或高于 65 分，表示你可能需要调整生活形态，低分者需要更多的刺激，高分者需要减轻压力。

## 附录八 心境测试

下面从 5 个方面列出了 20 种信号，对应 20 道小题，每小题分别按情况给予 0 分、1 分、2 分、3 分、4 分。

### 1. 活动方面

1）失去对社交或者集体活动的爱好和兴趣，觉得它们似乎太耗精力。
2）空闲时间不知道自己该做什么
3）经常去做一些难以完成的事情。
4）因为要做的事太多，学得太累，感到不知所措和无所适从。

### 2. 感觉方面

1）觉得一天当中很少有自己支配的时间。
2）感到不被家人或他人赏识。
3）时常有一种莫名其妙的不满和愤怒。
4）经常在寻求别人的恭维和夸奖。

### 3. 饮食方面

1）因考试或其他事情而紧张或焦虑，使自己茶饭不香。
2）靠买贵重零食来炫耀自己的富有。
3）想用喝酒或其他方式来应付焦虑和烦闷。
4）有恶心、腹痛或腹泻的症状。

### 4. 睡眠方面

1）经常因担心学习或因某事而失眠。
2）睡了整整一夜，但是仍然感到没有休息好。
3）在晚上，不想睡觉的时候却睡着了。
4）需要长时间的午睡。

### 5. 观念方面

1）失去了幽默感。
2）情绪急躁易怒。
3）对未来很悲观。
4）觉得自己麻木，无动于衷。

**评分标准：**
将 20 种信号的得分加到一起，计算总分。

**结果与解释：**
总分为 1～20 分：表示你的心境很好。
总分为 21～40 分：表示你的心境较好。
总分为 41～60 分：表示你的心境有点差，应该设法改善。
总分为 61～80 分：表示你的心境很差，必须通过对生活重新调整来改善心境。